内藤湖南漢詩酬唱墨迹輯釋

——日本關西大學圖書館内藤文庫藏品集

錢婉約　陶德民◎編著

國家圖書館出版社

圖書在版編目（CIP）數據

内藤湖南漢詩酬唱墨迹輯釋：日本關西大學圖書館内藤文庫藏品集 / 錢婉約，陶德民編著 . —北京：國家圖書館出版社，2016.9

（近代中日文化交流史料叢刊）

ISBN 978-7-5013-5818-2

Ⅰ . ①内… Ⅱ . ①錢… ②陶… Ⅲ . ①漢詩—詩集—日本—現代 Ⅳ . ① I313.25

中國版本圖書館 CIP 數據核字（2016）第 088739 號

書　　名	内藤湖南漢詩酬唱墨迹輯釋：日本關西大學圖書館内藤文庫藏品集	
著　　者	錢婉約　　陶德民　編著	
叢 書 名	近代中日文化交流史料叢刊	
責任編輯	鄧咏秋	
助理編輯	靳志雄	
封面設計	程言工作室	

出　　版	國家圖書館出版社（100034 北京市西城區文津街 7 號）	
	（原書目文獻出版社　北京圖書館出版社）	
發　　行	010-66114536　66126153　66151313　66175620	
	66121706（傳真）　66126156（門市部）	
E-mail	nlcpress@nlc.cn（郵購）	
Website	www.nlcpress.com →投稿中心	
經　　銷	新華書店	
印　　裝	北京金康利印刷有限公司	
版　　次	2016 年 9 月第 1 版　2016 年 9 月第 1 次印刷	

開　　本	889×1194 毫米　1/16	
印　　張	19	
字　　數	100 千字	

書　　號	ISBN 978-7-5013-5818-2	
定　　價	198.00 圓	

内藤湖南像（關西大學圖書館内藤文庫藏）

恭仁山莊（錢婉約攝）

京都羅振玉送別會合影（1919 年 6 月 21 日攝於圓山公園料亭"左阿彌"）

前排左起：高田忠周、小川爲次郎、山本悌二郎、上野理一、犬養毅、羅振玉、富岡鐵齋、
　　　　　荒木寅三郎、畠山八洲、榊原鐵硯、江上瓊山
中排左起：原田大觀、大島友直（彙文堂）、小川琢治、西村時彥、狩野直喜、羅福成、
　　　　　羅福葆、松本文三郎、佐伯理一郎、內藤湖南、高瀨武二郎、榊亮三郎、長
　　　　　尾雨山
後排左起：小林忠次郎、木村得善、鈴木虎雄、柚木梶雄、濱田耕作、高野竹隱、河井
　　　　　荃廬、山本竟山、滑川澹如、田中慶太郎、近重真澄、桑原隲藏、黑木欽堂、
　　　　　磯野秋渚
（照片爲關西大學圖書館內藤文庫藏，參加者人名係參照京都朋友書店藏版所附墨寫人
名，并請教杉村邦彥先生幫助辨識推定。）

題贈友人

目 録 [一]

[一]　目録中加 * 者爲《內藤湖南全集》未收詩。

出版，十分值得慶賀。

　　我本人從事東西方語言文化接觸研究，與同事沈國威教授創辦了學術雜誌《或問》并合編多種書籍。又和陶德民、藤田高夫教授等於 2009 年共同創立了東亞文化交涉學會，該學會先後在關西大學、臺灣大學、華中師範大學、高麗大學、香港城市大學、復旦大學和有大禹崇拜傳統的神奈川縣開成町召開歷屆年會。今年的第 8 屆年會，又將在我校的百年紀念會館召開。

　　早在 1987 年到復旦大學訪學時，我就結識了該校的許寶華、周振鶴、游汝杰、申小龍和鄒振環等教授。近 20 年來又與北京外國語大學海外漢學中心的張西平、李雪濤和顧鈞等教授有密切的交往與合作。從這個意義上，可以説是承繼了内藤和增田等前輩學者與中國學人的文化交流傳統。希望中日兩國的學者今後能將這一傳統繼續發揚光大，以便爲東亞文化走向世界做出貢獻。

2016 年 4 月

序

内田慶市

值此關西大學創立 130 周年之際，欣聞北京的中國國家圖書館出版社將要出版由錢婉約教授和我的同事陶德民教授合編的《内藤湖南漢詩酬唱墨迹輯釋》，作爲關西大學圖書館館長，我感到非常高興。

關西大學圖書館在前年即 2014 年，召開了圖書館創設 100 周年紀念國際研討會。日本國立國會圖書館館長、劍橋大學圖書館館長、香港大學圖書館館長、加州大學伯克利校區圖書館副館長、浙江大學圖書館副館長、比利時魯汶大學和關西大學 IT 服務負責人等濟濟一堂，討論了"數字世界中的圖書館——圖書館電子化時代與今後的方向"這一重要課題。然而毋庸諱言，將某些珍稀資料用紙媒加以印刷、出版和流通，仍然有其不可忽視的價值和用途。本書的出版就是一個例子。

關西大學圖書館百年來，因爲各種機緣，先後通過購入或接受捐贈的方式，積纍了相當數量的特殊文庫。例如增田文庫，是增田涉（1903—1977）先生的藏書，其中包括他自己翻譯、并經魯迅先生親自修改過的魯迅作品。又如玄武洞文庫，匯聚了古代以來 400 多種《孝經》版本。還有被視爲關西大學前身的大阪儒學書院泊園（1825—1948）的藏書總匯泊園文庫、版本和書志學家長澤規矩也（1902—1980）的長澤文庫，以及日本近世文學大家中村幸彦（1911—1998）的中村文庫，等等。而内藤文庫在衆多的文庫中顯得格外引人矚目，是因爲内藤湖南（1866—1934）是戰前日本東洋史的代表人物和京都學派的主要奠基者之一。因而錢婉約教授和陶德民教授對於内藤文庫資料的爬梳和研究，以及這次的專書

日本學者贈詩

與中國學者的酬唱

前　言

錢婉約

一

　　位於日本京都府南郊加茂町瓶原村的恭仁山莊，是內藤湖南退休後的隱栖之處。1926 年 8 月，年屆花甲的內藤湖南從京都大學退休。一年後，內藤率家人，并携帶他的所有藏書，包括珍稀善本、古籍洋書、字畫拓本等等，遷入這個具有和式庭院之勝，并附有獨棟書庫的山莊。他曾有《恭仁山莊雜咏》三首，描寫自己當年購地築室的心情，其中之一曰：

> 買得林園愜素襟，
> 繞檐山水有清音。
> 蕭然環堵無長物，
> 滿架奇書一古琴。

表現了歸隱山林、淡泊世事，以"繞檐山水"自娛，以"滿架奇書"自豪的心情。

　　內藤湖南對於中國古籍版本、書法作品的鑒別能力，在當時被推爲"漢籍三大家"之一，與田中慶太郎、島田翰齊名。晚年，他將一生覓得的中國善本珍籍、字畫拓片收儲恭仁山莊，并將其間的書房命名爲"漢學居""寶許簃""寶左盦"等，紀念珍藏在這裏的漢籍珍本，如唐寫本《說文》木部殘卷、宋版《史記》、宋版《毛詩正義》單疏本、日本平安朝寫本《春秋左傳集解》等，書房上端還懸挂著林則徐手書的"拓室因添善本書"的灑金匾額，反映了當年珍籍聚合的盛況。

他在《恭仁山莊四寶詩》中所寫"收來天壤間孤本，宋刊珍篇單疏詩""奇篇只合屬吾曹，豈許老儈論價高""史記并收南北宋，書生此處足稱豪"等語，表達了坐擁書城的書生豪氣。

現在我們所知道的恭仁山莊書籍的去向，大致有以下三處：

第一，内藤生前工作的京都大學内藤文庫，主要收藏内藤幾次中國旅行時爲京都大學購回的滿蒙文檔案、史料等。

第二，内藤去世後，1938 年，其家人將恭仁山莊的宋元極品——宋元刊本67 種、唐宋元明抄本 31 種，正式轉讓給大阪府醫藥業富豪武田家族。武田家族杏雨書屋收藏以本草醫書爲主的中國古代典籍，自買入内藤藏書的精品後，其藏書更富價值。作爲私人財團的藏書處，杏雨書屋并不向外界公開。吾師嚴紹璗教授調查日藏漢籍珍本經年，曾多方打聽、輾轉請托，終於在 1985 年叩開這座私人藏書樓的神秘大門，目睹和著録了這些稀世珍寶。事見他的《日本藏漢籍珍本追踪紀實》之相關段落。

第三，内藤長子乾吉（伯健）去世之後，1984 年，關西大學啓動購入恭仁山莊及書庫内全部藏書、物品之事，1986 年結清。至此，内藤藏品中宋元本以外的明清精刻精校本，包括一般古籍、洋書、雜誌、字畫、拓本，以及生前手稿、往來書信等全部資料，入藏關西大學圖書館，圖書館特闢"内藤文庫"專室收藏。可以説，這裏收藏保存了恭仁山莊遺產的最大部分。

二

關西大學購入恭仁山莊藏品後，隨即成立了"内藤文庫調查特別委員會"，由時任（及繼任）圖書館館長任委員長，法學部奧村郁三教授爲副委員長，對堆積如山的内藤湖南包括其父十灣、其子乾吉三代人的藏書資料，進行初步調查和清點。文庫聘請内藤湖南高足、前京都博物館館長神田喜一郎教授，對文庫資料進行學術估量和大致分類。首先，按"册子體史料"與"非册子體史料"來説，當時的估算，册子體資料計有 13105 種，33940 册。非册子體資料暫無統計數字。 1985 年春夏，關西大學圖書館先期對入購内藤文庫中珍貴的 36 種漢籍善本及碑拓、甲骨片、漢磚漢封泥等文物，在圖書館内展覽。神田喜一郎爲展覽寫了《關於內藤文庫》的短文，將內藤文庫資料及其價值，以如下五類分述之：

1. 涉及中國學各方面如哲學、史學、文學的重要典籍幾乎都有網羅。此外，佛教、美術相關的典籍不少，也是一個特色。

2. 這些典籍中多善本，含有不少明版及中國各種抄本，其中有堪稱海內孤本者。

3. 有大量日本古版本、古抄本，其中有不少海內孤本。

4. 以上典籍中，有內藤親筆寫入的文字，這是瞭解內藤學問的珍貴資料。

5. 許多挂軸、屏風等，其中有些也有貴重價值[一]。

此後，文庫對於漢文古籍、洋裝新書、雜誌等，逐步整理，分類編目，最初編成《內藤文庫漢籍古刊古抄目録》，1986 年 10 月編成。據此目録的“凡例”説明，這部目録，計收有古刊古抄本 1034 種，4530 册，約占文庫册子書的十分之一。但它是漢籍中最有價值的部分，其收書標準是：（1）清乾隆以前的版本；（2）抄本不問年代，一概收入；（3）蓋有內藤“炳卿審定善本”“炳卿珍藏舊槧古鈔之記”“湖南秘极”“炳卿監藏”四種印章的書籍，不問年代，一概收入。（4）未收入的包括嘉慶以後各種版本，日中西洋的近現代著作洋裝書，以及法帖、朝鮮版書、佛典、滿語文獻類，大部分鹿角地方關係史料等，及其他大量非册子史料[二]。

此後，爲了編纂更全面、更準確的《內藤文庫目録》，文庫又歷年推出“內藤文庫系列”，自稱是打基礎的階段性工作。其特點是按照接受當時內藤家原來書架的排列內容及排列順序，進行依次編目。共有五本：1989 年 7 月編成《內藤文庫リスト》1、2；1995 年 3 月編成《內藤文庫リスト》3；1996 年 3 月編成《內藤文庫リスト》4、5。

對於更難整理的非册子體資料部分，文庫也進行了相應的編輯著録，編爲“內藤文庫各種資料系列”34 種。爲便於讀者檢索利用，現將 34 類之目，翻譯、抄録如下：

[一]　神田喜一郎：《關於內藤文庫》，載《內藤文庫漢籍古刊古抄目録》之《內藤文庫展觀目録之部》所附，關西大學圖書館，1986 年，242 頁。

[二]　《內藤文庫漢籍古刊古抄目録》之“凡例”，關西大學圖書館，1986 年。

1. 講義筆記、研究筆記

2. 書籍（含抄本、影印本、講義摘要薄册）

3. 書目類

4. 雜誌類（含抽印本）

5. 報紙（含剪報）

6. 拓本（含影印）

7. 文書（日、中）

8. 地圖

9. 湖南書法（含影印）

10. 書畫（湖南以外的書和畫，含影印）

11. 全集原稿（收入《内藤湖南全集》作爲正式記録的原稿）

12. 原稿（11 以外的原稿，含校正本）

13. 湖南以外的原稿

14. 旅行記類

15. 中國旅行關係

16. 歐洲旅行關係

17. 致湖南書簡（含複製）

18. 湖南發出的書簡（含複製）

19. 致郁子書簡（含複製）

20. 致十灣書簡（含複製）

21. 致内藤家書簡（含複製）

22. 致内藤家以外書簡（含複製）

23. 繪畫明信片

24. 紀念明信片

25. 各類關係資料（此類下又有細目 12 種如下）

　（1）文溯閣藏四庫全書關係

　（2）間島問題

　（3）西藏、蒙古問題

　（4）蘭亭會關係

（5）大藏會關係

（6）王國維關係

（7）山梨稻川關係

（8）杉浦丘園關係

（9）御進講關係（原稿以外）

（10）"日滿文化協會"關係文件

（11）印影關係

（12）鹿角關係（含十灣藏鹿角關係資料）

26. 資料的照片

27. 照片資料（家族照片等）

28. 書籍的目録卡片

29. 湖南還歷關係

30. 湖南葬儀關係（含其後法要關係）

31. 湖南以外追悼關係

32. 伯健及其他内藤家關係資料（原稿、書簡以外）

33. 十灣、湖南、伯健的隨身用品（備忘手册、印章及其他）

34. 其他[一]

在此 34 類之下，對所收每件資料進行"編號""書名等""作者""數量""備考"五項著録。雖然子目的這五項，基本尚未有更具體的整理編輯，未能進行諸如同類中按作者聚合，或按時間先後排列等等細分，但亦已體現了文庫對於這批寶貴而紛繁龐雜資料的保管與整理，也爲利用者提供了檢索的初步門徑。

三

恭仁山莊的衆多典籍資料及書畫收藏品，是記録日本中國學史特别是京都學派發生發展的重要資料寶庫。同時，對於鈎沉中日近代學術文化交流及相互關係也是珍貴的資料寶庫。對於中國學術史而言，它關涉晚清民國史、古籍文獻版本

[一] 關西大學圖書館編：《内藤文庫各種資料系列》。

學、中國書畫史、滿蒙史地、日本中國學史等多方面的資料，還蘊含著內藤親歷的晚清民國中日人物往來、僞滿時期內部文書、近代中國書畫流入日本等等文化交流、社會政治方面的未公開資料。它的價值和意義不容低估，對於它的研究和利用，有很大空間。

僅我所見，近年來，鈎沉、利用內藤文庫所出版的相關書籍有：陶德民先生先後編著出版了《內藤湖南與清人書畫——關西大學圖書館內藤文庫所藏品集》（2009 年）及《大正癸丑蘭亭會的懷古與繼承——以關西大學圖書館內藤文庫所藏品爲中心》（2013 年），玄幸子、高田時雄編著《內藤湖南敦煌遺書調查記錄》（2015 年），三書均爲關西大學出版部出版，分別爲《關西大學東西學術研究所資料集刊》第 26、33、34 種。此外，石田肇、杉村邦彥、陶德民、藤田高夫、稻畑耕一郎、芳村弘道、狩野直禎等先生及我本人，利用文庫相關資料進行專題研究的論文也漸次刊出，主要是針對中日學者之間交往交流的專題研究。

2008 年 6 月，我赴關西大學參加"內藤湖南研究的新視點"國際學術研討會，第一次進入內藤湖南文庫參觀，也是第一次到加茂町瓶原村拜謁恭仁山莊。此後，2011 年、2012 年秋冬又赴關大，數次在圖書館申請查閱內藤文庫相關資料。怎奈時間匆匆，未及全面調查和翻閱相關資料。直到 2015 年 10 月、11 月間，承蒙關西大學邀請，得以留滯兩個月，比較全面地調查和利用內藤文庫。鑒於我個人的知識儲備和興趣，主要關注了內藤湖南與晚清民國學術界關聯這一範疇的資料。這方面資料粗略估算，亦有如下幾個方面可待挖掘：1. 與中國學者、文人官紳的往來論學書簡、漢詩唱和；2. 甲午戰爭以來，與政界、報業界人物議論朝政時事的筆談記錄；3. 到中國、歐洲旅行訪書的過程及所獲各種資料；4. 關於中國書籍字畫、金石拓本的鑒定、交流、買賣記錄；5. 與中華書局、商務印書館、來薰閣等重要書店的往來信函、購書清單；6. 關於"日滿文化協會"成立發展的相關文書文件；7. 其他，如各個時期的請柬、名片、唁電、參會名冊，乃至菜單、車船票、賬單等等各種資料雜件。

四

本書所收內藤湖南漢詩酬唱墨迹，均從內藤文庫鈎沉而來，分散收藏在文庫

"非册子體資料"的内藤書信、内藤書法、内藤原稿、中國旅行、還歷紀念、追悼葬儀等各種資料裏。

從漢詩的書寫形式上看，大致可分爲：1.獨具風格、題贈友人的内藤書法詩帖、詩軸，部分隨後複製印刷在印有"恭仁山莊"字樣的特製用箋上，這類作品上面往往按捺有多枚個人印鑒，内藤生前用它贈送友朋，在其身後，也製作成硬板的展覽品展出。2.花箋墨筆謄清件。當時的學者文人，寫信、作詩很注重使用各色精美的花箋。我曾在内藤文庫見到過用剩的花箋盒，一種是上海"怡春堂詩箋（丙申正月受春）"，盒内尚存未用完的箋紙，一種是商務印書館"涵芬樓精製書簡"。與内藤有書信和漢詩唱和往來的中日學者如羅振玉、長尾雨山、狩野直喜等人，也都有個性化的專門用箋，樂群社詩友唱和時則用印有"樂群社"字樣的各色彩箋。3.創作時的底稿。或素白用紙，或各種單位稿紙，如内藤供職的"大阪朝日新聞社"格子紙，狩野、内藤、小川供職的"東方文化學院京都研究所"稿紙，或"寶許簃"内藤家自製箋紙。底稿的特點是，稿紙上勾畫筆削歷歷可見。還有詩友間往來唱和的呈政詩稿，特別是由長尾雨山、狩野直喜、内藤湖南、小川琢治四人組成的樂群社幾次集會，四位詩友相互在彼此的詩稿上作批注，給予贊語及對於詩中個別字詞的修改建議等，也是清晰可見，趣味紛呈。

根據詩作的内容類別，大致又可分爲以下六個部分：一、言志抒懷，這部分是内藤各個時期的咏懷詩作，儘量按創作時間的先後排序；二、題贈友人，是内藤爲友人的著作、字畫、喬遷新居、海外留學或出差等而作的應酬詩；三、與中國學者的酬唱，包括與鄭孝胥、陳寶琛、王國維、張元濟、趙爾巽等的詩歌往來；四、樂群社組詩，如上述及的四位詩友，先後於1930年春、夏、秋之際，分別在恭仁山莊、怡園、詩仙堂三次集會所吟詩歌；五、日本學者贈詩，是鈴木虎雄、長尾甲、狩野直喜、市村瓚次郎、莊司乙吉等人，寫贈内藤湖南的詩作；六、日本學者呈政詩，是吉川幸次郎、鈴木虎雄、神田香巖、織田萬等人，呈送内藤湖南請求雅正的詩作。共計收録内藤及友朋唱和漢詩133題220首。

内藤湖南一生創作的漢詩，收録在《内藤湖南全集》第十四卷之《湖南詩存》及後附《湖南小稿》上，共計約500首上下。在《全集》出版後，日本《書論》雜誌13號至22號，曾連續刊載《内藤湖南全集補遺》1—10，其中就包括對内藤漢詩的補遺，南京大學金程宇教授在此基礎上，又從《全集》漢文文章和信函中輯録出若干首内藤早年漢詩詩作。本書所收内藤漢詩，絶大部分已收入《全集》，有些詩的詩名和所用字詞有所不一，反映了作者初稿、修改稿和定稿的不同狀態，已在按語中一一注出，以資研究者校閲比對。

值得一提的是，本書收有 7 題《内藤湖南全集》未收之漢詩作品。以下，將這 7 題詩作抄出并簡要説明情况。

1.《奉賀東巡》

> 一千行路瑞雲暄，
> 翠輦紅旗幸北藩。
> 聖德曾欽望烟咏，
> 中興今拜勞民恩。

明治十四年（1881），内藤湖南 16 歲，明治天皇巡行日本東北地方與北海道，包括内藤的家鄉今秋田縣鹿角市。内藤湖南作有漢文《明治帝御巡幸奉迎文》，表現出文章寫作方面的天賦，受到天皇侍講元田永孚的驚嘆和盛贊，在家鄉初得文名。此事根據是朝日新聞社編《上野理一傳》中上野的回憶，傅佛果稱其爲孤證，而《明治帝御巡幸奉迎文》也未見《全集》收入。許多年後的大正、昭和年間，内藤作有《賀大正天皇即位表》（代京都市長井上作）、《賀皇太子成年式表》（代京都大學總長荒木作）、《謝巡幸表》（代大阪市長關作）等 6 篇有關奉賀皇室事宜的漢文，均收入《内藤湖南全集》十四卷《湖南文存》之卷十一。

此詩從東巡內容及工整稚拙的字迹及自署"内藤虎次郎"看，似應爲明治十四年巡行之事而作。歸在文庫中"内藤書法"分類中，此類目下所收多爲内藤詩作的草稿或書法謄清件，這件標爲"39 號"的詩作，有一張照片及一張複印件，屬於書法謄清件。爲内藤詩作的可能性極高。内藤乾吉在《全集》第十四卷的後記中，也確認這是内藤目前所知最早的漢詩創作：

> 著者的漢詩，根據今天編者所知，最早期的一首，當爲明治十四年，十六歲時所作的《奉賀聖駕東巡》"一千行路瑞雲暄，翠輦紅旗幸北藩。聖德曾欽望烟咏，中興今拜勞民恩"。二三十年前，有人把著者親筆的詩稿照片送給我，今天，我記不起他的名字。此後的青年時代的作品，有的在著者

師範學校時寫給父親的信裏，有的在著者編輯的雜誌和報紙上也刊出若干首，這些屬於習作時期的漢詩如何處理，神田博士的意見是，把它們放在詩存以外。於是，在這一時期中，將著者自己謄清過的創作詩二十八首，題爲《湖南小稿》……[一]

然而，《湖南小稿》中也未收這一首"第一作"。此詩爲內藤所作若能坐實，便可作爲內藤參與奉迎東巡及作有《明治帝御巡幸奉迎文》的一個旁證。

2.《辛丑除夕和丹厓詞兄》

> 斯心如水絕纖埃，畢竟功名似死灰。
> 夜雪無聲壓庭木，寒烟有影照瓶梅。
> 闌干星向西樓落，落托客從東海來。
> 攬鏡驚看鬢交白，等閒未擲手中杯。

在文庫"原稿"第四盒中，原件用花箋，紙面有蛀損，署"和丹厓詞兄辛丑除夕詩韵，笑政。放浪未定稿"。對於這是內藤創作的漢詩，還是僅僅只是內藤的筆迹，文庫編目者表示不確定，故未收入《全集》。"辛丑"，1901 年。"丹厓"，應是上田丹厓（1863—1936），名甕，字子抱，號丹厓，又號無機者，熊本縣人。活躍於京都的日本近代南畫家，善詩書。文庫中收有多封內藤與上田丹厓（甕）的往來書信。此詩爲內藤詩的可能性高。錄出，以饗讀者。

3.《漢城有作》

> 七度韓山兩鬢皤，
> 可堪酒館對秦娥。
> 金箋花帶今猶昔，
> 泪墮仙桃一曲歌。

在文庫"原稿"類的兩處均收有此詩，一處編目者存疑，一處將之歸在內藤創作的一組漢詩中，此組漢詩的其餘各首均收入《全集》，筆者推斷，此是內藤作品的可能性高。

[一]　內藤乾吉：《內藤湖南全集》第十四卷"後記"，筑摩書房，1976 年，753 頁。

4.《奉呈井堂仁兄》

> 文名艷説媲曹劉,
> 難得相期管樂儔。
> 屈指古來知己感,
> 山東李白識荆州。

此詩上款題"漫賦短律奉呈井堂仁兄并正",下有"湖南狂生虎"署名,并蓋有"有龍則靈""藤虎""字炳卿"三枚印鑒,收在文庫"原稿"類第四盒中,文庫目録也標爲"湖南漢詩",不知爲何未收入《全集》。録此,以補漏。

5.《落托江湖》(原缺題,取詩前四字)

> 落托江湖剩病骸,
> 平生知己感裙釵。
> 春寒憐我牢騷甚,
> 小院呼鐙催鬥牌。

此詩落款"黑頭尊者"爲内藤湖南早年自號,又有印章"虎""湖南"二枚印鑒落款,文庫電子目録標爲"湖南漢詩",不知爲何未入《全集》。《書論》20號《内藤湖南全集補遺》八之 63 則,收入此詩,題爲《首春雜詩節一》,出自明治二十五年二月二十一日《鹿友會誌》第貳册。録此,以爲旁證。

6.《芳山懷古》,此爲十二首七絶組詩,這裏姑且選擇第一首和第四首爲例録出:

> 一
>
> 延元陵下草蕭蕭,不是詩人魂欲消。
> 賴有櫻花千萬樹,春雲靉靆護南朝。
>
> 四
>
> 行宮遺址宿狐梟,空使騷人愁思撩。
> 猶有風雲壯山色,層巒如郭繞南朝。

出自文庫"原稿"類第八盒中,與同盒中收入《全集》的《芳山廿絶》的格律、用韵相同。芳山即奈良吉野山，是日本著名歷史古迹與櫻花名所。14 世紀後醍醐天皇於此建立南部分朝廷，史稱南朝（1336—1392）。歷代和歌、漢詩多有吟咏吉野山（芳山）勝迹并寄托歷史悲嘆的。日本近代不少詩人，除内藤《芳山廿絶》小序中提及的藤井竹外、河野鐵兜、青厓山人作有"蕭"字韵《芳山絶句》外，另如土屋竹雨、植田喜三郎、加藤虎之亮等人，亦都作有《芳山懷古》絶句。文庫編目者對於這是内藤漢詩還是内藤筆迹，不能確定。莫非這十二首是内藤抄録的前人詩作？但從墨迹上看，亦有多個文字改動處，似爲作者草稿。終不能確定，姑且録出，以饗讀者。

7.《樂群社同人會於詩仙堂》

> 有約林邱共樂群，摩挲遺物酒微醺。
> 虎頭阿堵傳神采，仙骨寧馨剩隴墳。
> 城市牛鳴常裏足，山房朋到細論文。
> 夜長時夢少年事，爲畫堞樓明夕曛。

此詩收在文庫"原稿"之樂群社詩作合集文件内，雖未署名，而爲内藤漢詩無疑。筆者所見此詩另一個手迹版本，是杉村邦彦先生《題四翁樂群圖》一文所刊此詩的墨迹照片，因開頭題有"青山清代筆"字樣，字迹也顯然不是内藤書法。或許正是這造成誤解，成爲未收入《全集》的原因。其實，這"青山清代筆"的版本，詩尾正比内藤原稿上多"虎甫草 大正"五字，應該理解爲是湖南的詩作，由青山氏代筆謄寫。

以上七件未收詩，1、5、7 三首見於《書論》及杉村邦彦先生文，其餘 2、3、4、6 四件，爲前人未提及論考過。

至於本書中所收其他人的詩作，是否都已收入相關各位作者的全集或文集、詩集中，未及一一查核，特此説明。

另外，日本杉村邦彦先生主編、書論編輯室出版印行之《書論》雜誌，歷年刊出内藤湖南生前贈送師友、學生的漢詩立軸、單帖、扇面等作品，總計在四五十件左右，大部分爲内藤詩作，也有部分是選自中國古代詩文的名篇警句。由於版權問題，這部分堪稱漢詩與書法兼優的佳作，不能收入。讀者可從《書論》雜誌搜得閲覽之。

　　最後，關於內藤湖南在書法上的造詣及書法風格，僅借他的高足神田喜一郎之論述，簡略説明之：

　　　　不用説，先生是東洋史學專家，不是書法家。但他書法的出色，不僅在專門的書法家之上，而且精通書法理論及與書法關係密切的金石文字之學，具有深厚的造詣。……

　　　　先生以晋唐正統派爲宗，鄙夷北碑一派及明末清初王鐸、張瑞圖之流的書風，更是不齒於那些禪僧的所謂墨迹。因此，先生的喜好，與當今我國書壇的趨向是非常相异的。……但先生的以晋唐爲宗，與其説是形似，更應該説是得其神理。[一]

　　另外，內藤湖南有《論書絶句》十二首、續作十二首，共二十四首。歌咏流傳至今的近三十種中日古寫本、古鈔本上所見之书法遺迹，如歐陽詢真迹《千字文》殘簡、日本《金剛場陀羅尼經》、正倉院慶雲四年寫本《王勃集》、賀知章草書《孝經》等等。品讀這些詩作，也可以體會內藤在書法理論上的深廣造詣。

　　鑒於墨迹原件中，存在异體、俗體、手寫體和日本漢字雜陳的情况，爲了便於閲讀，編者參照《通用規範漢字表》附録中正體字的標準，對此類文字作了規範處理。涉及人名、地名、書名的，酌情保留异體字。全書在墨迹辨識讀録、文字規範處理等方面，雖然已經盡心竭力，錯誤仍或難免，敬請有識者指正。

　　〔本書爲國家社會科學基金項目"日本中國學京都學派與民國學術界研究"課題（批准號14BWW009）的階段性成果〕

[一]　神田喜一郎：《內藤湖南先生與書法》，載1978年秋《書論》第13號"內藤湖南特輯"。

言志抒懷

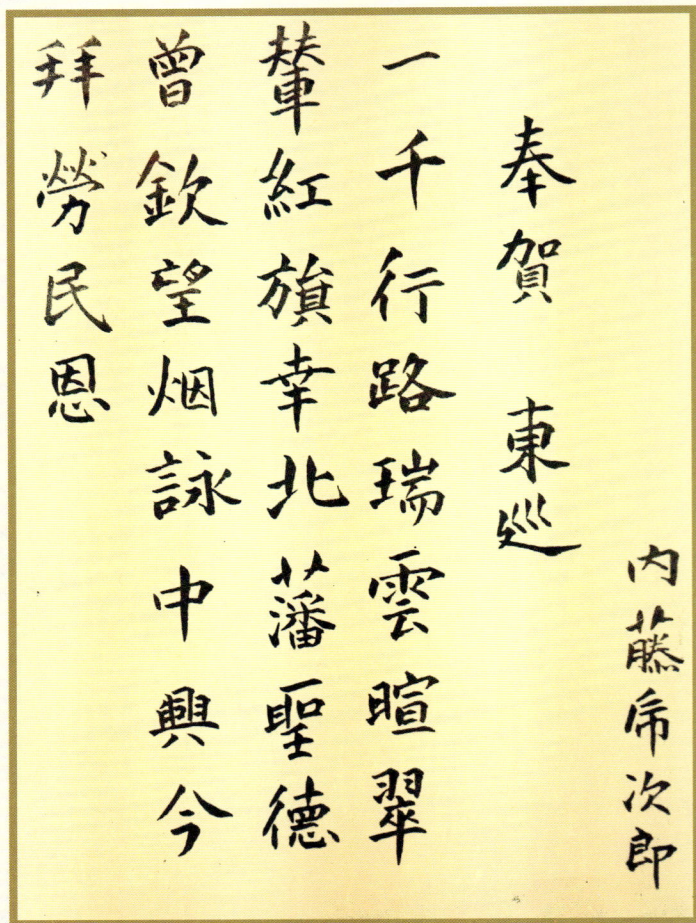

奉賀東巡

内藤虎次郎

一千行路瑞雲暄，翠輦紅旗幸北藩。
聖德曾欽望烟咏，中興今拜勞民恩。

按：此件未收入《内藤湖南全集》（以下簡稱《全集》）。

明治十四年（1881），内藤湖南16歲，明治天皇巡行日本東北地方與北海道，包括内藤的家鄉今秋田縣鹿角市。内藤湖南作有漢文《明治帝御巡幸奉迎文》，表現出文章寫作方面的天賦，受到天皇侍講元田永孚的驚嘆和盛贊，在家鄉初得文名。此事根據是朝日新聞社編《上野理一傳》中上野的回憶，傳佛果稱爲孤證，而《明治帝御巡幸奉迎文》，也未見全集收入。
許多年後的大正、昭和年間，内藤作有《賀大正天皇即位表》
（代京都市長井上作）、《賀皇太子成年式表》（代京都大學總長
荒木作）、《謝巡幸表》（代大阪市長關作）等6篇有關奉賀皇
室事宜的漢文，均收入《内藤湖南全集》十四卷《湖南文存》
之卷十一。

此詩從東巡内容及工整稚拙的字迹看，似應爲明治十四年
巡行之事而作。歸在内藤文庫中“内藤書 L21**7*9”盒内，其
中所收多内藤詩作的草稿或書法謄清件，這件標爲39的詩作，
有一張照片及一張複印件，屬於書法謄清類。爲内藤詩作的可
能性高。内藤乾吉在《全集》第十四卷的後記中也寫道，這是
内藤目前所知最早的漢詩創作：

> 著者的漢詩，根據今天編者所知，最早期的一首，當
> 爲明治十四年，十六歲時所作的《奉賀聖駕東巡》“一千
> 行路瑞雲暄，翠輦紅旗幸北藩。聖德曾欽望烟咏，中興今
> 拜勞民恩”。二三十年前，有人把著者親筆的詩稿照片送
> 給我，今天，我記不起他的名字。此後的青年時代的作品，
> 有的在著者師範學校時寫給父親的信裏，有的在著者編輯
> 的雜誌和報紙上也刊出若干首，這些屬於習作時期的漢詩
> 如何處理，神田博士的意見是，把它們放在詩存以外。於
> 是，在這一時期中，將著者自己謄清過的創作詩二十八首，
> 題爲《湖南小稿》……

然而，《湖南小稿》中也未收這一首“第一作”。此詩若能
坐實，或可作爲内藤參與奉迎東巡的一個旁證。

己亥八月游清國舟中無聊步韋
德國府三兄見贈韻遠啊
一鄧寄明世未藏　　直雜森昆舍兩年住支
那八月植桑今年計　闊閱覽古淚痕斜行
到長城密地毫賦塞少

又出野口寧齋見贈詩韻
風塵滿月近中秋一劍擬觀禹九州故舊賓
羊空鬼籍江山盡域久神游斗牛低朴苗
閞蕃地天接義和寶曰頭李相象文瀾
束沆片帆先掃古之累

己亥八月游清國·又一首

己亥八月游清國，舟中無聊，步幸德、國府二兄見
贈韵遣悶

一廛寄明世，未暇植桑麻。

毗舍兩年住，支那八月楂。

處今身計闊，覽古泪痕斜。

行到長城窟，抽毫賦塞沙。

又步野口寧齋見贈詩韵

風塵滿目近中秋，一劍擬觀禹九州。

故舊當年空鬼籍，江山异域久神游。

斗低朴昔開藩地，天接義和賓日頭。

李相篆文聞未泐，片帆先指古之罘。

按：前一首，《全集》題爲《舟中無聊次秋水、犀東二君見
贈詩韵》，後四句爲"秋老鄉音少，天高雁字斜。何時乘八駿，
萬里渡流沙"。後一首，《全集》題《游清雜詩次野口寧齋見送
詩韵》，爲一組詩，此係第一首。己亥，1899年。擬觀，《全集》
作"將觀"；李相篆文聞未泐，《全集》作"要訪秦皇勒銘處"。

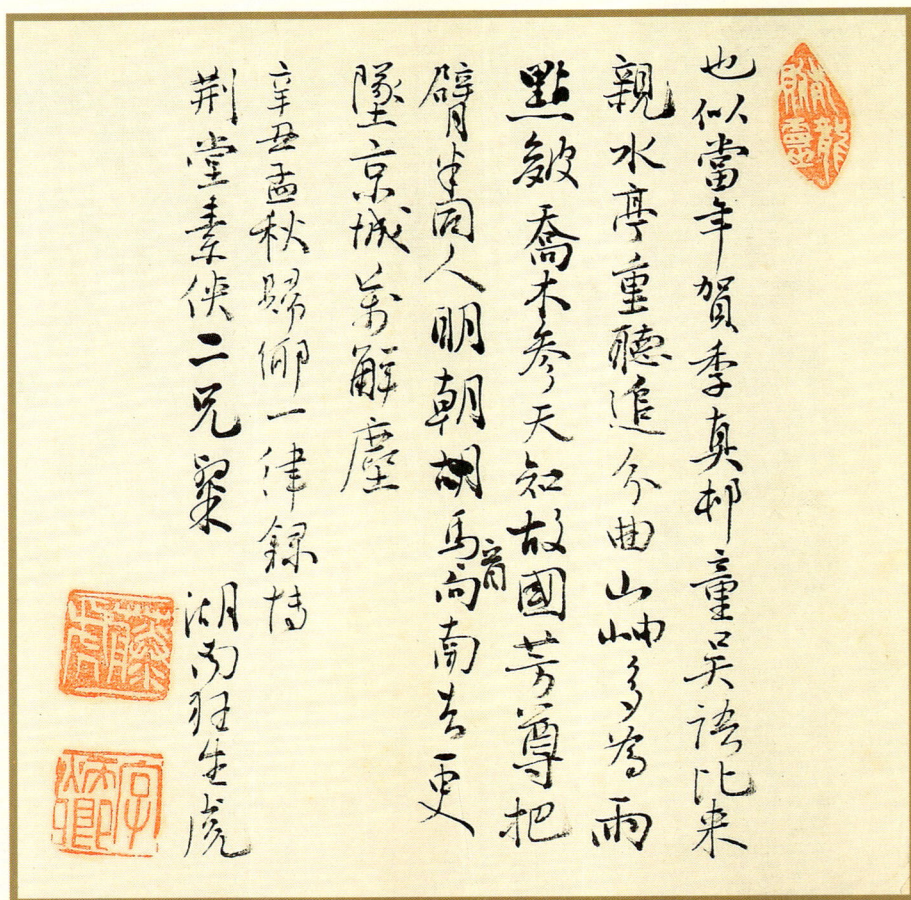

辛丑孟秋歸鄉

也似當年賀季真，邨童吳語比來親。

水亭重聽追分曲，山岫多看雨點皺。

喬木參天知故國，芳尊把臂半同人。

明朝馬首向南去，更墜京城萬斛塵。

辛丑孟秋歸鄉一律，錄博荊堂、素俠二兄粲。湖南

狂生虎（鈐印：有龍則靈、藤虎、字炳卿）

按：辛丑，1901 年。

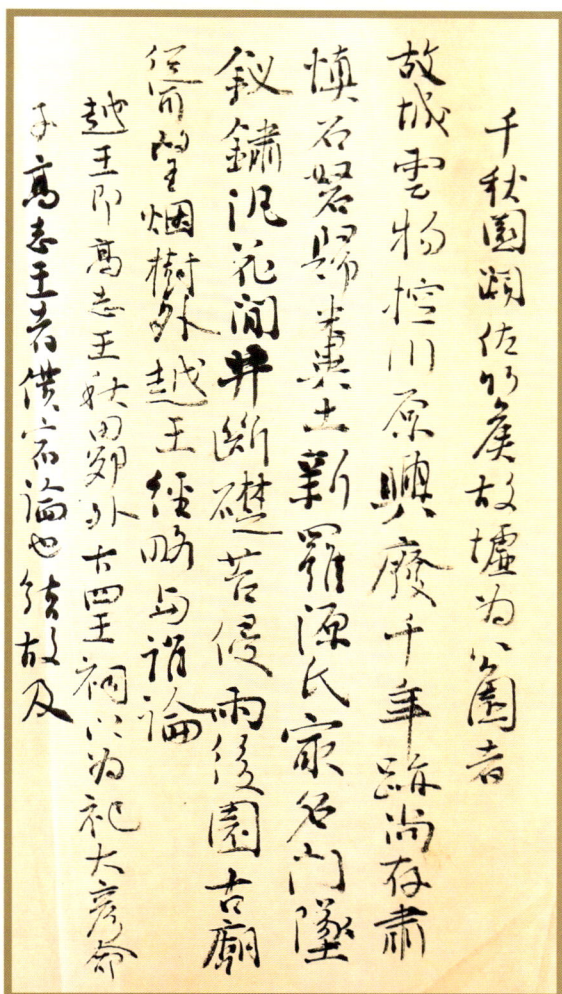

千秋園闢佐竹侯故墟爲公園者

故城雲物控川原，興廢千年迹尚存。

蕭慎石砮歸糞土，新羅源氏最名門。

墜釵鏽泛花間井，斷礎苔侵雨後園。

古廟聳望烟樹外，越王經略與誰論？

越王即高志王，秋田郊外古四王祠以爲祀，大彦命子高志王者，僕宿論也，結故及。

按：此墨迹版與《全集》多處不一，對《全集》有校勘之用。宿，《全集》作"素"，似亦有誤。《全集》詩後無"越王即高志王"六字。大彦命子高志王者，《全集》作"大彦命子古志王者"。鏽，《全集》誤作"綉"。

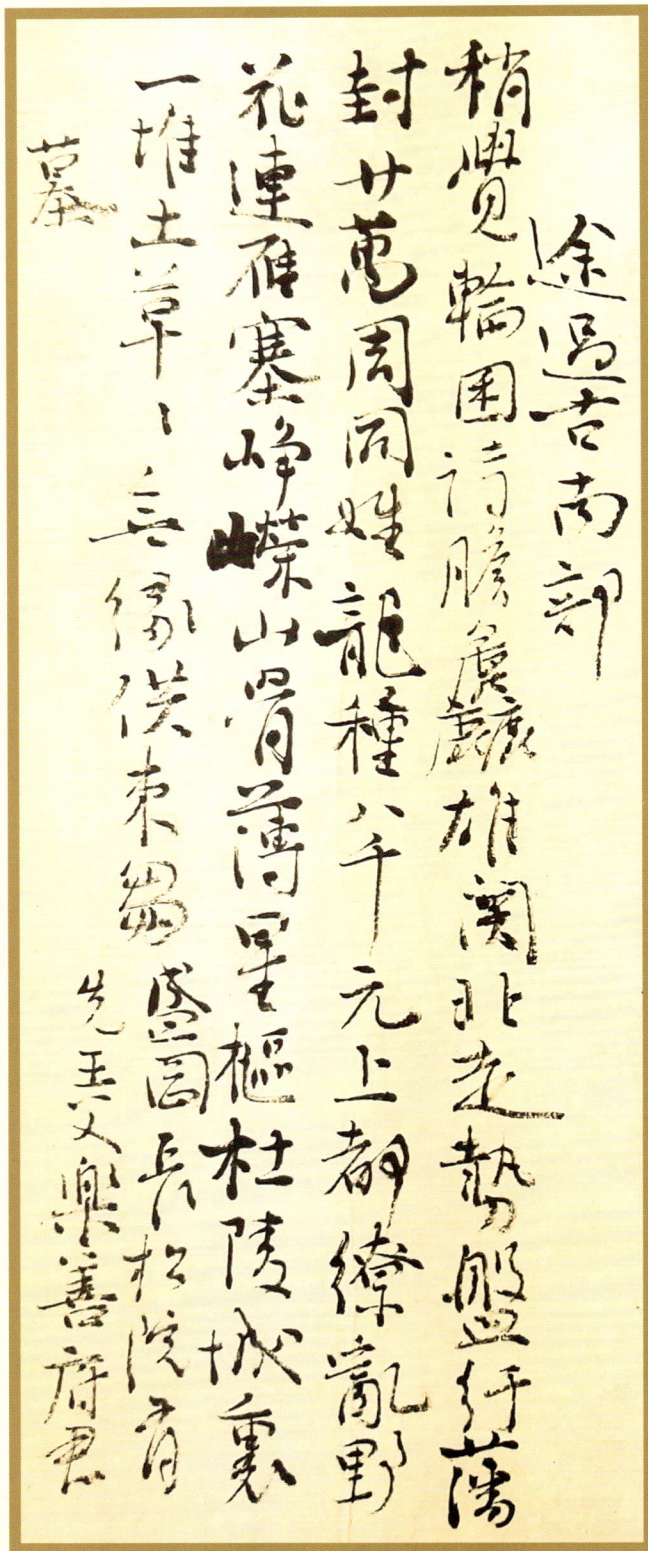

途過古南部

稍覺輪囷詩膽粗，
雄關北走勢盤紆。
藩封廿萬周同姓，
龍種八千元上都。
繚亂野花連雁塞，
崢嶸山骨薄星樞。
杜陵城裏一堆土，
草草無緣供束芻。

　　盛岡長松院有先王父
樂善府君墓

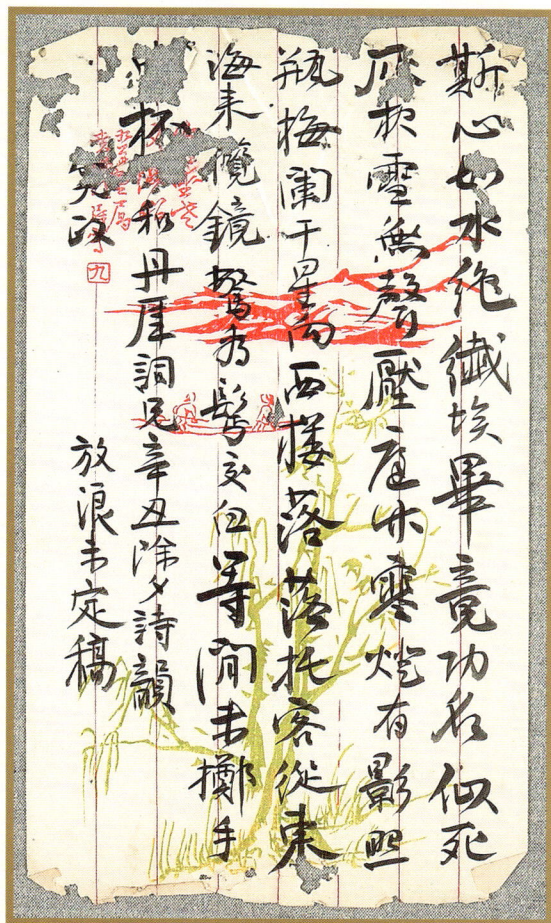

辛丑除夕和丹厓詞兄

斯心如水絕纖埃，畢竟功名似死灰。

夜雪無聲壓庭木，寒燈有影照瓶梅。

闌干星向西樓落，落托客從東海來。

攬鏡驚看鬢交白，等閑未擲手中杯。

和丹厓詞兄辛丑除夕詩韻，笑政。放浪未定稿

按：本詩《全集》未收，出自内藤文庫之"内藤原稿 L21**7*12-4"盒，編號 254，文庫目録標爲"湖南雜記"，且注"湖南筆否？"，表示質疑。辛丑，1901 年。丹厓，上田丹厓（1863—1936），名甕，字子抱，號丹厓，又號無機者，熊本縣人。活躍於京都的日本近代南畫家，善詩書。文庫中收有多封内藤與上田丹厓（甕）的往來書信。此詩爲内藤詩的可能性高。録出，以饗讀者。

漢城有作

七度韓山兩鬢皤，可堪酒館對秦娥。
金箴花帶今猶昔，泪墮仙桃一曲歌。

高麗樂曲有《獻仙桃》

按：此詩未入《全集》。出自內藤文庫之"內藤原稿 L21**7*12-8"
盒，編號 617。文庫目録此詩之後加了"（漢詩）湖南筆？"字樣，表
示是內藤的漢詩創作還是他的抄録，有疑問。在文庫"內藤書 L21*7*9"
盒第 35 號內，也見此詩。35 號內收內藤漢詩等書法謄清件 12 件，此詩
列第一件。兩者相證，是內藤作品的可能性高，然未敢妄斷，説明如上，
録此以饗讀者。《全集》另有一首《丙午歲在漢城有作》。

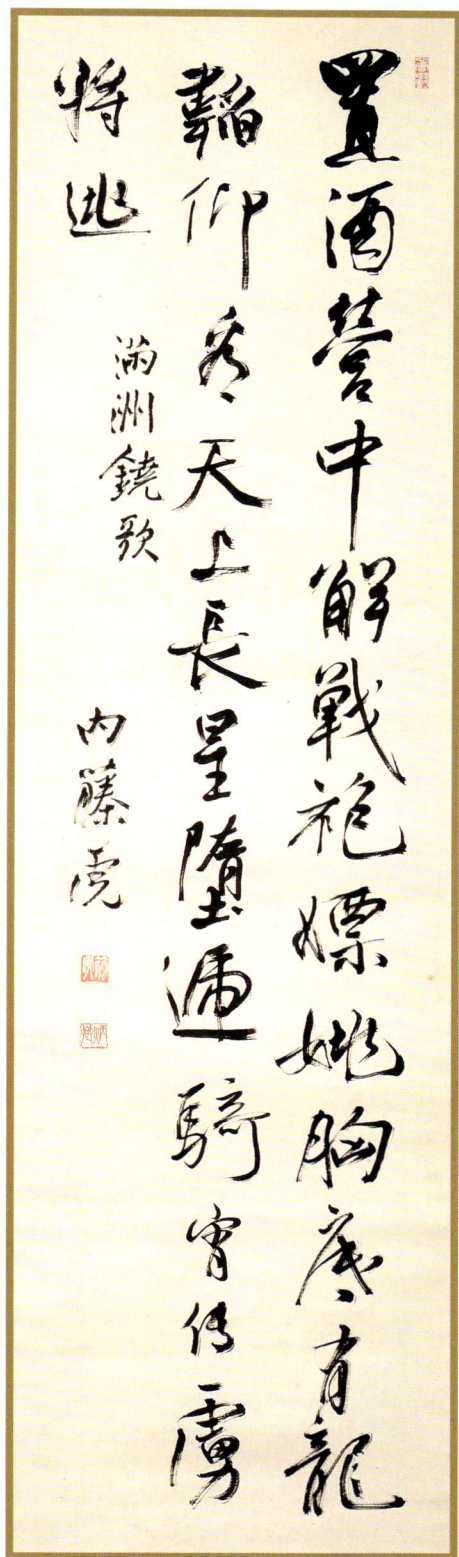

滿洲鐃歌

置酒營中解戰袍，

嫖姚胸底有龍韜。

仰看天上長星墮，

遞騎宵傳虜將逃。

內藤虎

（鈐印：心實吃虧、藤虎、炳卿）

按：《滿洲鐃歌》爲一組七絕詩，共三首，此爲之三，爲日俄戰爭而寫，見後錢婉約論文。此件爲陶德民先生個人藏品。

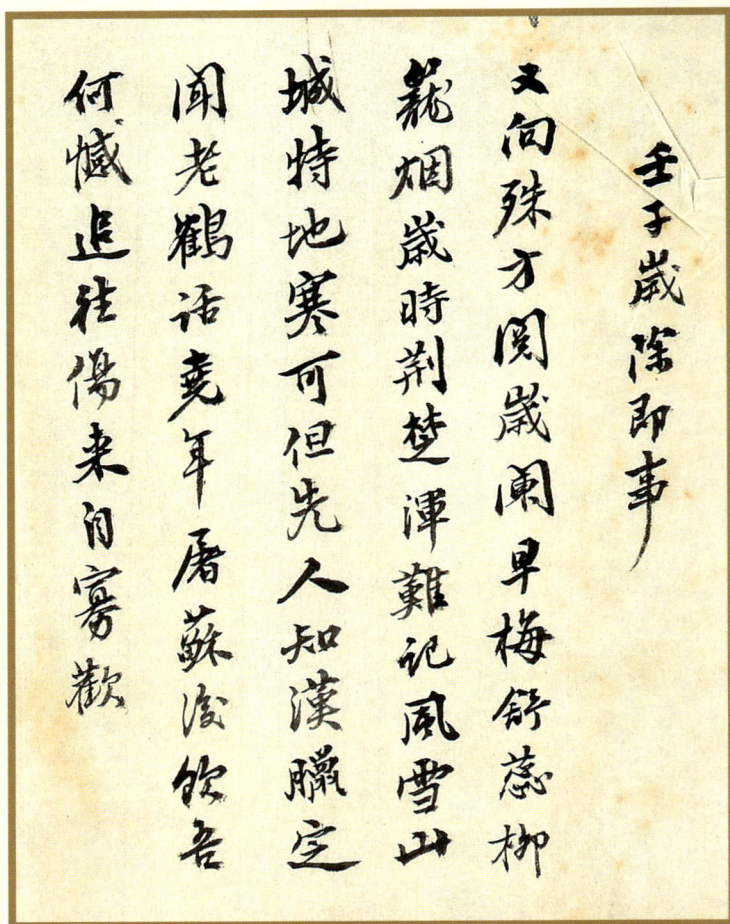

壬子歲除即事

又向殊方閱歲闌，早梅舒蕊柳籠烟。
歲時荊楚渾難記，風雪山城特地寒。
可但先人知漢臘，定聞老鶴話堯年。
屠蘇後飲吾何憾，追往傷來自寡歡。

按：壬子，1912 年。

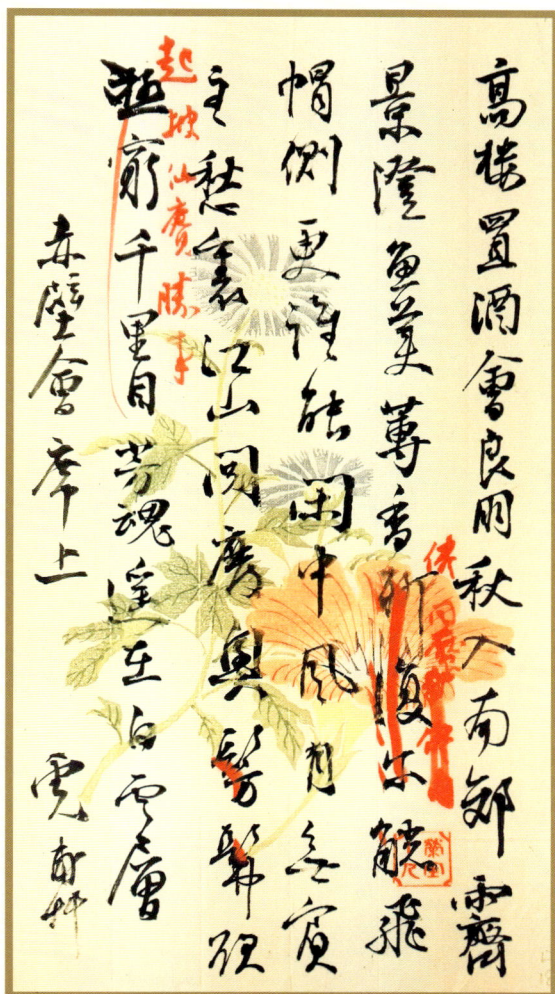

赤壁會席上

高樓置酒會良朋，秋入南郊霽景澄。

魚美菰香儘同饜，鶂飛帽側更誰能。

閑中風月無賓主，愁裏江山閱廢興。

欲起坡仙賡勝事，芳魂遥在白雲層。

虎甫草

按：《全集》標題後有"壬戌九月"。壬戌，1922年。

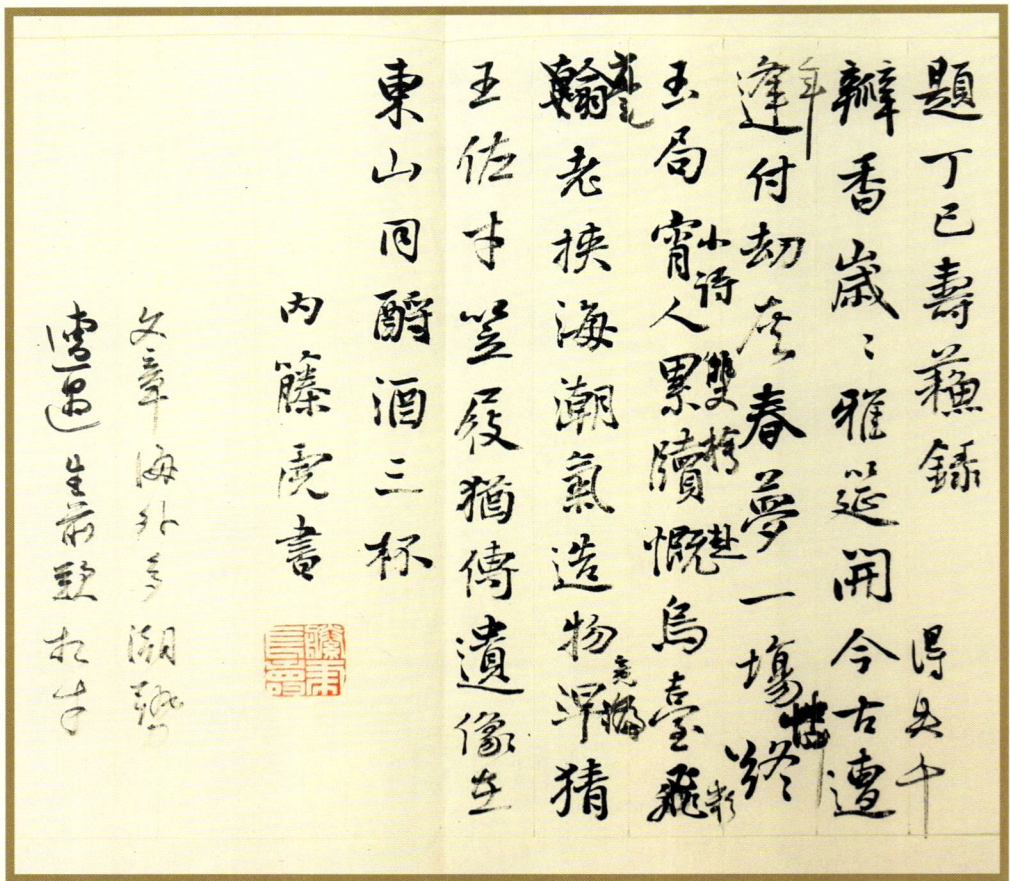

題丁巳壽蘇録

瓣香歲歲雅筵開，今古遭逢（得失千年）付劫灰。

春夢一場憐玉局，宵人累牘（小詩雙檜）慨（赴）烏臺。

彩毫老挾海潮氣，造物竟猜王佐才，

笠屐猶傳遺像在，東山同酹酒三杯。

內藤虎書（鈐印：藤虎長壽）

文章海外多潮勢，遭遇生前嘆相才。

> 按：本詩《全集》改定爲：
>
> 瓣香歲歲雅筵開，得失千年付劫灰。
>
> 春夢一場憐玉局，小詩雙檜赴烏臺。
>
> 文章海外多潮勢，遭遇生前嘆相才。
>
> 笠屐猶傳遺像在，東山同酹酒三杯。

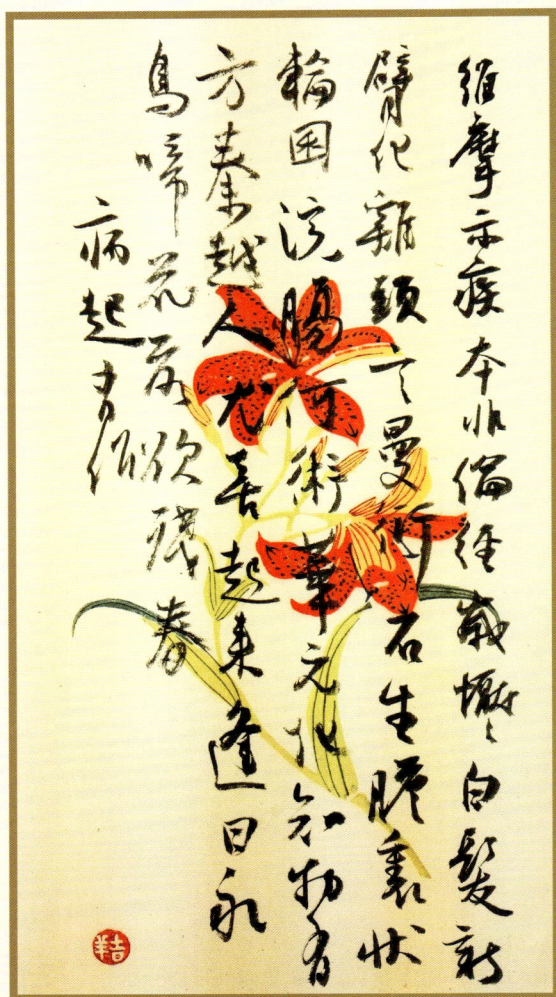

病起有作

維摩示疾本非倫，經歲憪憪白髮新。
臂化鷄頭言曼衍，石生膽裏狀輪囷。
浣腸何術華元化，知物有方秦越人。
尤喜起來逢日永，鳥啼花落欲殘春。

按：《全集》標題下署"癸亥"，即 1923 年。

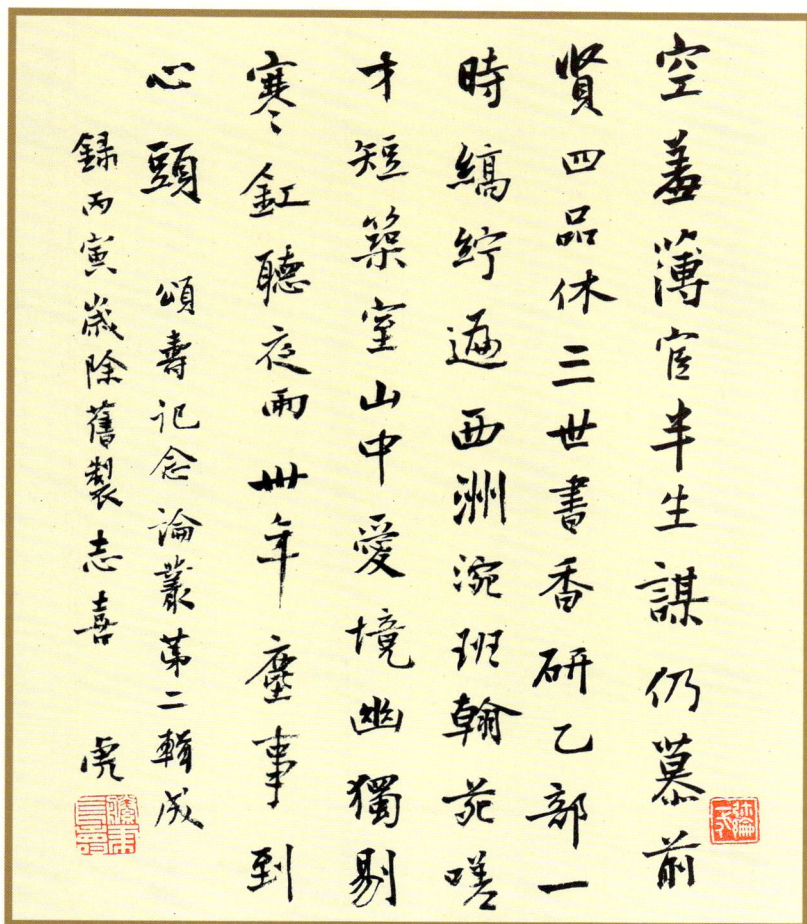

山莊除夕

空羞薄宦半生謀，仍慕前賢四品休。
三世書香研乙部，一時縞紵遍西洲。
涴班翰苑嗟才短，築室山中愛境幽。
獨剔寒釭聽夜雨，卅年塵事到心頭。

頌壽記念論叢第二輯成，録丙寅歲除舊製志喜。虎

（鈐印：彌綸一代、藤虎長壽）

按：《全集》標題下有"丙寅"二字，即 1926 年退休之年。

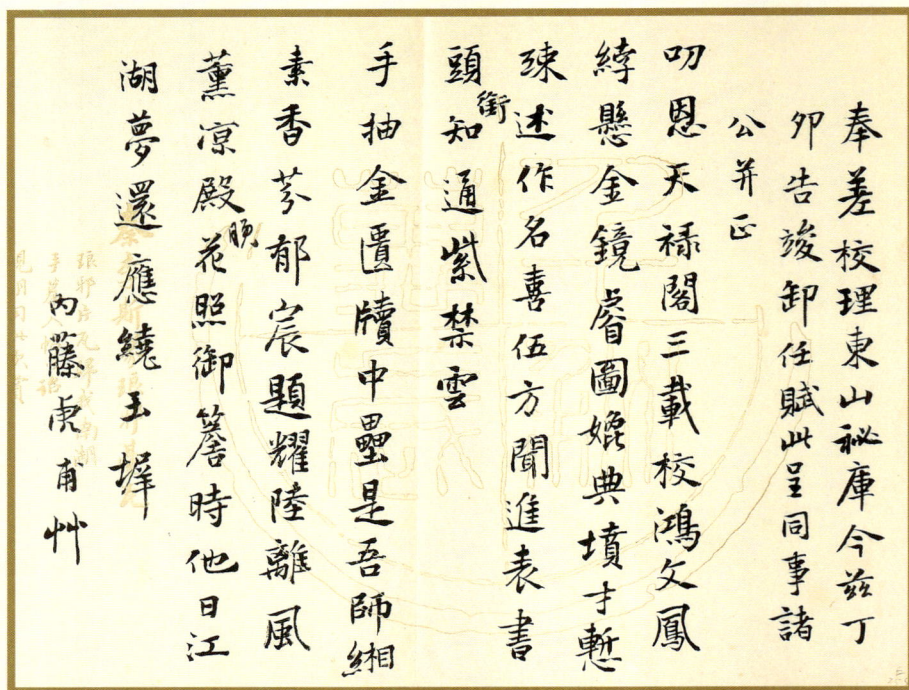

奉差校理東山秘庫二首

奉差校理東山秘庫，今茲丁卯告竣卸任，賦此呈同事諸公并正

〔一〕

叨恩天祿閣，三載校鴻文。鳳綍懸金鏡，睿圖媲典墳。

才慚疏述作，名喜伍方聞。進表書頭銜，知通紫禁雲。

〔二〕

手抽金匱牘，中皁是吾師。緗素香芬郁，宸題耀陸離。

風薰涼殿晚，花照御簷時。他日江湖夢，還應繞玉墀。

內藤虎甫草

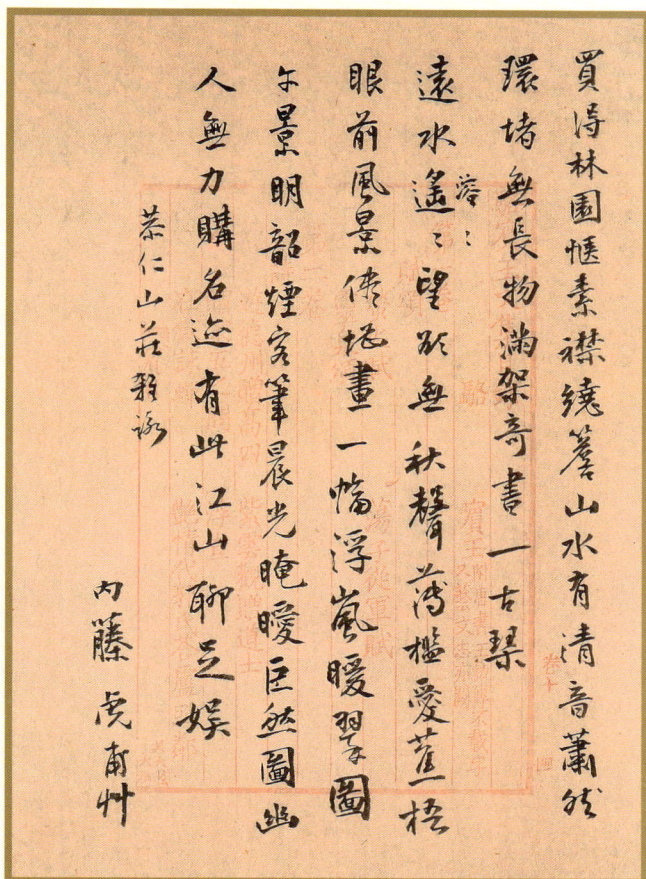

恭仁山莊雜咏三首

〔一〕

買得林園愜素襟，繞簷山水有清音。
蕭然環堵無長物，滿架奇書一古琴。

〔二〕

遠水遙遙（溶溶）望欲無，秋聲薄檻愛蕉梧。
眼前風景儘堪畫，一幅浮嵐暖翠圖。

〔三〕

午景明韶烟客筆，晨光晻曖巨然圖。
幽人無力購名迹，有此江山聊足娛。

內藤虎甫草

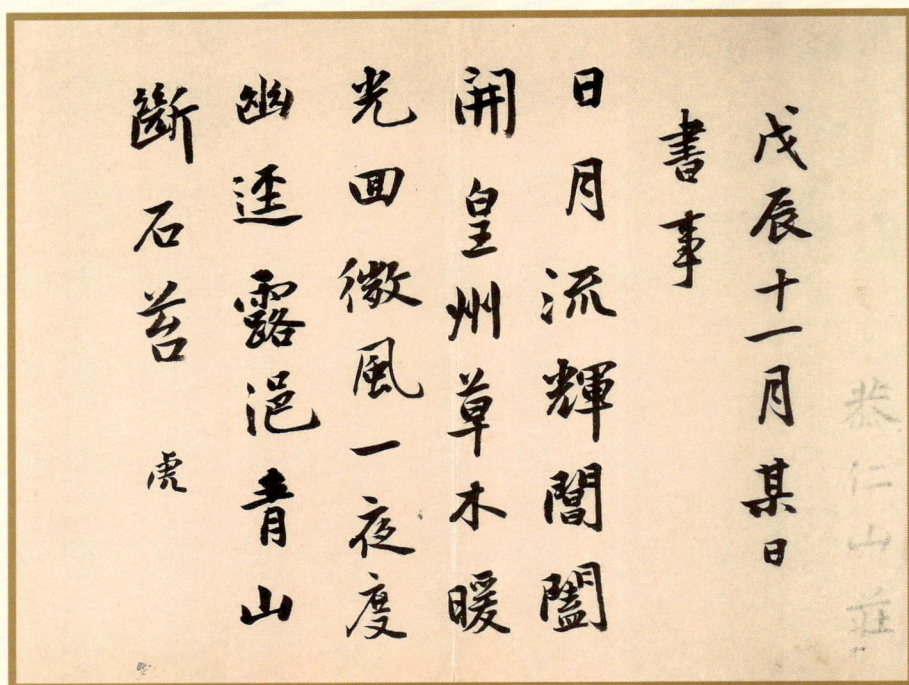

戊辰十一月某日書事

日月流輝閶闔開，
皇州草木暖光回。
微風一夜度幽徑，
露浥青山斷石苔。

虎

按：戊辰，1928 年。

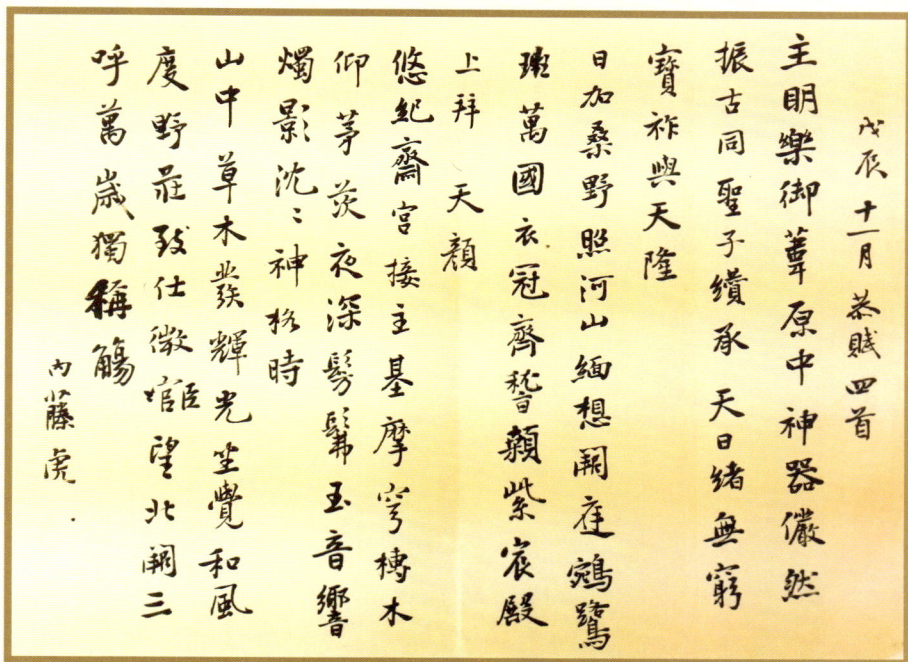

戊辰十一月恭賦四首

〔一〕

主明樂御葦原中，神器儼然振古同。

聖子纘承天日緒，無窮寶祚與天隆。

〔二〕

日加桑野照河山，緬想闕庭鵷鷺班。

萬國衣冠齊稽顙，紫宸殿上拜天顏。

〔三〕

悠紀齋宮接主基，摩穹榑木仰茅茨。

夜深仿佛玉音響，燭影沈沈神格時。

〔四〕

山中草木發輝光，坐覺和風度野莊。

致仕微臣望北闕，三呼萬歲獨稱觴。

内藤虎

按：戊辰，1928 年。第二首中，鵷鷺班，《全集》誤作“鵷鷺斑”。

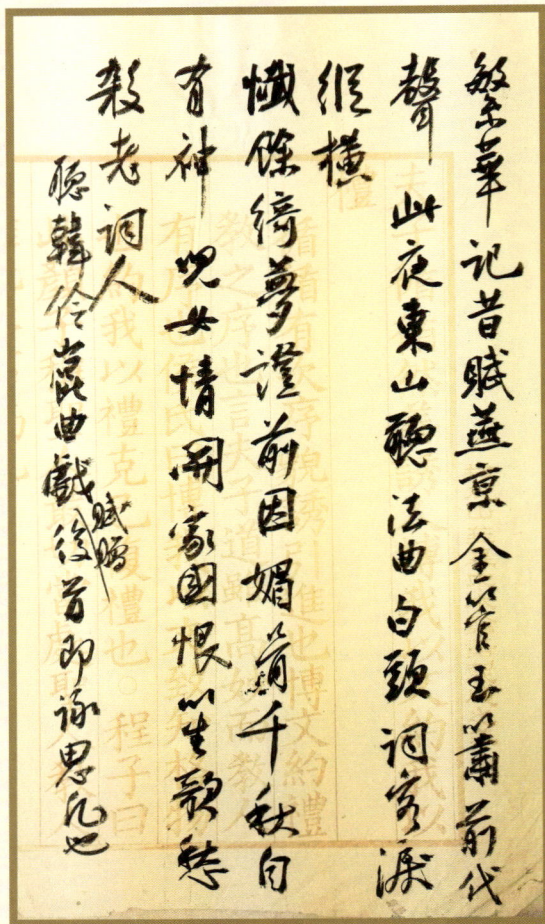

聽韓伶昆曲戲賦贈二首

〔一〕

繁華記昔賦燕京，金管玉簫前代聲。

此夜東山聽法曲，白頭詞客泪縱橫。

〔二〕

懺餘綺夢證前因，媚骨千秋自有神。

兒女情關家國恨，笙歌愁殺老詞人。

聽韓伶昆曲戲賦贈，後首即咏思凡也。

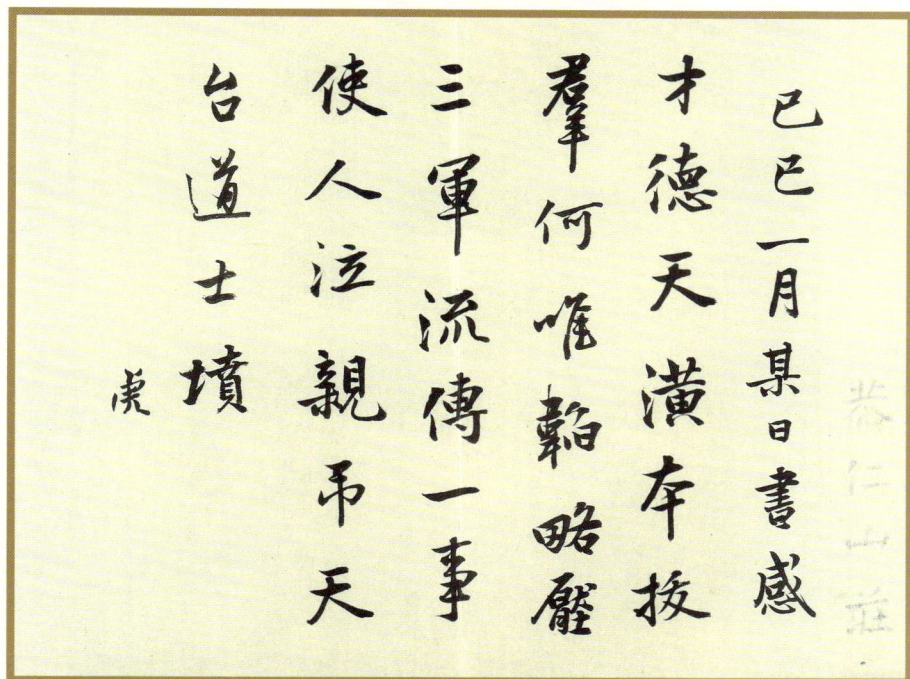

己巳一月某日書感
才德天潢本拔群
羣何唯韜略壓
三軍流傳一事
使人泣親吊天
台道士墳 虎

己巳一月某日書感

才德天潢本拔群，
何唯韜略壓三軍。
流傳一事使人泣，
親吊天台道士墳。

虎

按：己巳，1929 年。

蒙恩當日伏丹墀，
葵藿傾心老不移。
非古是今唐相議，
敷揚聊復答明時。

内藤虎

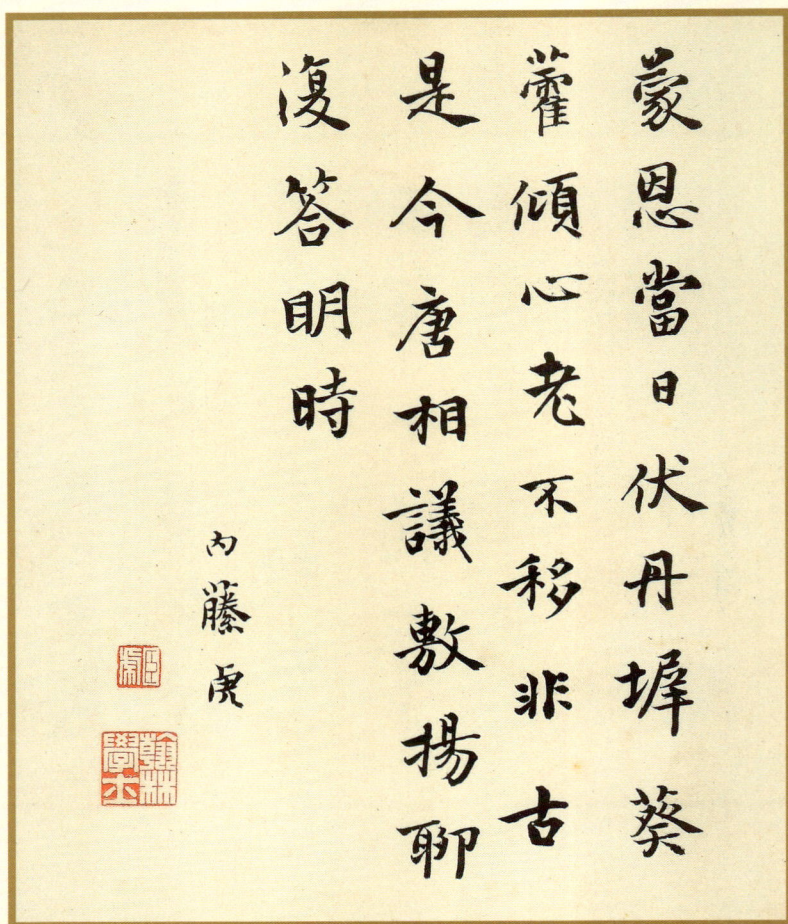

庚辛之際紀恩詩

蒙恩當日伏丹墀，
葵藿傾心老不移。
非古是今唐相議，
敷揚聊復答明時。

内藤虎（鈐印：臣虎、翰林學士）

按：庚辛之際是庚午至辛未間，即 1930—1931 年，此間内藤曾爲昭和天皇進講《通典》，故有"紀恩"之説。同名詩共三首。另二首見下頁。

庚辛之際紀恩詩

致君堯舜羞無術　屏迹巖阿已五春
春服今朝揮老淚　經筵徵到白頭臣
詔催丹駕趁瑤墀　鳳閣霞開日影移
坐覺光輝照顏色　天威咫尺執書時

内藤虎

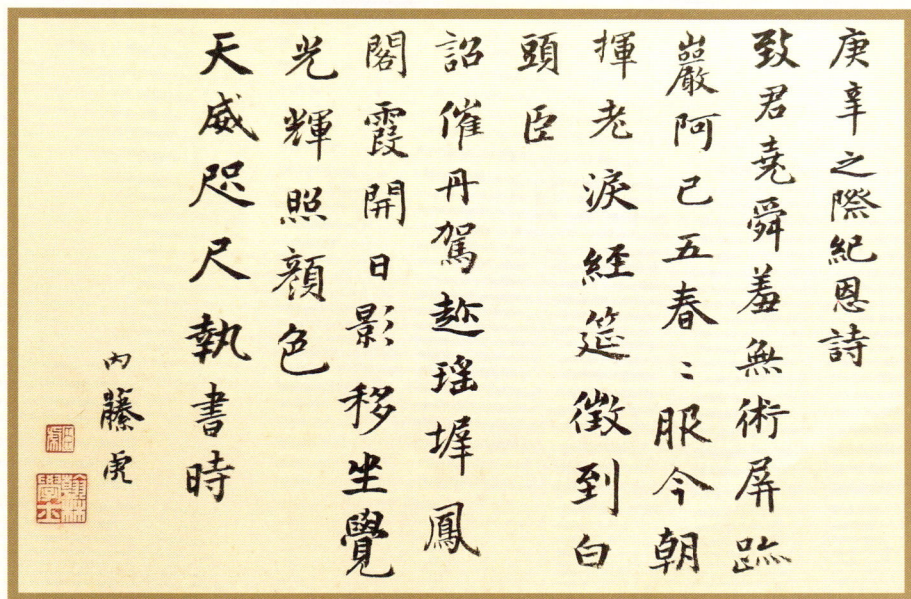

庚辛之際紀恩詩（又二首）

〔一〕

致君堯舜羞無術，屏迹岩阿已五春。

春服今朝揮老淚，經筵徵到白頭臣。

〔二〕

詔催丹駕趁瑤墀，鳳閣霞開日影移。

坐覺光輝照顏色，天威咫尺執書時。

内藤虎（鈐印：臣虎、翰林學士）

按：此件爲陶德民先生個人藏品。

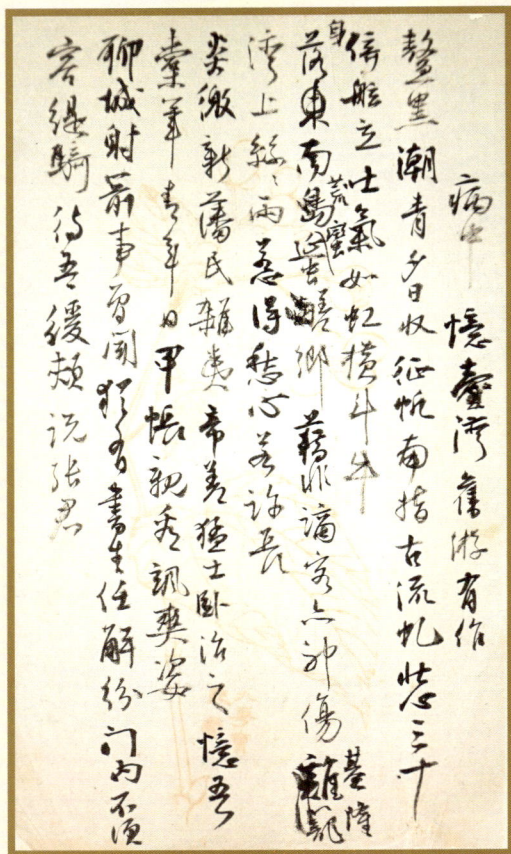

病中憶臺灣舊游有作十首

〔一〕

鰲黑潮青夕日收，征帆南指古流虹。

壯心三十倚舷立，吐氣如虹橫斗牛。

〔二〕

身落南荒蠻蜑鄉，藉非謫客亦神傷。

基隆灣上絲絲雨，惹得愁心若許長。

〔三〕

炎徼新藩民雜夷，帝差猛士臥治之。

憶吾櫜筆青年日，甲帳親看颯爽姿。

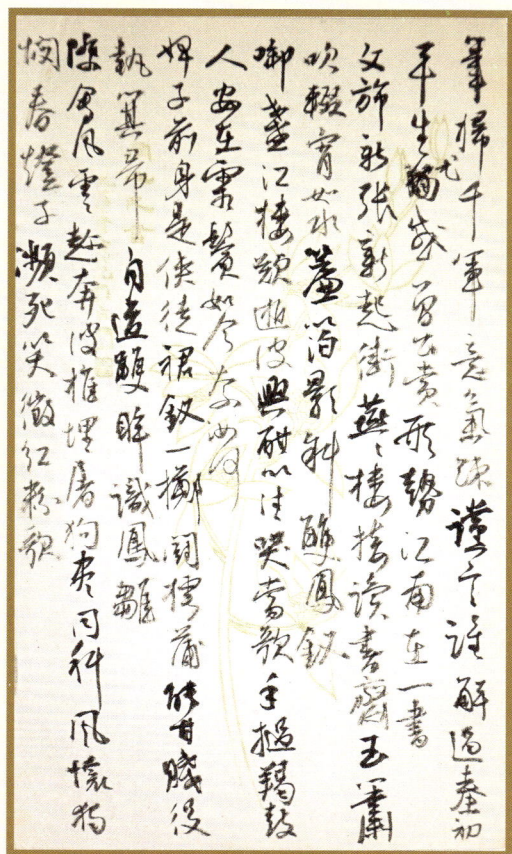

〔四〕

聊城射箭事曾聞，猶有書生任解紛。

門內不須容緹騎，待吾緩頰說張君。

〔五〕

筆掃千軍意氣疏，讜言誰解過秦初。

平生尤感曾公賞，形勢江南在一書。

〔六〕

文旂新張新起街，燕燕樓接讀書齋。

玉簫吹輟宵如水，簾箔影斜雙鳳釵。

〔七〕

銜盞江樓嘆逝波，興酣以往哭當歌。

手摑羯鼓人安在，霜鬢如今奈汝何？

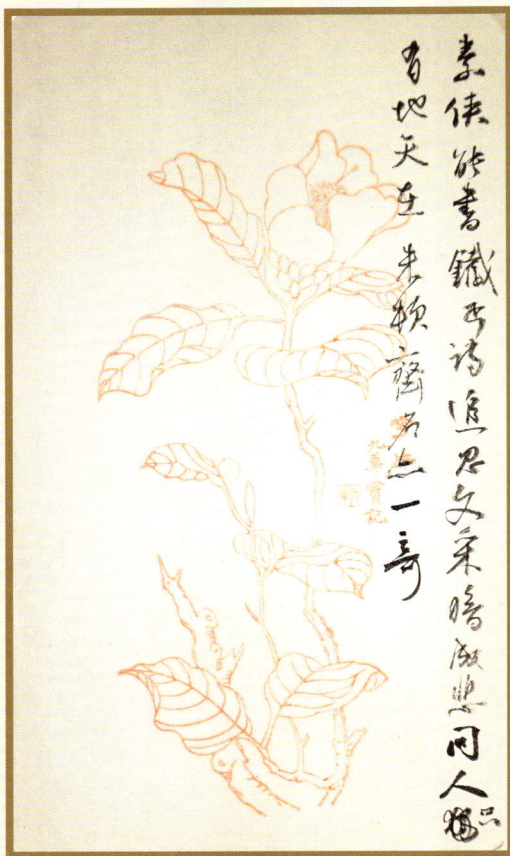

〔八〕

婢子前身是俠徒，裙釵一擲鬥樗蒲。

能甘賤役執箕帚，自道雙眸識鳳雛。

〔九〕

際會風雲趁奔波，椎埋屠狗盡同科。

風懷獨憫春燈子，瀕死笑徵紅粉歌。

〔十〕

素俠能書鐵丐詩，追思文采暗成悲。

同人只有地天在，朱頓齊名亦一奇。

　　按：這組詩《全集》題爲《南荒曲十首》，個別字句與此版有异。作於1931年。之一，"吐氣如虹橫斗牛"一句的"橫"，《全集》作"衝"。之三，"甲帳親看"，《全集》作"玉帳看他"。之五，"形勢"，《全集》作"大局"。之六，"燕燕"，《全集》作"校書"。之十，"地天"，爲木村泰治。

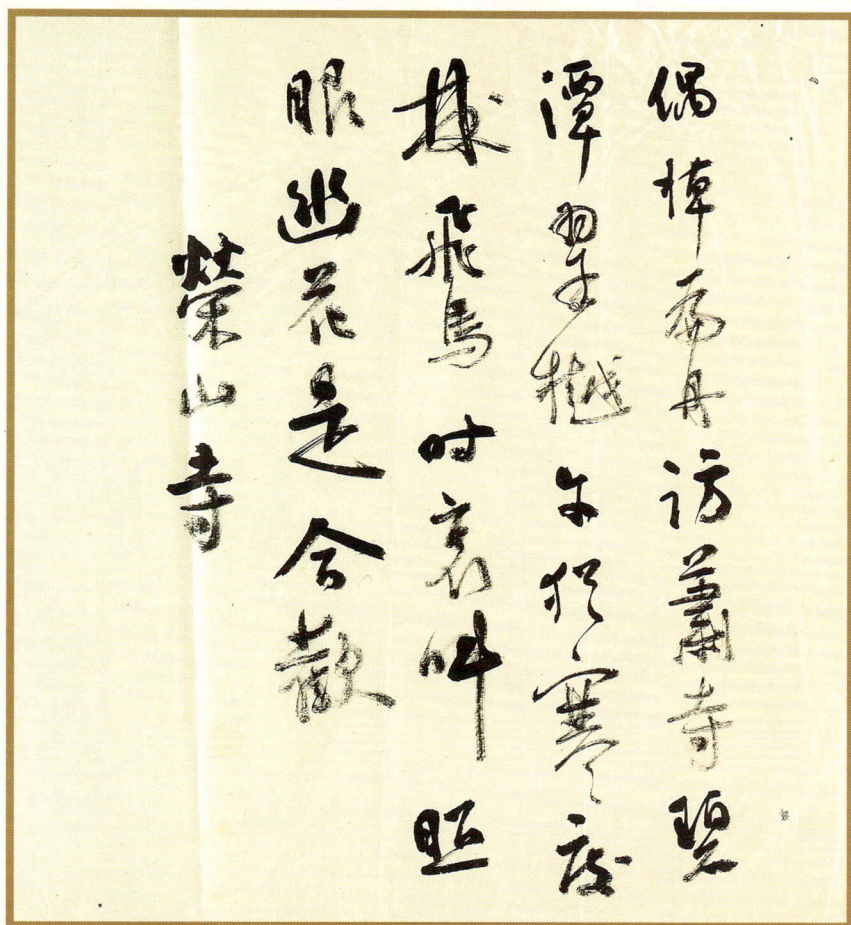

榮山寺

偶棹扁舟訪蕭寺，碧潭翠樾午猶寒。
度枝飛鳥時哀叫，照眼幽花是合歡。

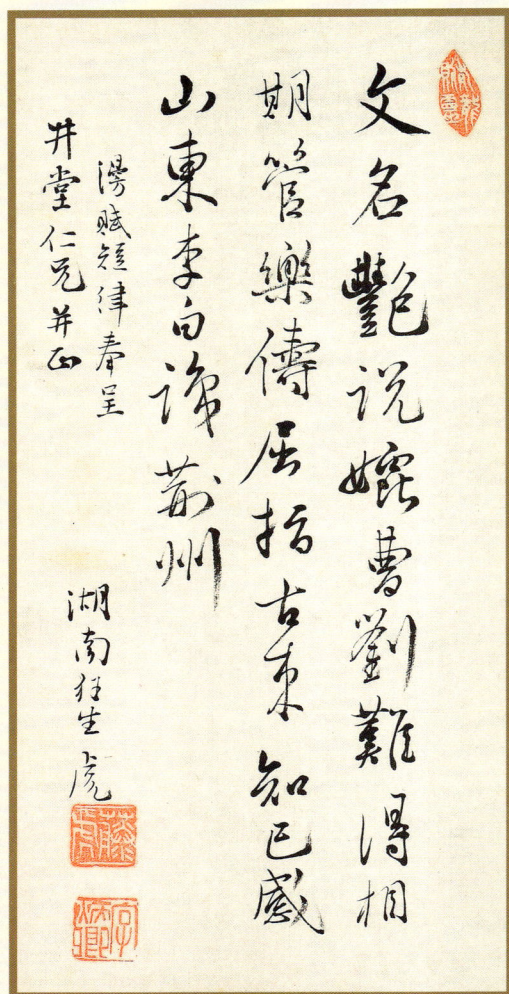

奉呈井堂仁兄

文名艷説媲曹劉，難得相期管樂儔。

屈指古來知己感，山東李白識荆州。

漫賦短律，奉呈井堂仁兄并正。湖南狂生虎（鈐印：
有龍則靈、藤虎、字炳卿）

按：此詩《全集》未收。出自内藤文庫之"内藤原稿
L21**7*12-4"盒之278，有落款署名，有印章，文庫電子目録標
爲"湖南漢詩"，不知爲何未收入《全集》。録此，以饗讀者。

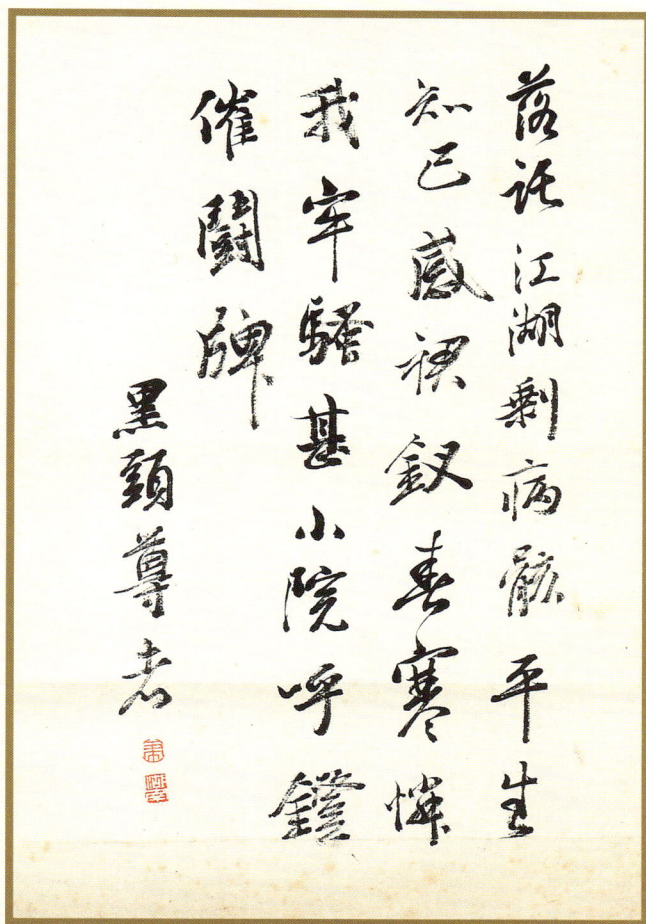

落托江湖

落托江湖剩病骸，平生知己感裙釵。
春寒憐我牢騷甚，小院呼鐙催鬥牌。

黑頭尊者（鈐印：虎、湖南）

按：此詩未入《全集》。出自內藤文庫之"內藤原稿
L21**7*12-4"盒之 272。"黑頭尊者"爲內藤湖南早年自號，
又有印章"虎""湖南"二枚落款。文庫電子目錄標爲"湖南
漢詩"，不知爲何未入《全集》。此詩亦見於《書論》第 20 號《內
藤湖南全集補遺》（八）之 63 則。錄此，以饗讀者。

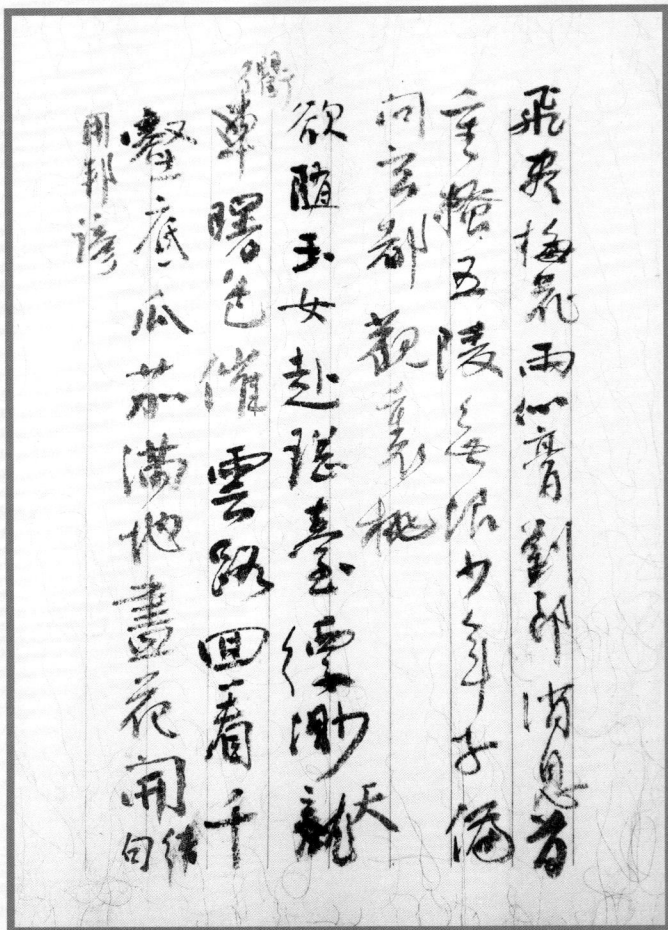

失題二首

〔一〕

飛盡梅花雨似膏，劉郎消息首重搔。

五陵無限少年子，偏問玄都觀裏桃。

〔二〕

欲隨玉女赴瑤臺，縹緲天衢曙色催。

雲路回看千壑底，瓜茄滿地盡花開。

結句用邦諺。

按：墨迹上沒有題目，《全集》標題處作"□□"，故此處標爲"失題"。下頁"失題三首"，同。飛盡，《全集》作"落盡"。

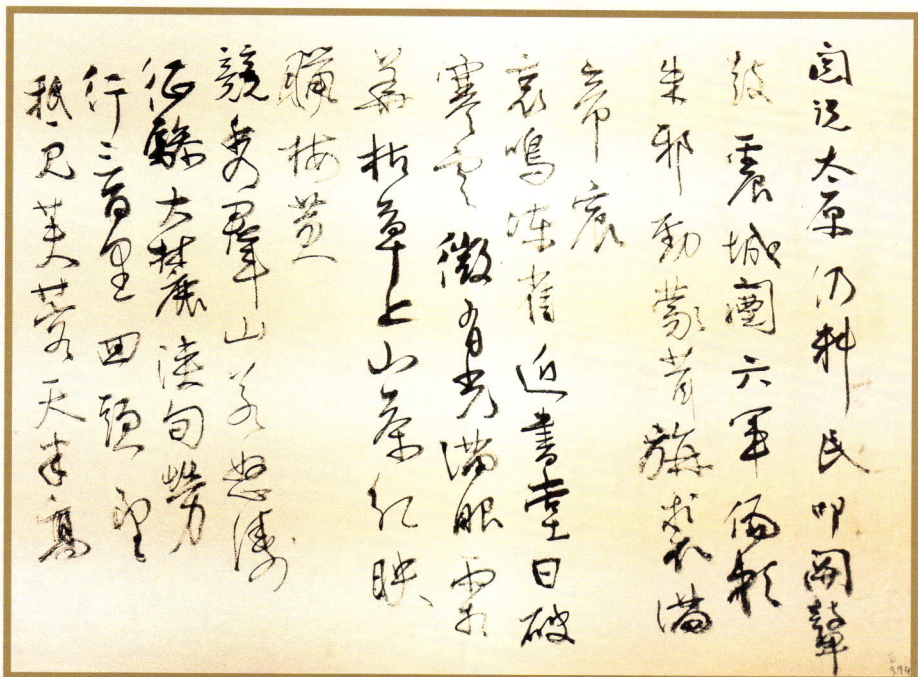

失题三首

〔一〕

閱説太原仍料民，叩關鼙鼓震城闉。

六軍偏賴朱邪勁，蒙茸旆裘滿帝宸。

〔二〕

哀鳴凍雀近書堂，日破寒雲微有光。

滿眼霜華枯草上，山茶紅映臘梅黄。

〔三〕

競秀群山若怒濤，征驂大麓浹旬勞。

行三百里回頭望，秖見芙蓉天半高。

芳山懷古

延元陵下草蕭蕭　不是詩人魂欲消　賴有櫻花千萬
樹春雲靉靆護南朝　一

二楠勇武壓羣像　百戰山河血未消化作櫻花千朵
孤忠魂猶自壯南朝　二

朱門碧閣懷宮甍想見當年會百寮一夜千山風雨
暗落花如雪鎖南朝　三

行宮遺址宿狐泉徒使騷人憇思撩猶有風雲壯山
色層巒如郭繞南朝　四

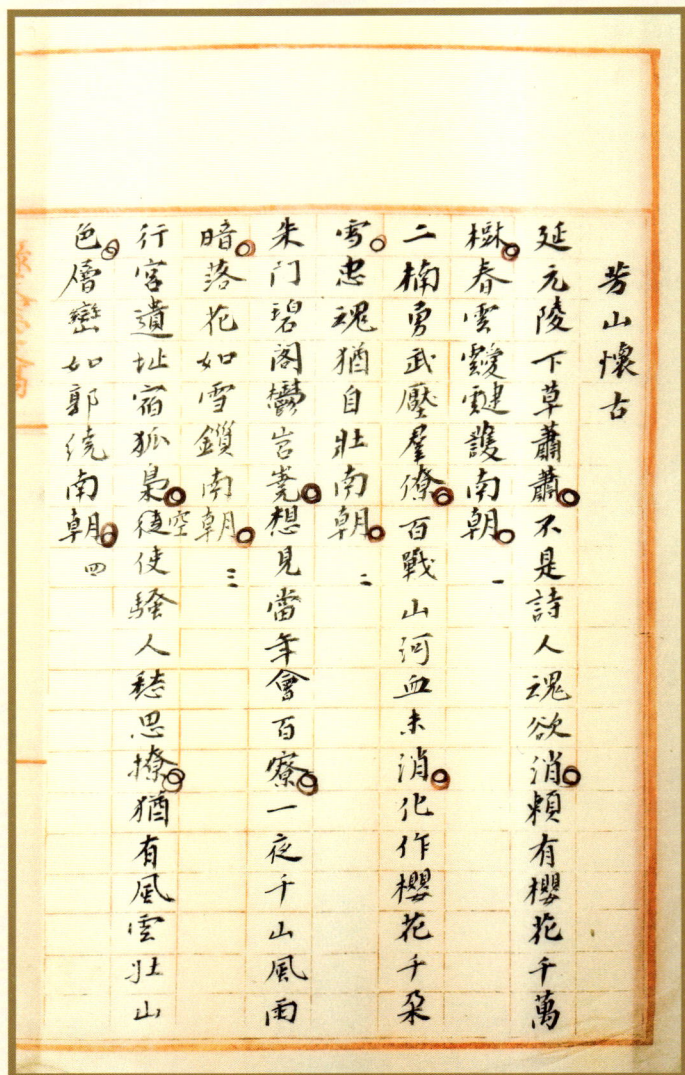

芳山懷古十二首（一）

〔一〕

延元陵下草蕭蕭，不是詩人魂欲消。

賴有櫻花千萬樹，春雲靉靆護南朝。

〔二〕

二楠勇武壓群僚，百戰山河血未消。

化作櫻花千朵雪，忠魂猶自壯南朝。

〔三〕

朱門碧閣鬱岩嶤，想見當年會百寮。

一夜千山風雨暗，落花如雪鎖南朝。

〔四〕

行宮遺址宿狐梟，空使騷人愁思撩。

猶有風雲壯山色，層巒如郭繞南朝。

按：此《芳山懷古十二首》未入《全集》。出自內藤文庫之"內藤原稿 L21**7*12–8"盒，編號608。同盒另有編號545《芳山廿絕》，入《全集》。與此十二首沒有一首同樣，但格律、韻腳則全相同。

查閱內藤原稿第八盒，其中589—610這12件漢詩手迹，因爲原稿沒有署名或印章，目錄上均加了"？"，標注"是湖南詩、還是湖南筆（即內藤手抄的詩文）？不能確認"。但對閱這589—610文件中的詩，有的還是編入了《全集》的，如編號589《飛盡梅花》、596《戊辰中秋》、601《題某女史臨勵衣圖畫》。但這三頁十二首未編入。未敢妄斷，錄此，以饗讀者。

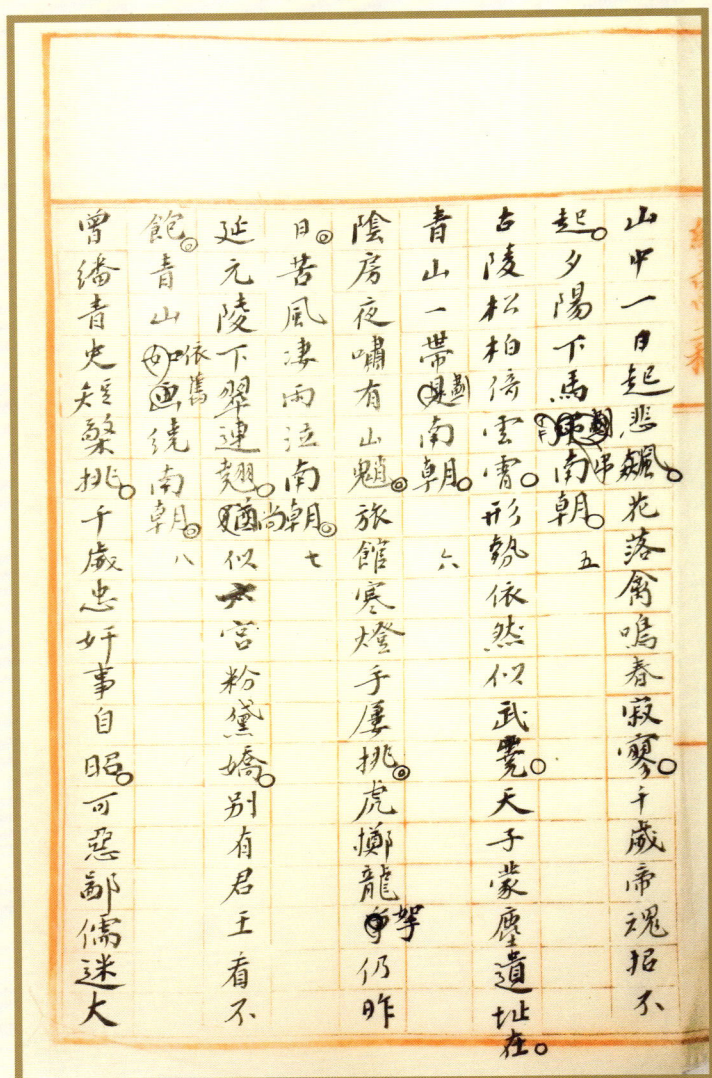

芳山懷古十二首（二）

〔五〕

山中一日起悲飈，花落禽鳴春寂寥。

千歲帝魂招不起，夕陽下馬吊南朝。

〔六〕

古陵松柏倚雲霄，形勢依然似武巇。
天子蒙塵遺址在，青山一帶劃南朝。

〔七〕

陰房夜嘯有山魈，旅館寒燈手屢挑。
虎擲龍挐仍昨日，苦風凄雨泣南朝。

〔八〕

延元陵下翠連翹，尚似六宮粉黛嬌。
別有君王看不飽，青山依舊繞南朝。

〔九〕

曾繙青史短檠挑，千歲忠奸事自昭。
可惡鄙儒迷大義，漫將成敗議南朝。

得月明如水冷南朝。十二

吟節來投古僧寮滿地落花春寂寥半夜幽人眠不
緣空依析戰說南朝。十一
山河半壁守宗祧此地曾经士馬驕往事茫茫春草
白微雲淡藹罩南朝。十
帝魂長托碧山坳。千歲春風恨未消杜宇一聲殘月
義漫將成敗議南朝。九

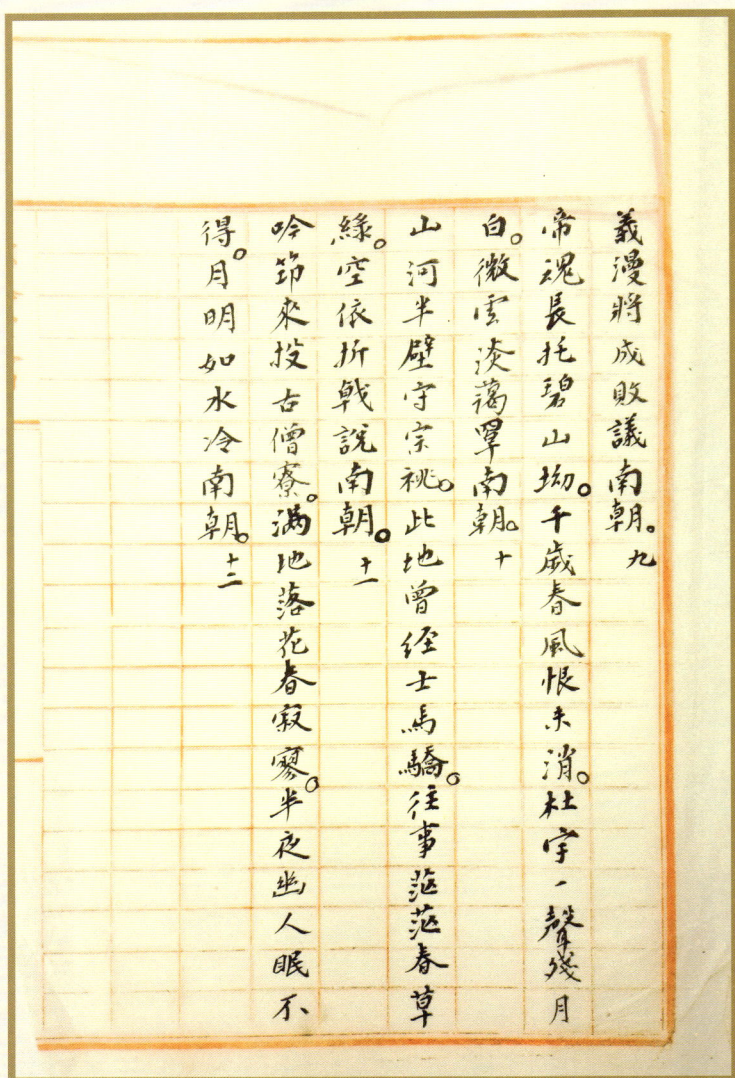

芳山懷古十二首（三）

〔十〕

帝魂長托碧山坳，千歲春風恨未消。

杜宇一聲殘月白，微雲淡藹罩南朝。

〔十一〕

山河半壁守宗祧，此地曾經士馬驕。

往事茫茫春草緑，空依折戟説南朝。

〔十二〕

吟筇來投古僧寮，滿地落花春寂寥。

半夜幽人眠不得，月明如水冷南朝。

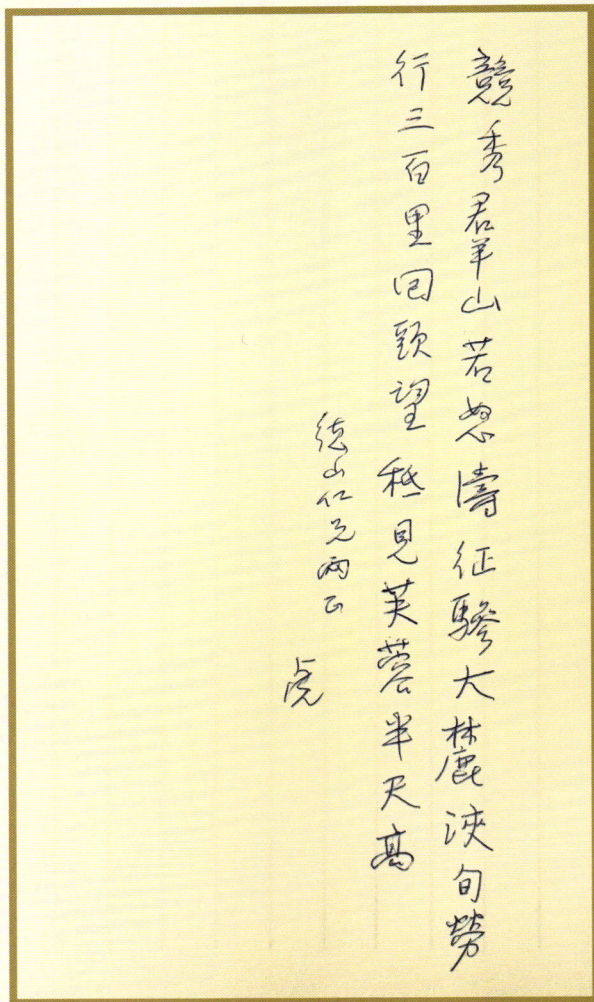

德山仁兄兩正

競秀群山若怒濤，
征驂大麓浹旬勞。
行三百里回頭望，
秖見芙蓉半天高。

德山仁兄兩正　虎

按：此首另見第45頁"失題三首"之三。前者"天半高"，
此處作"半天高"。

题 赠 友 人

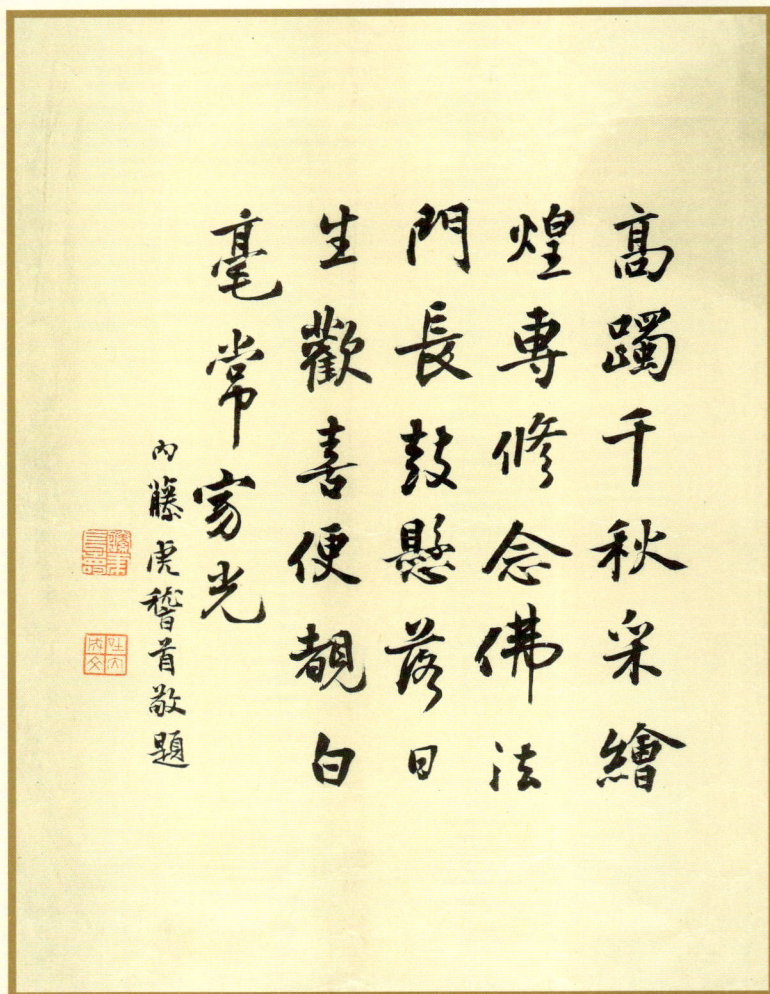

題法然上人繪傳冊

高躅千秋采繪煌，
專修念佛法門長。
鼓懸落日生歡喜，
便睹白毫常寂光。

內藤虎稽首敬題（鈐印：藤虎長壽、吐納成文）

按：法然上人，日本淨土宗創始人，諱源空。1133 年生於今日本岡山縣。

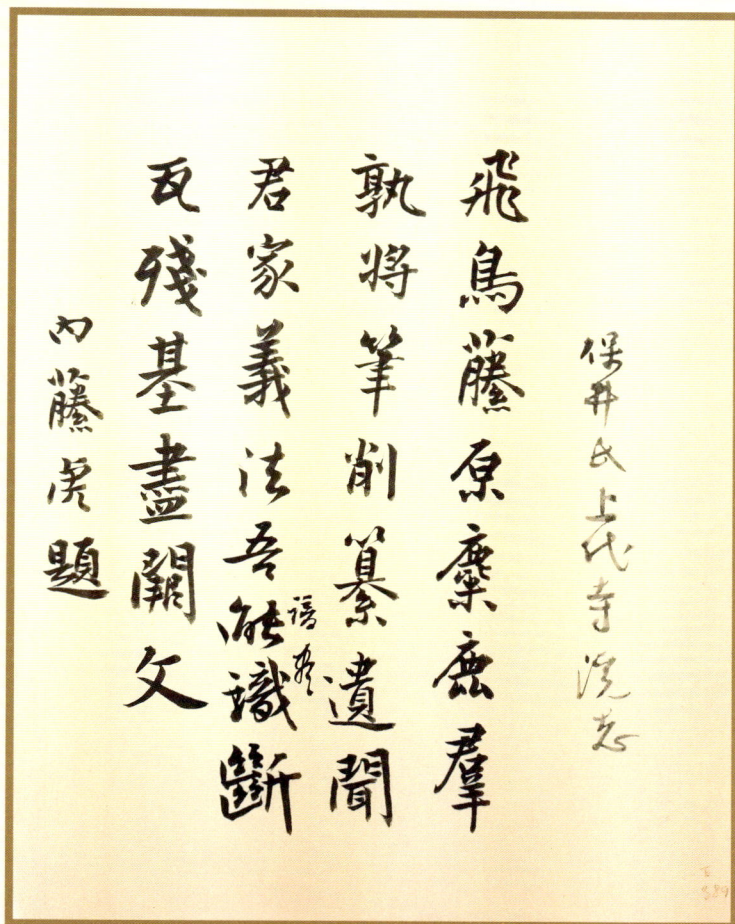

題保井氏上代寺院志

保井氏上代寺院志

飛鳥藤原麋鹿群，孰將筆削纂遺聞。

君家義法吾譜盡，斷瓦殘基盡闕文。

內藤虎題

按：《全集》題爲《題保井君大和上代寺院志》。

圖南鵬翼入天池正是生年三十時當日
交游星散盡遺緗讀墨淚空垂
跡弛不覊仍骨鯁一時人物記南境就中
天矯匝端倪獨有加州杜萬頃
是俗是仙將是狂笑嬉怒罵盡父章感
君追孝編成怏絕代竒篇傳世長
户水世兄編　尊考萬頃翁遺文見徵題
言圖賦就正　内藤虎

有美堂製箋

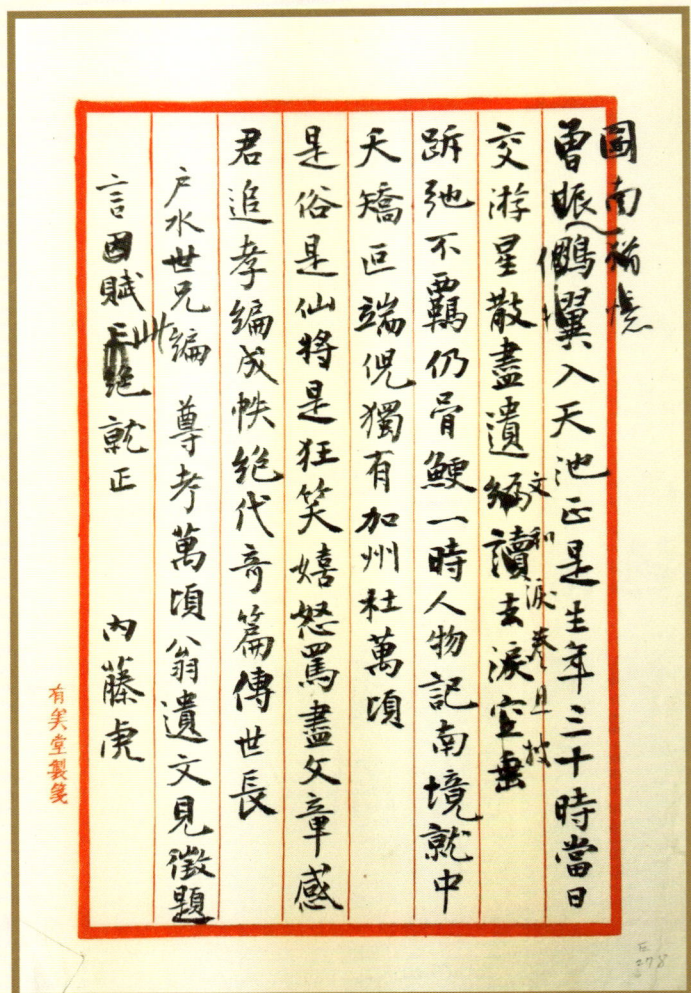

題户水世兄編尊考萬頃翁遺文三首

〔一〕

圖南鵬翼入天池，
正是生年三十時。
當日交游星散盡，
遺文和淚卷且披。

〔二〕

跅弛不羈仍骨鯁，

一時人物記南境。

就中夭矯叵端倪，

獨有加州杜萬頃。

〔三〕

是俗是仙將是狂，

笑嬉怒罵盡文章。

感君追孝編成帙，

絕代奇篇傳世長。

戸水世兄編尊考萬頃翁遺文，見徵題言，賦此就正。

內藤虎

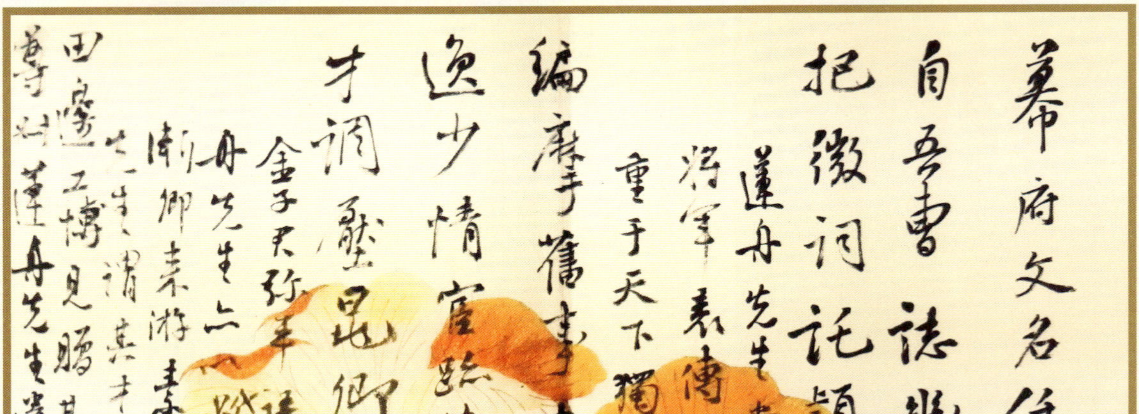

題田邊工學博士見贈其叔父蓮舟翁遺稿二首

〔一〕

幕府文名任捉刀，精金估價自吾曹。

志幽多半存遺逸，都把微詞托穎毫。

蓮舟先生嘗爲昭德公作《辭征夷將軍表》，傳誦一時。福地櫻痴文名重於天下，獨推服先生，以爲不可企及。

〔二〕

編摩舊事遺山志，絲竹中年逸少情。

宦迹燕山抽筆賦，使君才調壓晁卿。

金子君彌平語余曰：“少時留學燕都，蓮舟先生亦以代理公使駐燕，會竹添漸卿來游，素有文名，然彼間人士乃推重先生，謂其才學在漸卿上矣。”

田邊工博見贈其尊叔蓮舟先生遺藁，捧讀之餘，漫賦二絕就正。

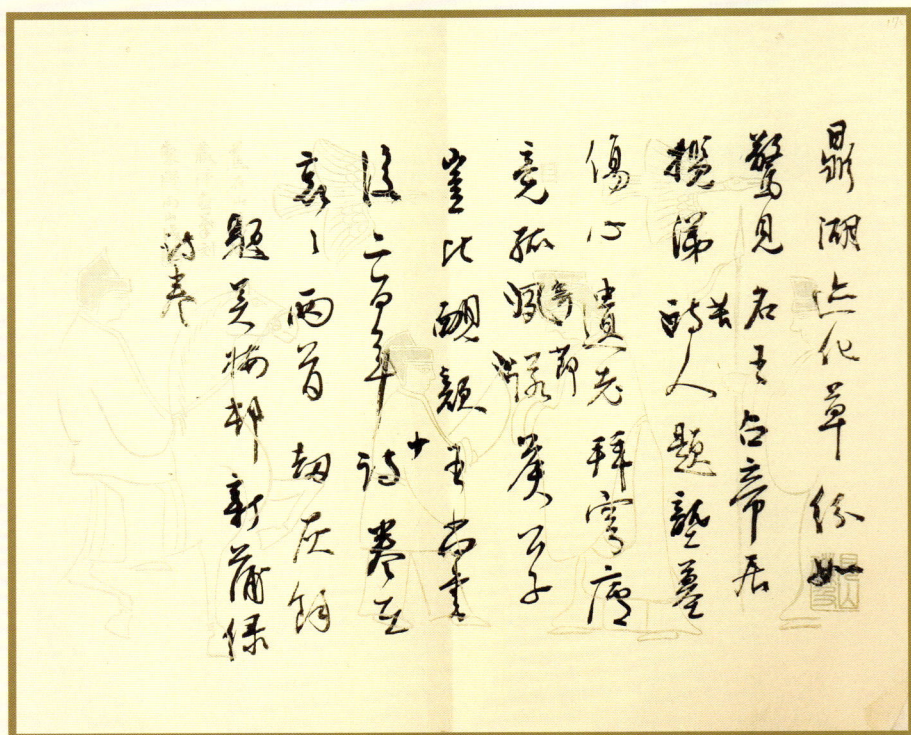

題吳梅村新蒲綠詩卷

鼎湖迹化草紛如，驚見名王占帝居。

攬涕苦人題壟墓，傷心遺老拜穹廬。

竟孤奇節疾公子，豈比靦顏王尚書。

後二百年詩卷在，哀哀兩首劫灰餘。

按：吳梅村（1609—1672），名偉業，字駿公，梅村爲其號，江蘇太倉人。明末清初著名詩人，與錢謙益、龔鼎孳并稱"江左三大家"。其詩創新，被後人稱爲"梅村體"。吳梅村感念舊主崇禎的知遇之恩，在順治十年（1653）崇禎的忌日，曾作《新蒲綠》二首。

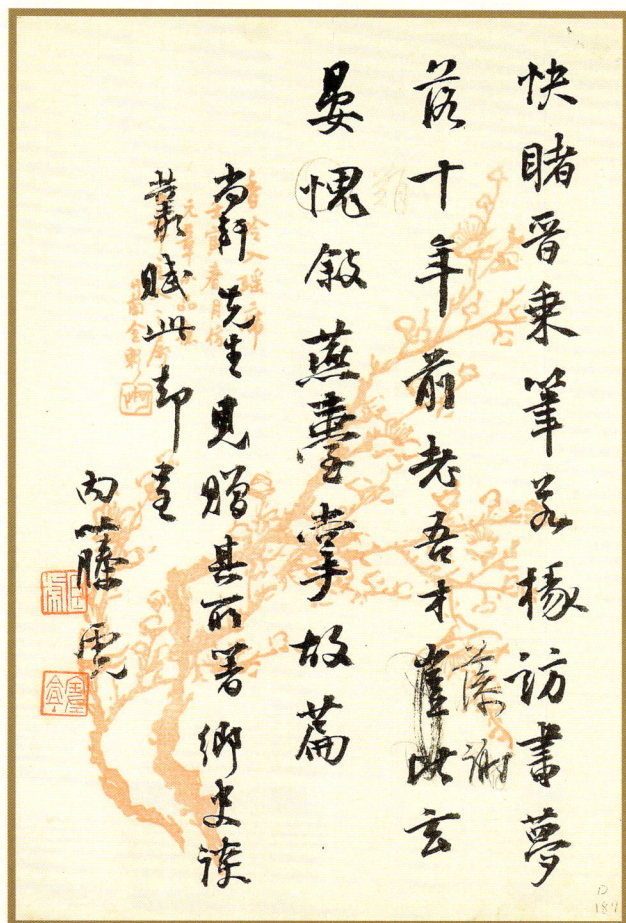

題和田尚軒先生鄉史談叢

快睹晉乘筆若椽，
訪書夢落十年前。
老吾才藻謝玄晏，
愧叙燕臺掌故篇。

尚軒先生見贈其所著《鄉史談叢》，賦此却呈。內藤
虎（鈐印：臣虎、寶左盦主）

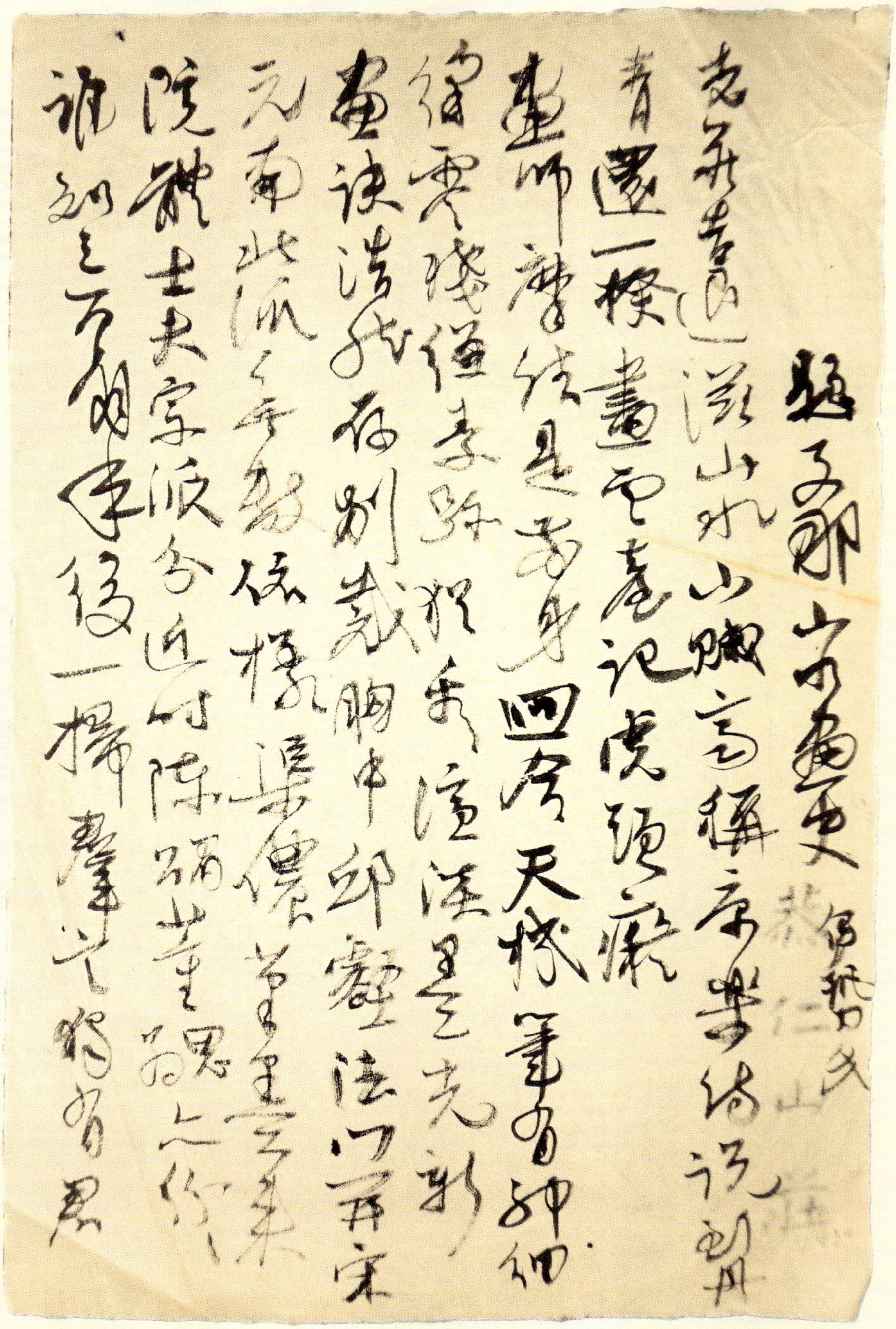

題支那山水畫史四首

伊勢氏

〔一〕

老莊告退滋山水，山賊齊稱康樂詩。
説到丹青還一揆，畫雲臺記虎頭癡。

〔二〕

畫師摩詰是前身，迴合天機筆有神。
細繹零殘縑素迹，猶看渲淡墨光新。

〔三〕

畫訣浩然存別裁，胸中邱壑法門開。
宋元南北派無數，依樣渠儂筆墨來。

〔四〕

院體士夫宗派分，近時陳（眉公）董
（思翁）亦紛紛。
誰知三百餘年後，一掃群言獨有君。

按：近時陳董爲陳繼繻（1558—1639）、董其昌
（1555—1636），故此處有"三百餘年"之説。《全集》
作"二百餘年"，從字迹及事理看，《全集》誤。

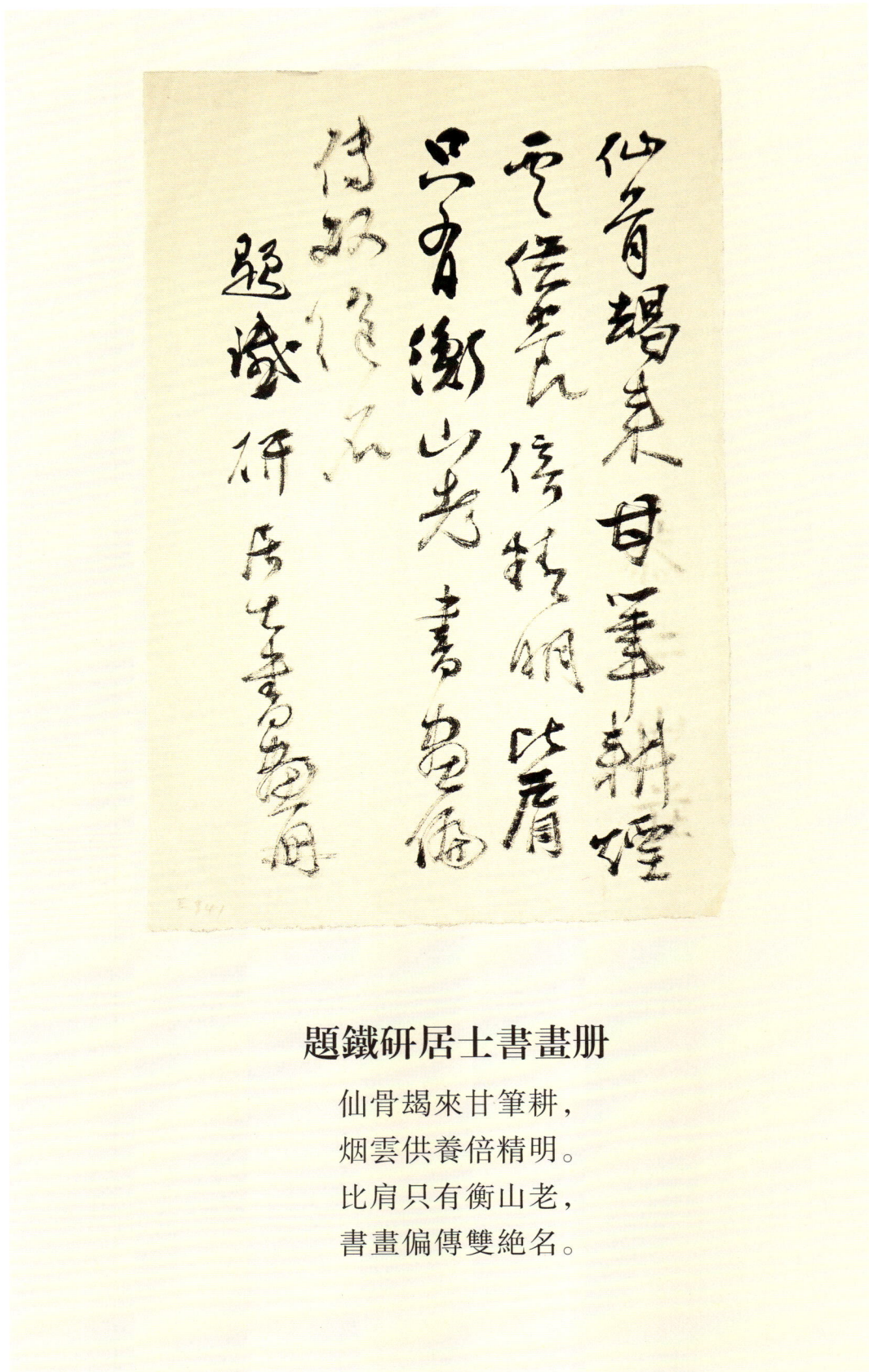

題鐵研居士書畫册

仙骨竭來甘筆耕，
烟雲供養倍精明。
比肩只有衡山老，
書畫偏傳雙絶名。

蔚堂仁兄邀余及諸友矢魚於芳野川戲賦

輕舟已過灘，溪迴恬無瀾。

船師諳熟魚來路，操篙中流且小駐。

漁郎下網響鏘然，投石如雹魚行迮。

蹴舷紛紛沒澄波，逐魚鬥亂如群鵝。

須臾口銜復手攫，魚身映水疑鈿螺。

游客歡呼欲絕倒，庖人恰報火候好。

內藤虎

君不見開元天寶間　山莊
明皇青話西蜀川
只是快李楊多競妍
座搖君少年承家學
早諳六法華扇賞
若畫西航絕瀛海
一齊從之為書畫
詩筆臧否為議造
丹青感造草蟲先
飽看巫峽夜乡月
收拾宣於瀨上鶴
豪懷雲夢吞八九
南漿江陵朝一千
吹畫毫端三斗墨
吐向徐熙草生煙
何意對我草題詠
拓膓辰其不以西
安肉李杜
淋漓揮灑

如楊平
茂華房

題大楊
座經蜀川
書

題大橋廉堂蜀川畫

君不見開元天寶間，明皇有詔寫蜀川。

瞿塘灩澦現素壁，吳快李慢各競妍。

廉堂少年承家學，早諳六法慕前賢。

萬里西航絕瀛海，一管泛得書畫船。

詩筆憾落雪村後，丹青豈被雪舟先。

飽看巫峽夜分月，臥聽空舲灘上鵑。

豪懷雲夢吞八九，蘭槳江陵溯一千。

吮盡毫端三斗墨，吐向縑素生雲烟。

何意對我索題咏，枯腸落莫不成篇。

安得李杜如椽筆，淋漓揮灑落華箋。

按：《全集》題爲《題大橋廉堂入蜀畫譜》，下注“辛未三月”，辛未，1931 年。

器臺博士見示賜大里法
院長詩依韻即成三絕句

滿林隊葉秋鳴蟲喜秋煙
銷何處我猶慵
古臨風之畫鳳懷細雨
飛龍翔鳳故鐘秋萬寒
世亭書隨手拓古兒雲煙
頔
倚裝袖筆賦為壯豪
興何年丁再求悵外
健兒宵煖酒倍弓祠
眸月富頔

器堂博士見示贈大里法院長詩
依韵成三絶

〔一〕

滿庭墜葉不勝秋，

鴻業烟銷何處求。

霜苦月凄崇政殿，

臨風立盡鳳樓頭。

〔二〕

飛龍翔鳳閣中秋，

羽箭玉刀隨手求。

一覺卅年稽古夢，

可堪相見雪埋頭。

〔三〕

倚裝抽筆賦高秋，

豪興何年可再求。

帳下健兒宵暖酒，

依公祠畔月當頭。

按：器堂即市村瓚次郎。大里法院長即大里武八郎，爲内藤同鄉，秋田鹿角市人，著有《鹿角方言考》，博學擅長於文學、攝影等方面。1905、1906年，曾隨内藤到中國訪書，爲隨行攝影師，《内藤湖南全集》中《滿洲寫真帖》一書的照片，即爲大里拍攝。後曾任日據時期臺灣高等法院院長。

寄題羽田博士西加茂新居

禪溪亞去卜新居　正是高秋荳未初

艮嶽晴嵐映軒榪　北山煙雨卽郊

墟感生神仰別靈社　寄語人翻

西鶼書他日叩門知易諸榴花

首蓿滿庭除

寄題羽田博士新居

寄題羽田博士西加茂新居

蟬溪西去卜新居，
正是高秋落木初。
艮岳層嵐映櫺檻，
北山疏雨入郊墟。
感生神仰別雷社，
寄語人翻回鶻書。
他日叩門知易認，
榴花苜蓿滿庭除。

按：羽田亨（1882—1955），京都大學教授，爲中國邊疆史、西域史、中亞西亞史研究專家，曾任京都大學文學部部長、京都大學校長。"正是高秋落木初"中的"木"，《全集》作"葉"。

舊雨重尋值徙歸登臨此日弄殘
暉　天邊紫氣龍宮闢　木末青山
繞甸纖藝苑翺翔追鮑謝　謂廿佳雨山二哭
塵談哴唫畫牀絣絪古調慚手
薄力怪尊前鼓瑟希

鳳岡祭酒招飲温恭一律并呈同座諸公
平塚邨㶩

鳳岡祭酒招飲得成一律

舊雨重尋值雁歸，

登臨此日弄殘暉。

天邊紫氣籠宮闕，

木末青山繞甸畿。

藝苑翶翔追鮑謝，

（謂竹隐、雨山二君）

塵談咳唾盡珠璣。

欲彈古調慚才薄，

勿怪尊前鼓瑟希。

鳳岡祭酒招飲得成一律，并呈同座諸公。弟虎甫草

按：鳳岡，荒木寅三郎（1866—1942）之號。京都大學醫學教授，曾任京都大學醫科大學校長，後升任京都大學校長，故内藤稱其爲"祭酒"。平生喜愛漢詩，堪稱大家，在世時就出版了漢詩集《鳳岡存稿》。

《全集》在詩題前有"庚申十二月六日"，庚申，1920 年。

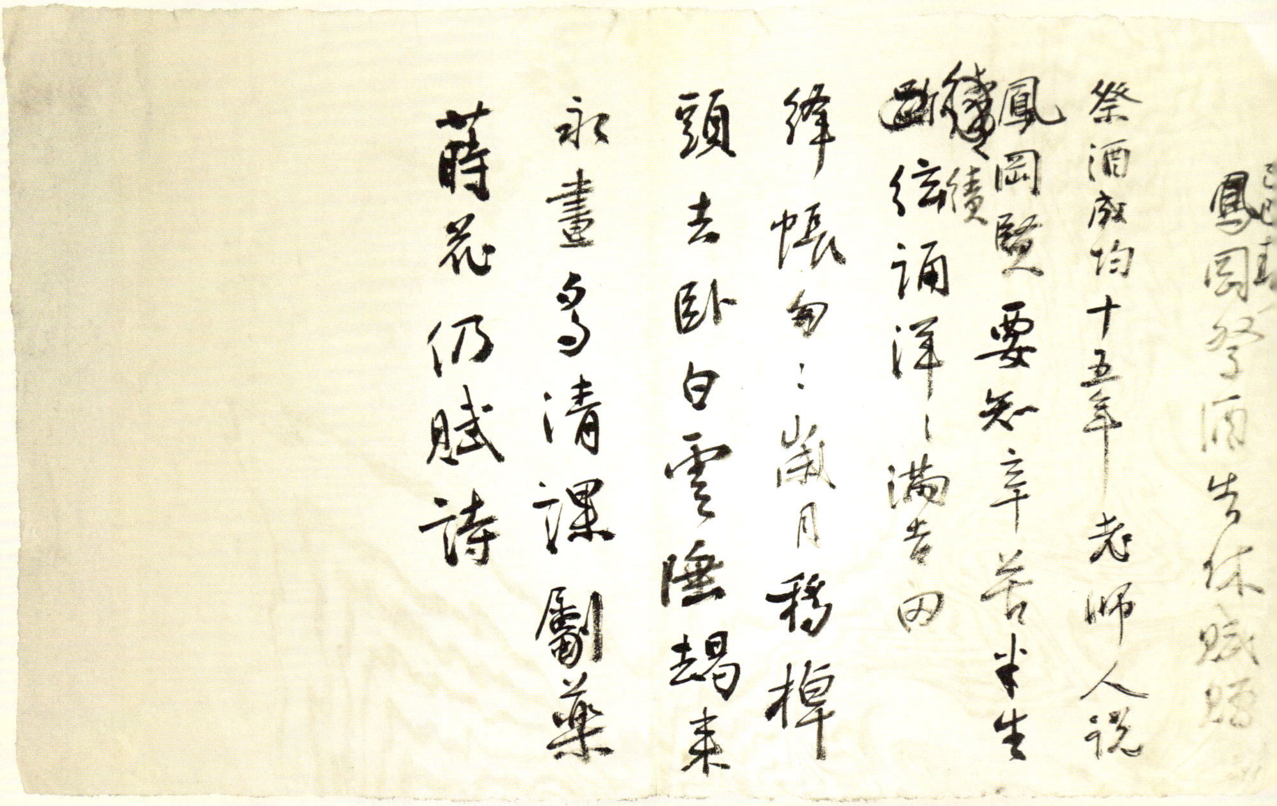

鳳岡祭酒告休賦贈

祭酒成均十五年，老師人説鳳岡賢。要知辛苦半生績，絃誦洋洋滿杏田。

絳帳匆匆歲月移，掉頭去臥白雲陲。搨來永晝多清課，劚藥蒔花仍賦詩。

鳳岡祭酒告休賦贈二首

己巳春，鳳岡祭酒告休賦贈

〔一〕

祭酒成均十五年，老師人説鳳岡賢。

要知辛苦半生績，弦誦洋洋滿吉田。

〔二〕

絳帳匆匆歲月移，掉頭去卧白雲陲。

竭來永晝多清課，劚藥蒔花仍賦詩。

按：己巳，1929 年。

自古文都邁何逗待易緣民修

興古誼乾斷樓新京觀此涯

桑麥向誰懷抱傾靜庵

湖石彥為客枝情

次韻金靜菴照寫圖幅

詩韻乞安

似仁山莊

次遼陽金静庵贈鴛淵女婿
詩韵却寄

自有交鄰道，
何須結舅甥。
艮維興古誼，
乾斷據新京。
觀此滄桑變，
向誰懷抱傾。
静庵關左秀，
爲寄萬秋情。

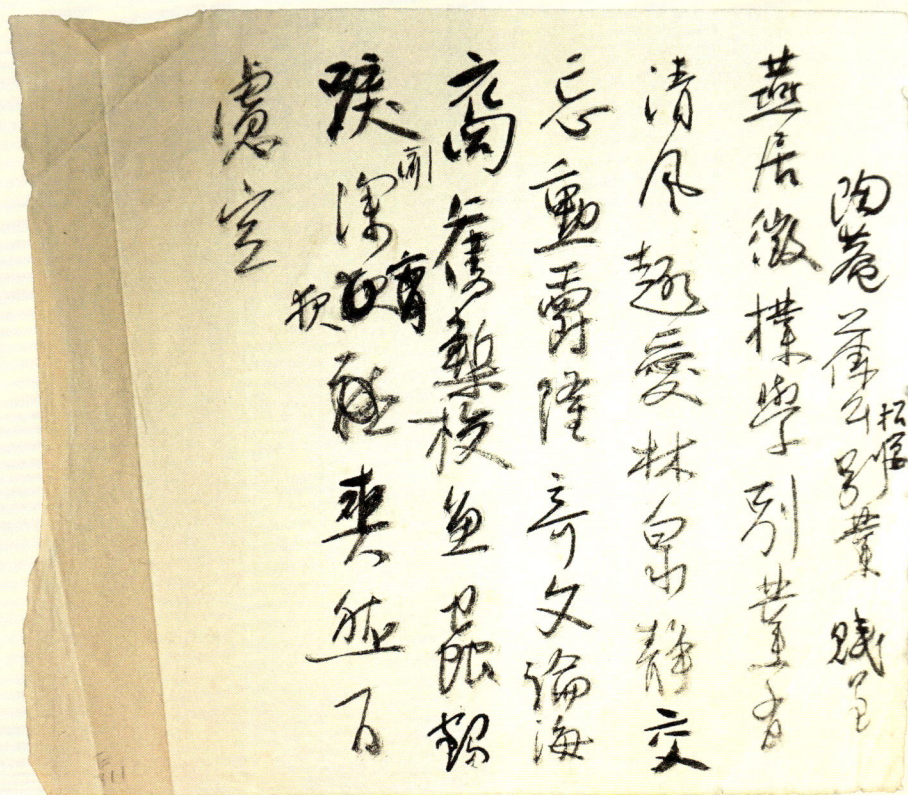

陶庵藤公招宴別業

陶庵藤公招宴別業　賦呈

燕居徵樸學，別業有清風。
趣愛林泉静，交忘勛爵隆。
奇文論海裔，舊槧校魚蟲。
鶴唳聞深夜，爽然百慮空。

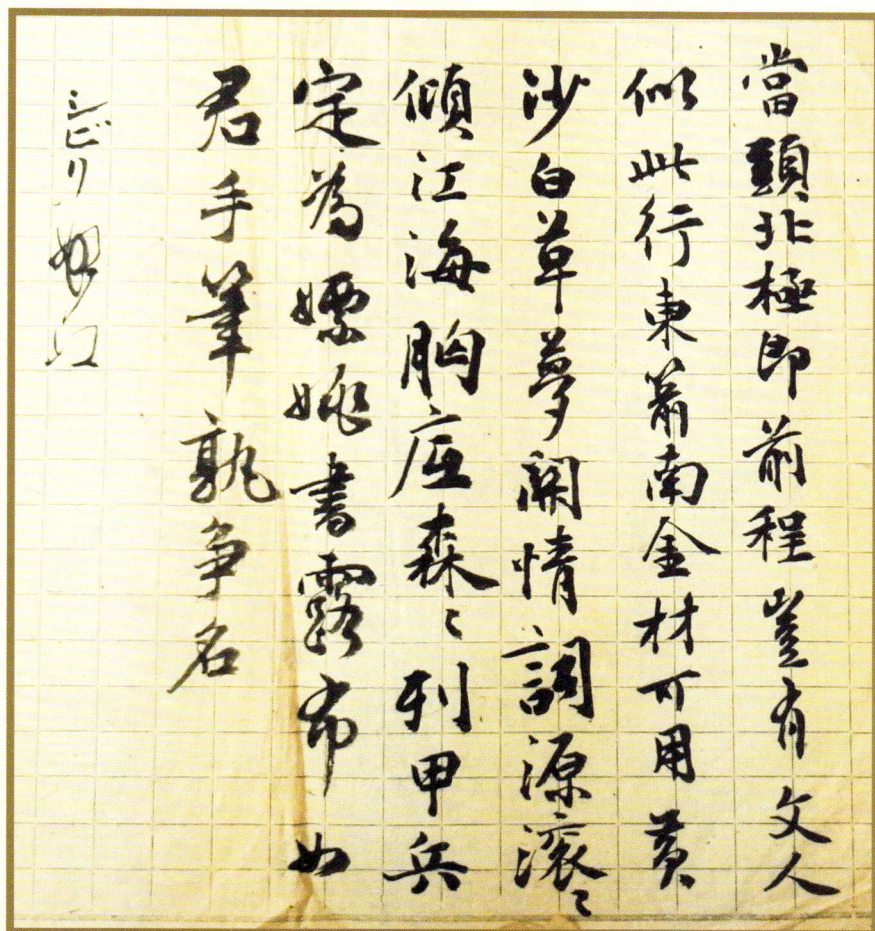

送某從軍赴滿洲

當頭北極即前程，
豈有文人似此行。
東箭南金材可用，
黃沙白草夢關情。
詞源滾滾傾江海，
胸底森森列甲兵。
定爲嫖姚書露布，
如君手筆孰爭名？

不頹神仙队白雲平生樸學兴怀
方聞爭傳墮澤年讀快晴
沙州石室文三传墨稿通貢刊
小觀輪迄帆瓜公歸東四庫
重儷丏邪把賣金陵卅史
將赴欧州面引读友同勘新怪
見遂诗鈞

將赴歐洲留別諸友

不願神仙臥白雲，
平生樸學愧方聞。
爭傳鹽澤墟中牘，
快睹沙州石室文。
三保星槎通貢利，
八觀輪迹慨瓜分。
歸來四庫重編日，
欲把黃金鑄竹君。

將赴歐洲留別諸友，用豹軒博士見送詩韻

按：此詩在《全集》爲《航歐十五律》之第一首。時在甲子夏，甲子，1924 年。

征颿直破海天雲日沒犂韃

素所聞鑄紒曾欽僑札贈源

流要討向歆文北望華蓋星

嚁嬃軍 蠕動西極崑崙河水分覬國

明君 元知非我事翊懷鉛槧報

豹軒博士疊韻見示 聊賡其韻

虎

豹軒博士叠韵見示
再廣其韵

征帆直破海天雲，

日没犁鞬素所聞。

縞紵曾欽僑札贈，

源流要討向歆文。

北望華蓋星躔粲，

西極昆侖河水分。

觚國元知非我事，

期懷鉛槧報明君。

豹軒博士叠韵見示，再廣其韵。虎

按：此詩在《全集》中爲《航歐十五律》之第二首。第三句，僑札贈，《全集》作"僑札誼"。

解纜蓬壺雲海悠未聞詞
客似斯游回看北户風濤死
一髮青山贍部洲
仗劍曾觀禹九州載毫又作
泛槎游知君紅海更西去大
漠無邊惨欲愁
奉送
豹軒博士游歐洲步其留別韻虎

有美堂製箋

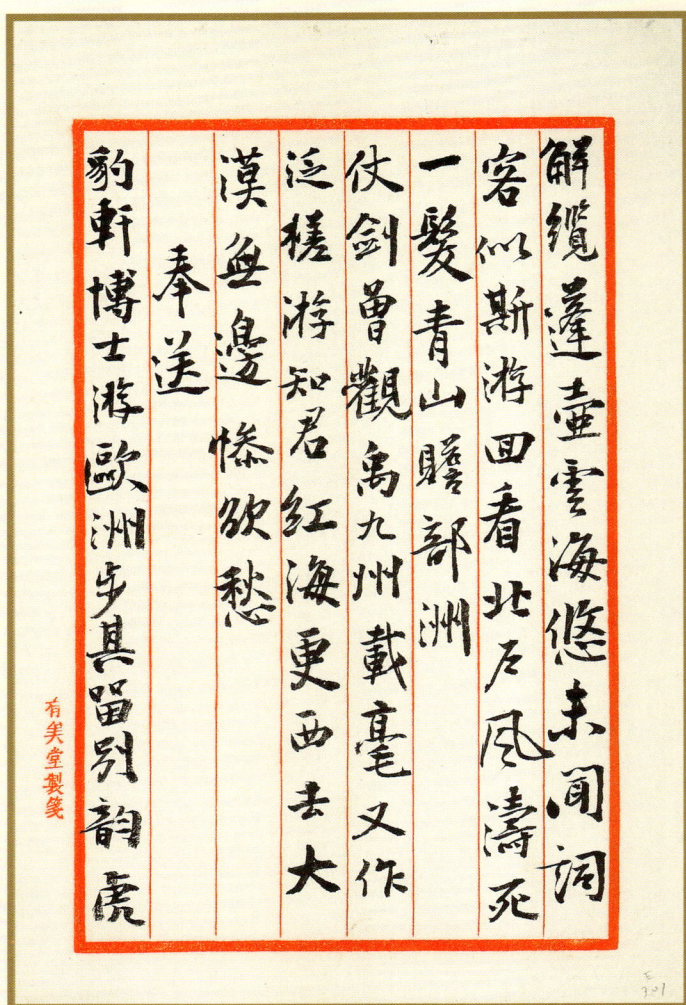

送豹軒博士游歐洲二首

〔一〕

解纜蓬壺雲海悠，未聞詞客似斯游。

回看北户風濤死，一髮青山贍部洲。

〔二〕

仗劍曾觀禹九州，載毫又作泛槎游。

知君紅海更西去，大漠無邊惨欲愁。

奉送豹軒博士游歐洲，步其留別韵。虎

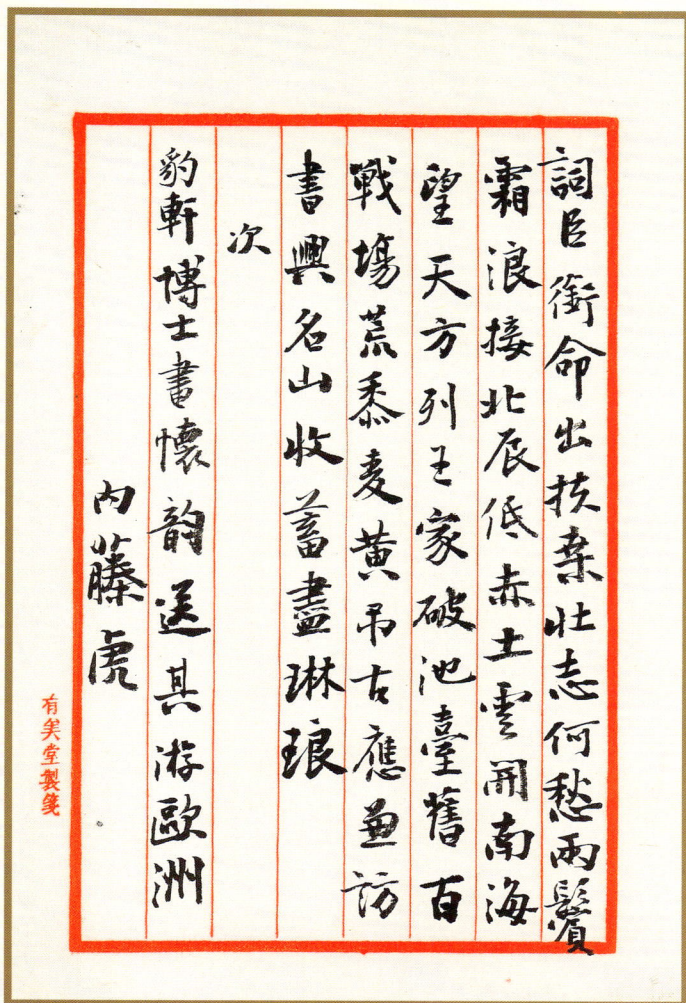

送豹軒博士游歐洲（又一首）

詞臣銜命出扶桑，壯志何愁兩鬢霜。
浪接北辰低赤土，雲開南海望天方。
列王家破池臺舊，百戰場荒黍麥黃。
吊古應兼訪書興，名山收蓄盡琳琅。

次豹軒博士書懷韵，送其游歐洲。內藤虎

送豹軒奉命進學文那次其留別詩韻

四海方烽火文章可濟時詩治毛氏傳堂下董生惟載筆凌鯨

浪奉恩逢玉堰三山音信杳萬里劍書隨才比論詩札功期典

樂夔業成麟角日伏闕奏鴻辭

四海似國內改萬國

可濟時恐与上不接何則既以文

章濟時則何憂烽火乎可字擬改戟　奉擬改承　音信

否似別後之語擬改雲霧阻　萬里擬改獨笑以避与第

一句萬國字複　論詩札之詩与第三句詩治之詩複擬

政觀風札　麟角蓋本夔者如牛毛廢者如麟角則喻其

少也並唐人多以麟角鳳毛喻人有文采則不似不妨

送豹軒奉命游學支那

送豹軒奉命游學支那，次其留別詩韵

四海方烽火，文章可濟時。

詩治毛氏故，堂下董生帷。

載筆凌鯨浪，奉恩違玉墀。

三山音信杳，孤客劍書隨。

才比論詩札，功期典樂夔。

業成麟角日，伏闕奏鴻辭。

（業成麟角乃孝謙悼朝衡敕中語）

"四海"似國內，擬改"萬國"。

"可濟時"恐與上不接，"何"則？既可以文章濟時，則何憂烽火乎！"可"字擬改"孰"。

"奉"擬改"承"。

"音信杳"似別後之語，擬改"雲霧阻"。

"萬里"擬改"獨客"，以避與第一句"萬國"字複。

"論詩札"之"詩"與第三句"詩治"之"詩"複，擬改"觀風札"。

"麟角"蓋本《北史》"學者如牛毛，成者如麟角"，則喻其少也。然唐人多以麟角鳳毛喻人有文采，則亦似不妨。

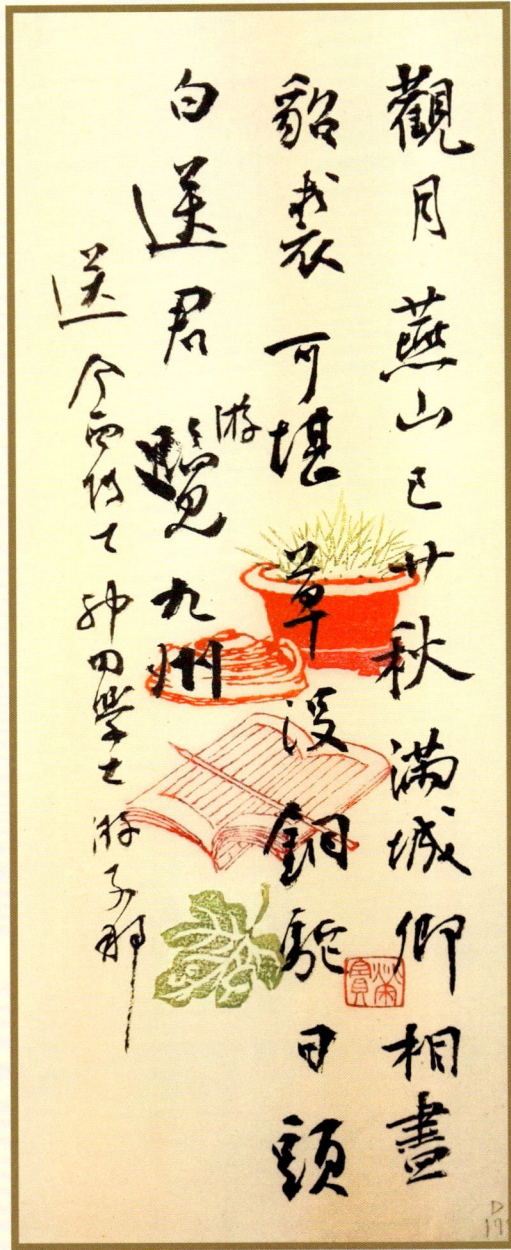

送今西博士神田學士游支那

觀月燕山已廿秋，

滿城卿相盡貂裘。

可堪草没銅駞日，

頭白送君游九州。

按：今西博士、神田學士即今西龍（1875—1932）、神田喜
一郎（1899—1984），均爲京都大學教授。今西爲朝鮮史專家，
神田爲中國史學專家、敦煌學家，曾長期任京都國立博物館館
長。

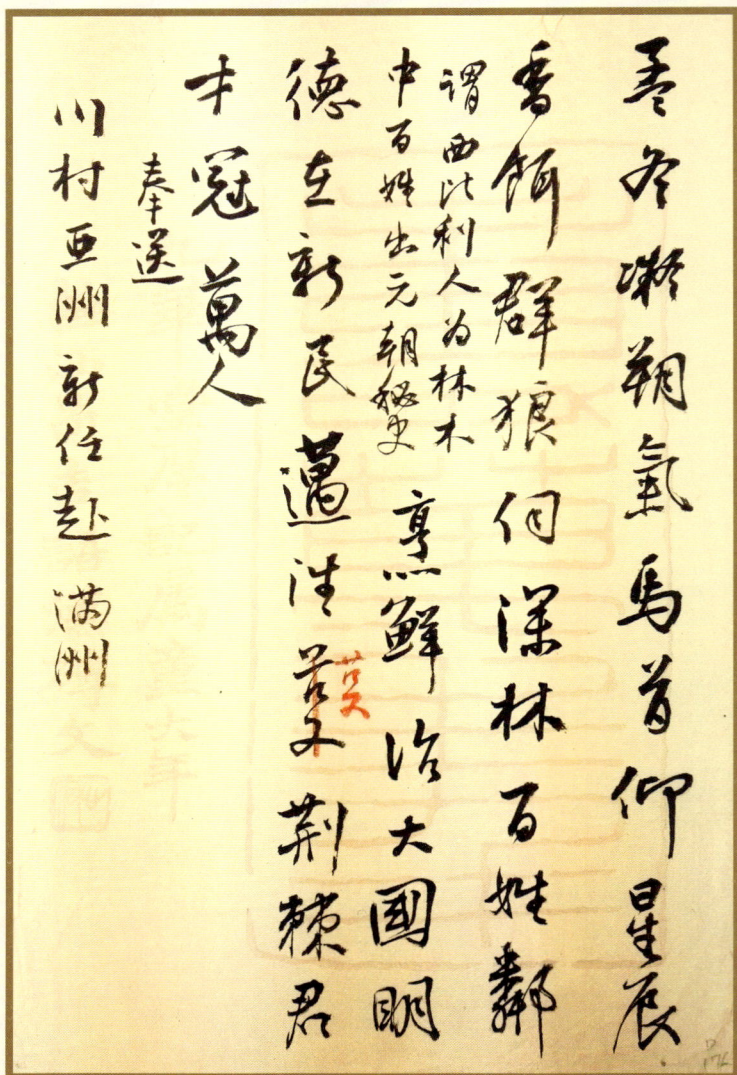

送川村亞洲新任赴滿洲

孟冬凝朔氣，馬首仰星辰。

香餌群狼伺，深林百姓鄰。

（謂西比利人爲林木中百姓，出《元朝秘史》）

烹鮮治大國，明德在新民。

邁往芟荊棘，君才冠萬人。

奉送川村亞洲新任赴滿洲

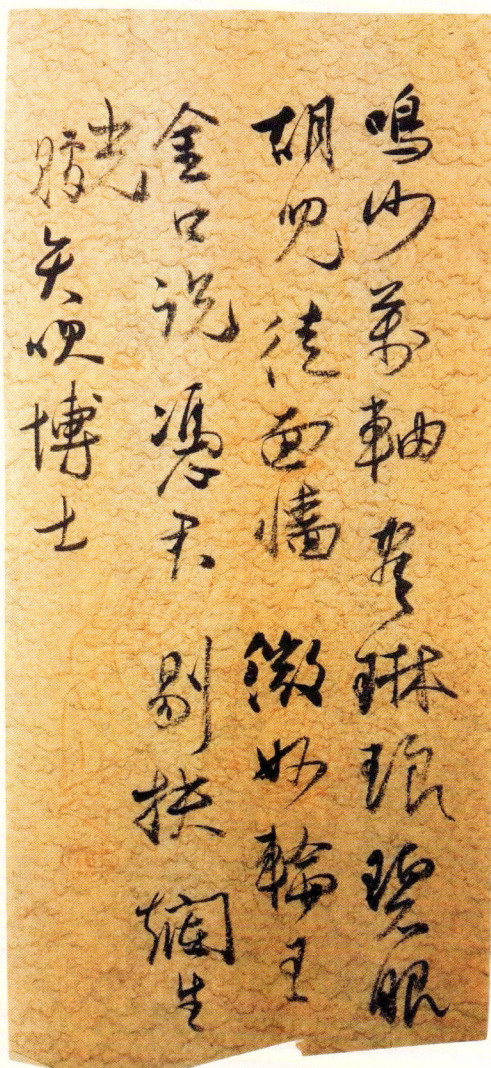

贈矢吹博士

鳴沙萬軸盡琳琅，
碧眼胡兒徒面墙。
微妙輪王金口説，
憑君剔抉爛生光。

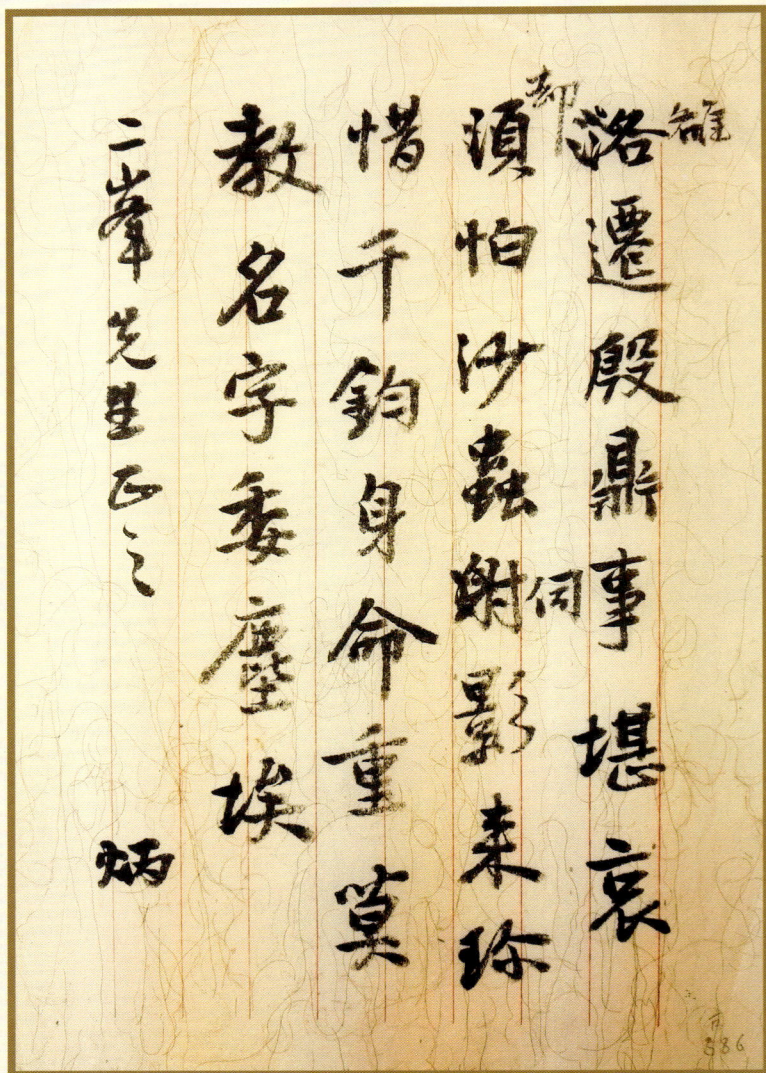

贈山本二峰先生

雒遷殷鼎事堪哀，
却怕沙蟲伺影來。
珍惜千鈞身命重，
莫教名字委塵埃。

二峰先生正之。炳

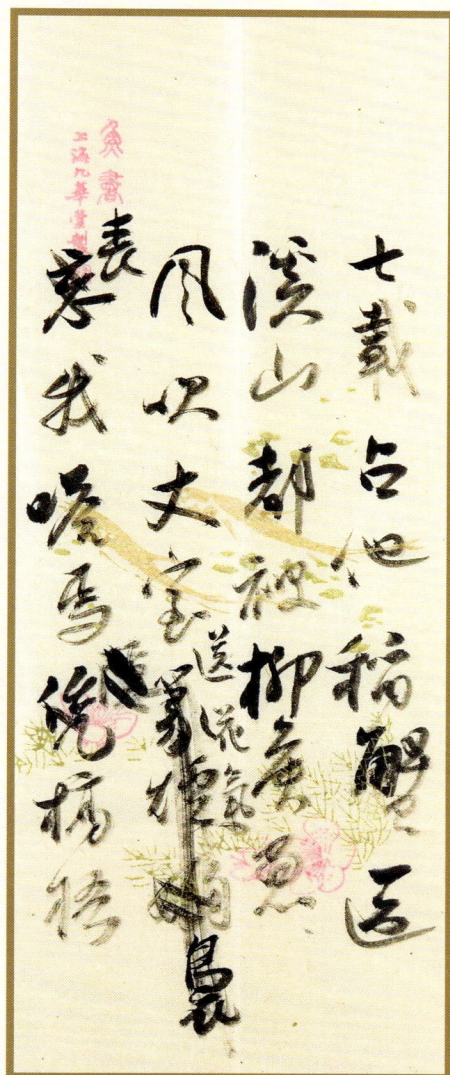

和莊司乙吉讀書偶拈

七載占他稻蟹區，
溪山都被柳侯愚。
風吹丈室送花氣，
喪我嗒焉凭槁梧。

按：占他，《全集》作"占茲"。參見本書 177 頁莊司原詩。

鶴陰鐵田博士由海牙寄六十
自壽詩索和依韻却呈

窮島人間歲月周 居然成就衆名流
重揮筆翰林仕學優
六旬自壽詩篇美 伊自陽烏沒東洲
百王割據遠芳
弟子編結猍不朽 家山竹屋勸加餐
片言理折家邦獄 七歌身開四海安
无眼先來犯礦棻 萊衣歸日要承歡
憶苦西海說玄程 巴城荒木緣台生
酒樓借箸縱橫議 筆館論文徵逐情
曾味口吞雲醸甸 傾種君逐萬厚爭
頌聲和陽春曲吟玉宵令句東戌

和織田博士海牙贈詩三首

鶴陰織田博士由海牙寄六十自壽詩索和，依韻却呈

〔一〕

容易人間歲月周，居然成就最名流。

育英講席聲望重，簪筆翰林仕學優。

已有文章滿家富，肯言夢寐惹鄉愁。

六旬自壽詩篇美，傳自陽烏沒處洲。

〔二〕

百王制作已艱難，著論還勞腔血丹。

弟子編能謀不朽，家山信只勸加餐。

片言理折萬邦獄，七尺身關四海安。

尤服老來仍孺慕，萊衣歸日要承歡。

〔三〕

憶昔西陲話客程，巴城落木綠重生。

酒樓借箸縱橫說，華館論文徵逐情。

貪味口吞蠻觸角，傾聽君解芮虞爭。

頌辭難和陽春曲，吟至宵分句未成。

按：織田萬原詩參見本書 205 頁。

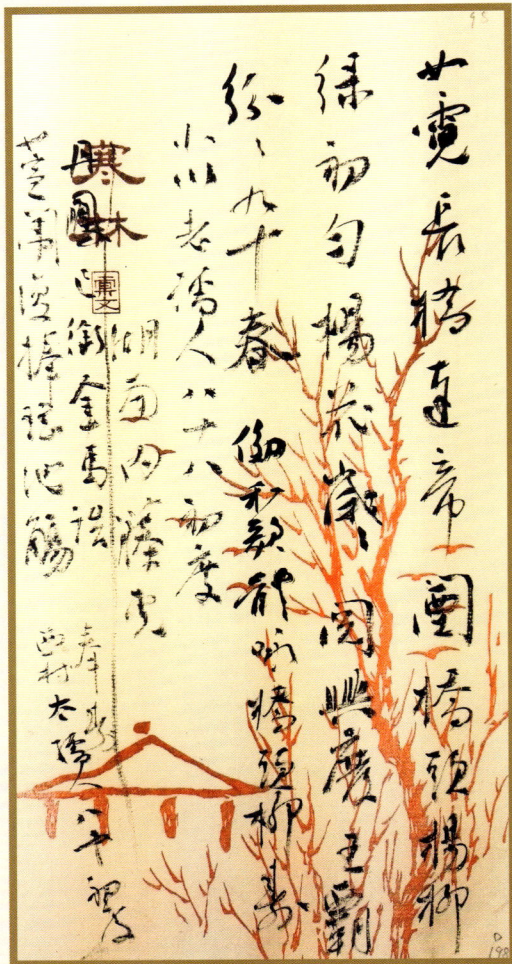

壽小川老孺人八八初度

如霓長橋達帝闉，
橋頭楊柳綠初勻。
楊花歲歲閱興廢，
王霸紛紛九十春。

仿和歌體咏橋頭柳，壽小川老孺人八十八
初度。湖南内藤虎

丹鳳已銜金馬誥，萱闈復捧瑶池觴。
奉壽西村太孺人八十初度

與中國學者的酬唱

乾嘉世遠風流盡　隔海欣来物茂卿

四部縱觀登秘閣　三柰親見過神京他

山有日資攻錯大　地何年話太平歸路

重煩訊羅隱拂龜　無限卜居情

丁巳十月賦贈

炳卿仁兄即送囘國似正　閩縣陳寳琛

陳寶琛　丁巳十月賦贈炳卿仁兄

乾嘉世遠風流盡，

隔海欣來物茂卿。

四部縱觀登秘閣，

三桑親見過神京。

他山有日資攻錯，

大地何年話太平？

歸路重煩訊羅隱，

拂龜無限卜居情。

丁巳十月賦贈炳卿仁兄，即送回國似正。閩縣陳寶琛（鈐印：陳寶琛印、弢盦）

按：丁巳，1917 年。

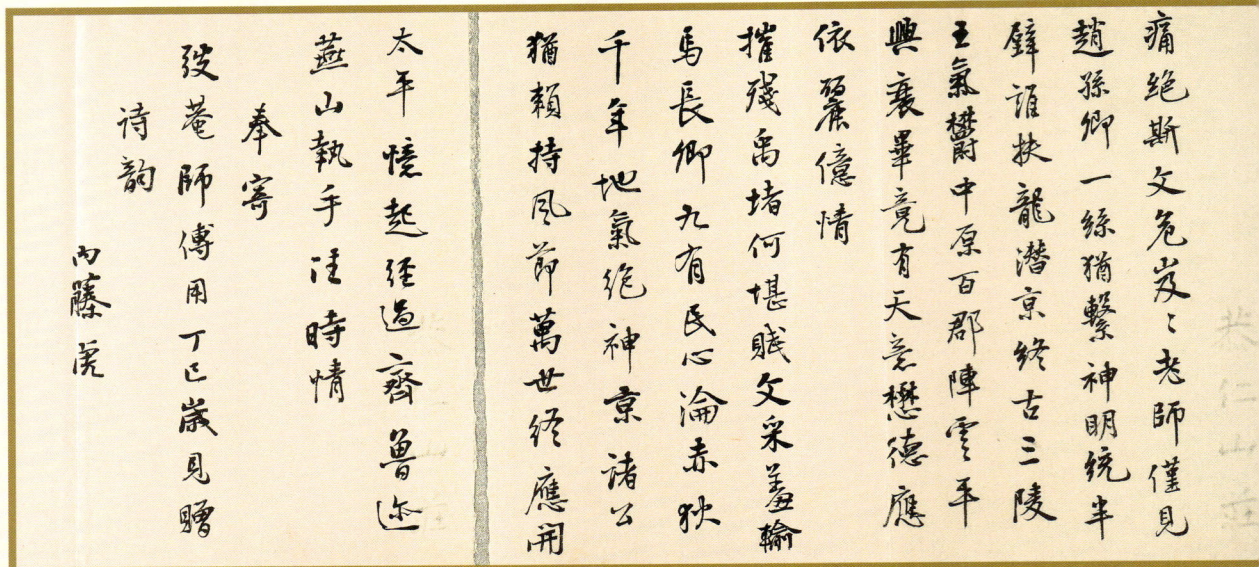

内藤虎　奉寄弢庵師傅二首

〔一〕

痛絶斯文危岌岌，老師僅見趙孫卿。

一絲猶繫神明統，半壁誰扶龍潛京？

終古三陵王氣鬱，中原百郡陣雲平。

興衰畢竟有天意，戀德應依麗億情。

〔二〕

摧殘禹堵何堪賦，文采羞輪馬長卿。

九有民心淪赤狄，千年地氣絶神京。

諸公猶賴持風節，萬世終應開太平。

憶起經過齊魯迹，燕山執手往時情。

奉寄弢庵師傅，用丁巳歲見贈詩韵。內藤虎

按：弢庵爲陳寶琛的號。丁巳，1917 年。

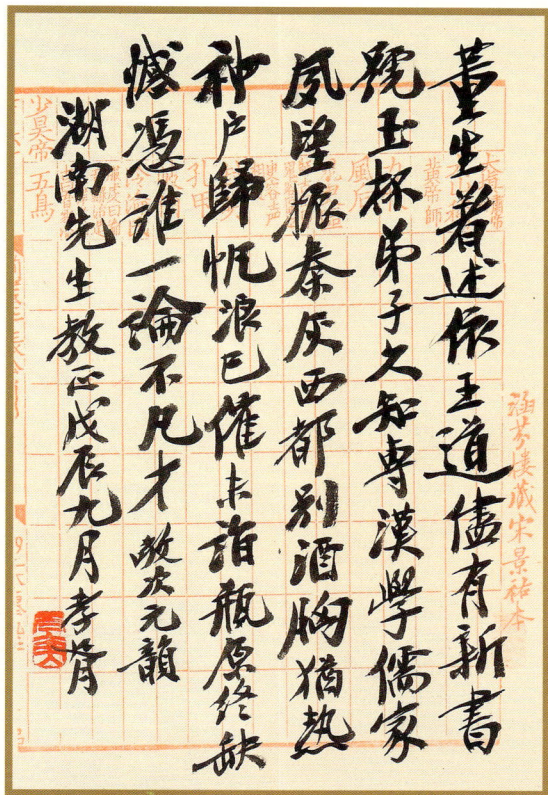

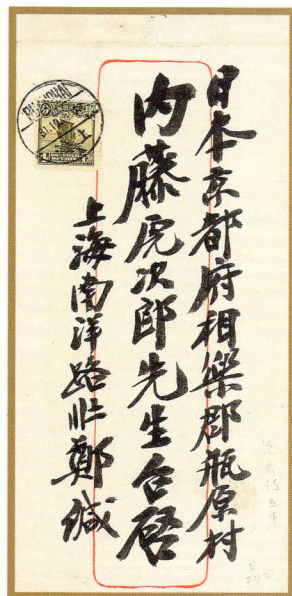

鄭孝胥　戊辰九月贈

湖南先生

董生著述依王道，儘有新書號玉杯。

弟子久知專漢學，儒家夙望振秦灰。

西都別酒胸猶熱，神户歸帆浪已催。

未詣瓶原終缺憾，凭誰一論不凡才。

敬次元韻，湖南先生教正，戊辰九月。孝胥（鈐印：太夷）

按：戊辰，即1928年。

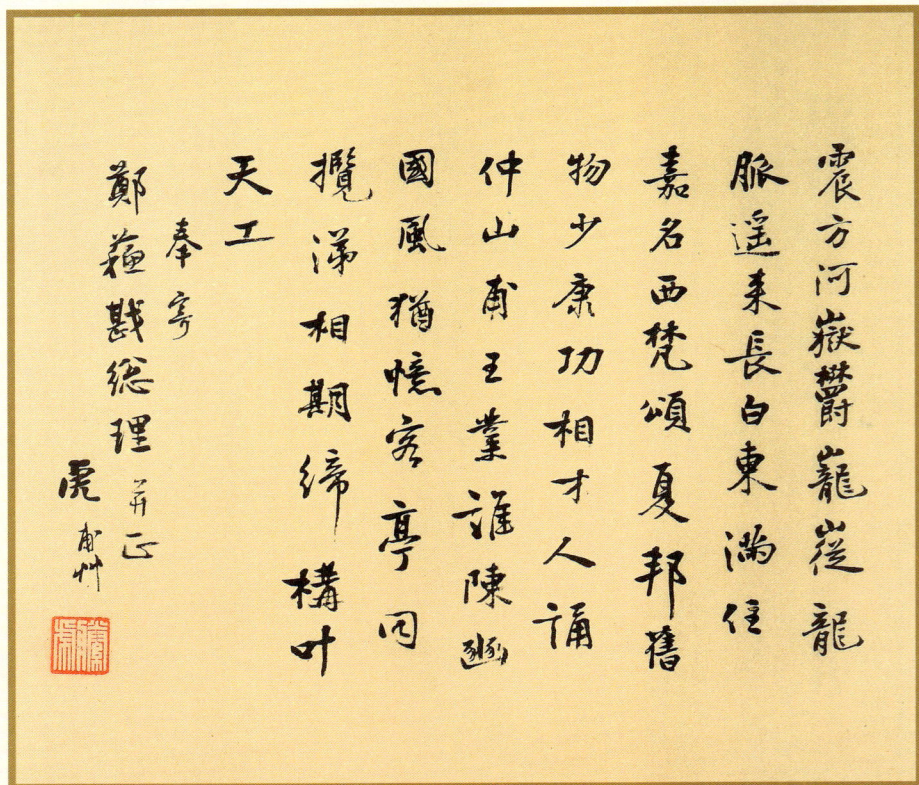

內藤虎　**奉寄鄭蘇戡總理**

震方河岳鬱籠嵸，龍脉遥來長白東。
滿住嘉名西梵頌，夏邦舊物少康功。
相才人誦仲山甫，王業誰陳豳國風。
猶憶客亭同攬涕，相期締構叶天工。

奉寄鄭蘇戡總理并正。虎甫草（鈐印：藤虎）

按：鄭蘇戡，即鄭孝胥。工詩文，爲詩壇"同光體"魁首。
善楷書，書風蒼勁樸實。1932 年出任僞滿洲國總理。

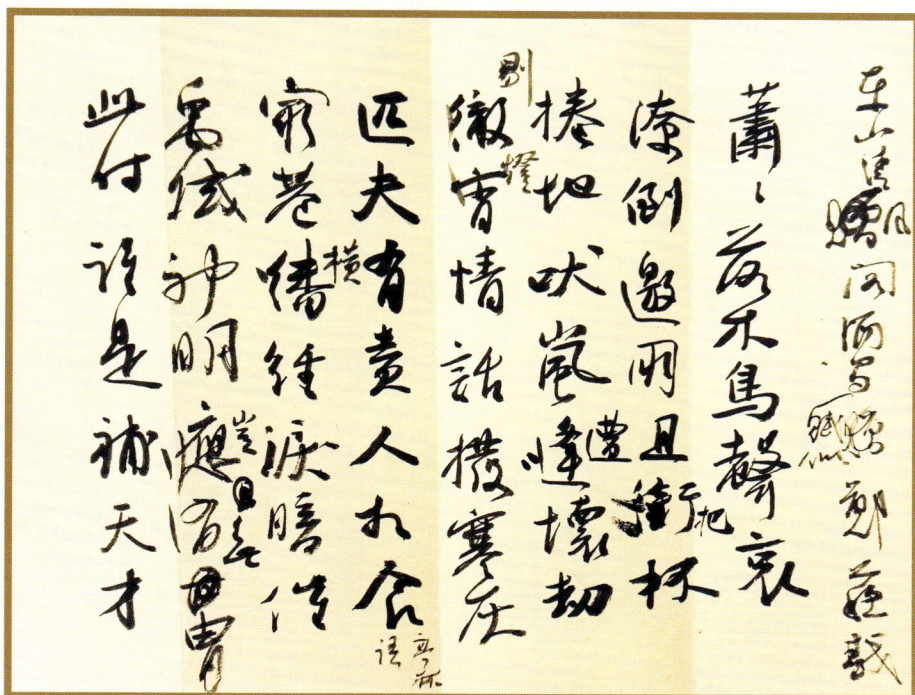

內藤虎　東山清風閣酒會
賦似鄭蘇戡

蕭蕭落木鳥聲哀，潦倒邀朋且把杯。

捲地吠嵐遭壞劫，剔燈情話撥寒灰。

匹夫有責人相食（亭林語），窮巷橫經泪暗催。

禹域神明豈無胄，此時誰是補天才？

按：此詩《全集》標題爲"東山清風閣同諸友餉鄭蘇戡賦贈"。

標幟分期卷帙精翰花涼

雨盦篇雜顯顯天籟珍藏

即又見歡翁興石筝

內藤先生大雅屬巳未冬日芝脅

鄭孝胥　內藤先生大雅屬録

葉昌熾藏書紀事詩

標識分明卷帙精，

鞠花涼雨蕩簾旌。

累累天籟珍藏印，

又見敬翁與石笋。

內藤先生大雅屬

己未冬日　孝胥（鈐印：鄭孝胥印、蘇戡）

按：己未，1919 年。

此詩爲葉昌熾《藏書紀事詩》之 379 條，是爲楊繼振藏書所題詩。楊繼振（1832—1897），清末藏書家。字彥起，一字幼雲，一作又雲，號蓮公、燕南學人、蘇齋學人、星風堂主人、齊軒道人等。收藏甚富，主要是金石和圖書。闢有“石笋館”，自稱其藏書有數十萬卷，皆卷帙精整，標識分明。

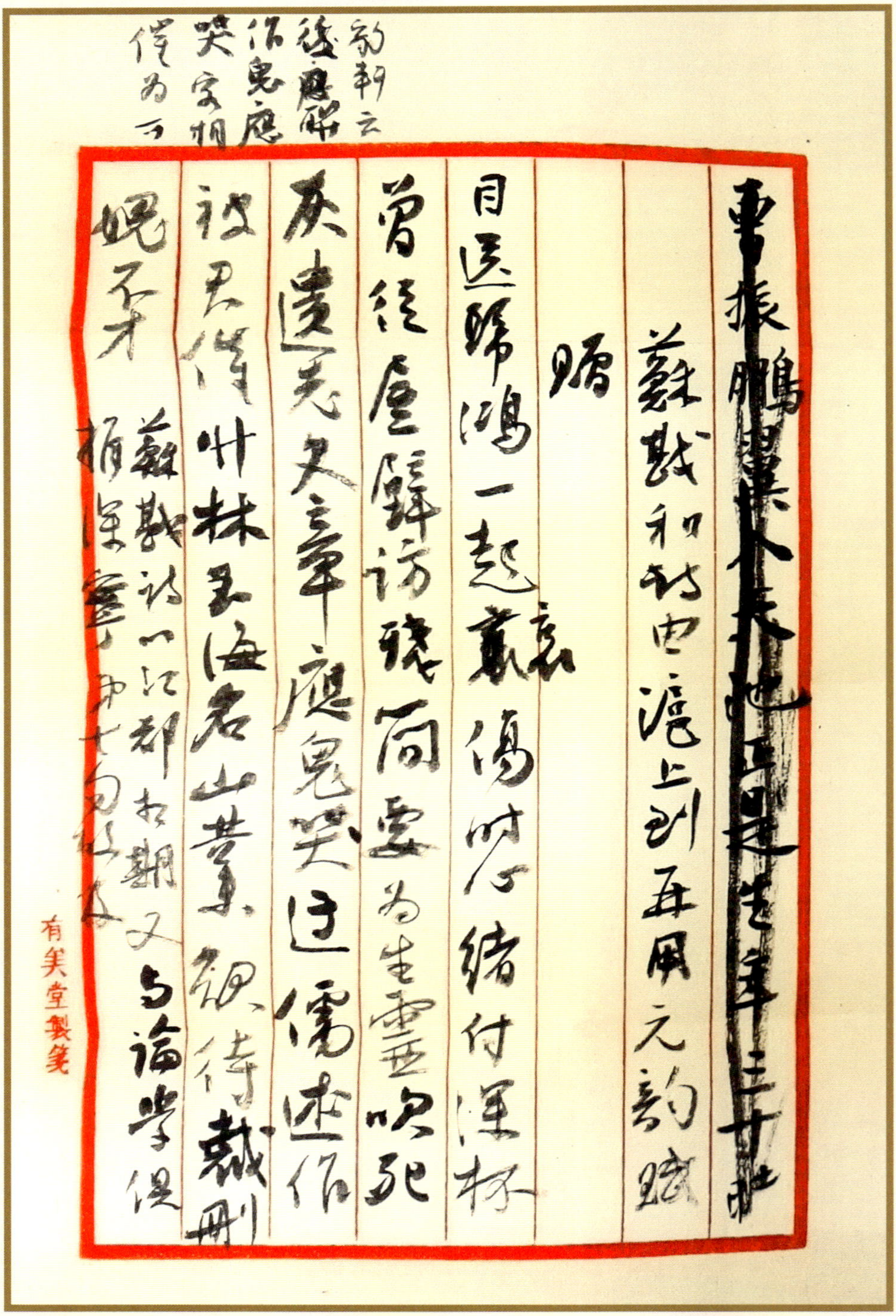

內藤虎　蘇戡和詩由滬上到
再用元韵賦贈

目送歸鴻一起哀，傷時心緒付深杯。

曾從屋壁訪殘簡，要爲生靈吹死灰。

遺老文章應鬼哭，迂儒述作被君催。

（豹軒云：後聯作"鬼應哭""客相催"爲可。）

竹林玉海名山業，欲待裁删愧不才。

蘇戡詩以江都相期，又與論學俱推深寧，第七句故及。

按：曾從屋壁訪殘簡，《全集》作"豈將鳥獸同群食"。要爲，《全集》作"願爲"。應鬼哭，《全集》亦作"鬼應哭"。被君催，《全集》亦作"客相催"。

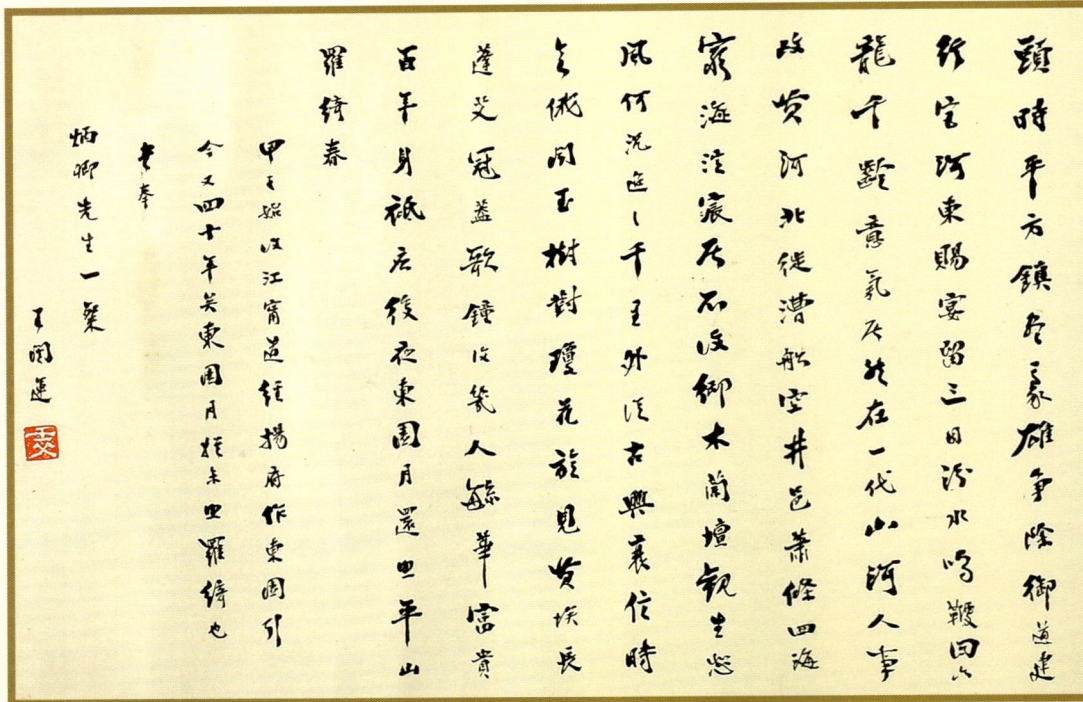

頭時平方鎮盡豪雄爭除御道建
行宮河東賜宴留三日汾水鳴鞭回六
龍千齡意氣居然在一代山河人事
政黃河北徙漕船空井邑蕭條四海
寰海澄清宸居石波御术簡壇觀生
風何況適一千玉外迈古興裏佳時
意俄閒玉樹對瓊花龍見發埃長
蓬艾冠葢歌鐘收笔人絲華富貴
百千身祇彥後夜東園月還巴平山
羅綺春

甲午將江寧道經揚府作東園引
今又四十年矣東園月桂未里羅綺也
炳卿先生一粲
王閩運

王閭運　東園引

　　君不見漢家四葉逢聖皇，中天盛業何煒煌。西收
大宛作外厩，南通邛筰開川梁。九夷來賓百神格，朝
野歡娛忘帝力。宮中聖母壽萬年。天下賢人有膏澤，
江淮此日正驕奢。漕渠十里飛春花，朱樓小婦彈琵琶。
富商不復乘牛車。文物聲明古無有，東封泰山覲群后。
玉佩鏘鏘朝紫宸，翠蓋翩翩動南斗。孝養尊榮四海聞，
鑾輿奉輦出時巡。羽林萬騎扈靈蹕，金貂七貴飛朱輪。
深宮不肯論朝制，懿旨唯傳免租稅。百年康阜承休祥，
五州望幸誇容衛。龍旗簫鼓發揚州，處處江南佳可游。
南屏山色西湖曲，秣陵春樹蔣山頭。時平方鎮盡豪雄，
爭除御道建行宮。河東賜宴留三日，汾水鳴鞭回六龍。
千齡意氣居然在，一代山河人事改。黃河北徙漕船空，

君不見漢家四葉逢聖皇，中天……業何煒煌，西略大宛作外廄，南逾邛……詔開以梁九萬未實，百神校敕游敕……娛應帝力空中望，壽萬年天下賢……人有膏澤江淮此四，正驕奢濟濟……十王飛春花朱樓小婦彈琵琶宮……商不徵乘牛車，矢物聲咽古岸有東……對泰山觀崖后，玉佩鏘，朝紫宸宮……蓋翩勳南斗，孝養尊榮四海閒鑾……與秦筆士時此羽林弟騎尾雲璈金貌……七賢飛朱翰，深宮不冒論朝制戮右唯俗……免租祝百年康阜承休祥五州望華誇……

井邑蕭條四海窮。海淀宸居不復御，木蘭壇觀生悲風。何況迢迢千里外，從古興衰信時會。俄聞玉樹對瓊花，旋見黃埃長蓬艾。冠蓋歌鐘復幾人，繁華富貴百年身。祇應後夜東園月，還照平山羅綺春。

　　甲子始復江寧道，經揚府作《東園引》。今又四十年矣，東園月猶未照羅綺也。書奉炳卿先生一粲。王闓運（鈐印：壬父）

　　按：甲子爲1864年。"今又四十年矣"，則重録此詩時應爲1903年。疑爲1902年10月到1903年1月期間，内藤湖南第二次中國行時，所獲王闓運書贈。但内藤《游清記》《禹域鴻爪後記》等關於第二次中國行的紀行資料中，并未有與王相見事。

王國維　海上送日本內藤博士

湖南先生壯游赤縣，自齊魯南來訪余海上，出贈唐寫古文尚書殘卷，景本，賦詩志謝，并送其北行

安期先生來何許？赤松洪厓爲伴侶，三蹻鹿盧龍與虎。西來長揖八神主，翩然游戲始齊魯。登陟泰山睨梁父，摩挲秦碑溯三五。上有無懷所封土，七十二家文字

古。橫厲泗水拜尼甫，昔年禮器今在否？雷洗觴瓠爵鹿
粗，豆籩鐘磬瑟琴鼓。何所當年釁相圍。南下彭城瞥梁
楚，飆輪直指黃歇浦。迴車陋巷叩蓬戶，袖中一卷巨如
股。尚書源出晋秘府，開元開〔天〕寶笑莽鹵。媵以玉
篇廿三部，初唐書迹鳳鸞翥。玉案金刀那足數，何以報
之愧鄭絟。送君溯江極漢滸，游目洞庭見娥女。北轅易
水修且阻，困民之國因殷土。商疾治河此胥宇，灑沈澹
灾功微禹。王亥遂作殷高祖，服牛千載德施普。擊床何
怒逢牧豎，河伯終為上甲輔。中興大業邁乘杜，三十六
葉承天序。有易不寧將安補，我讀天問識其語。竹書讕
言付一炬。多君前後相邪許，太邱淪鼎一朝舉。君今渡
河絕漳滏，眼見殷民猶齲齲。歸去便將闕史補。明歲尋
君道山府，如瓜大棗當乞與。浮邱子、申培公，仙儒著
籍將毋同。方壺員嶠頻相見，為問搏桑幾度紅。

丁巳十月朔　國維藁（鈐印：王國維）

按：丁巳，1917年。末句中，搏桑，即扶桑。《王國維集》（周錫山編，中
國社會科學出版社2008年版）、《觀堂集林》（河北教育出版社2003年版）及《王
國維詩詞箋注》（陳永正箋注，上海古籍出版社2011年版）所收本詩的幾個版
本，除個別字詞有出入外，均在"如瓜大棗當乞與"後，只有一句"我所思兮
衡漳渚"，便結束全詩，似有遺缺。

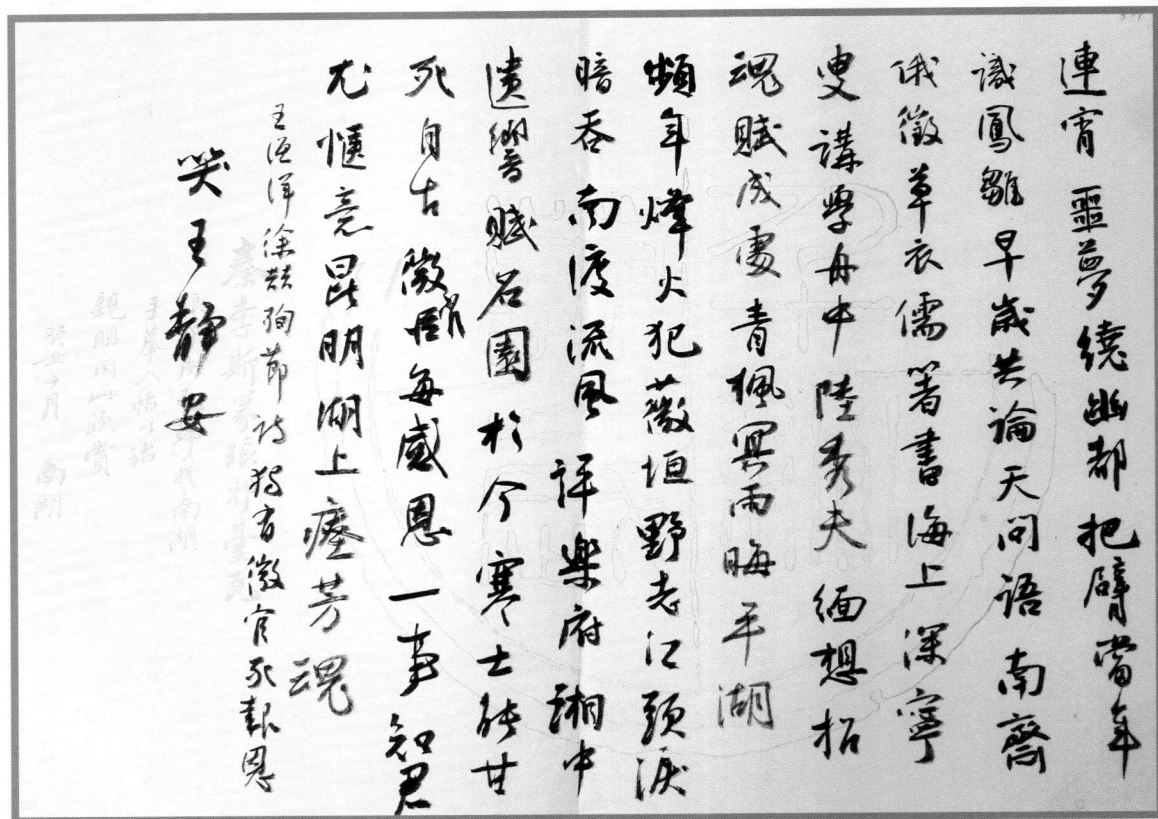

內藤湖南　哭王靜安二首

〔一〕

連宵噩夢繞幽都，把臂當年識鳳雛。

早歲共論天問語，南齋俄徵草衣儒。

箸書海上深寧叟，講學舟中陸秀夫。

緬想招魂賦成處，青楓冥雨晦平湖。

〔二〕

頻年烽火犯薇垣，野老江頭泪暗吞。

南渡流風評樂府，湘中遺響賦名園。

於今寒士能甘死，自古微官每感恩。

一事知君尤悒意，昆明湖上瘞芳魂。

王漁洋《徐喆殉節詩》："獨有微官死報恩。"

遙企盛名久　相逢翻恨遲
南禪虛末席　古調覓遺絲
史乘披榛棘　成均仰導師
何當惠新箸　展卷挹風儀
湖南先生　郢政　王大楨
留別贈呈

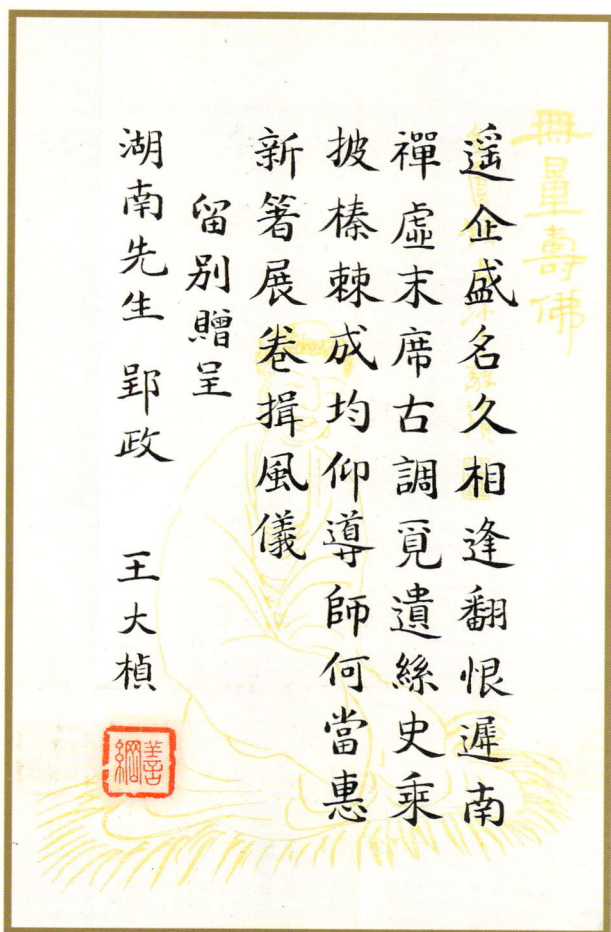

王大楨　贈呈湖南先生

遙企盛名久，相逢翻恨遲。
南禪虛末席，古調覓遺絲。
史乘披榛棘，成均仰導師。
何當惠新箸，展卷挹風儀。

留別贈呈湖南先生郢政。王大楨（鈐印：
善綱）

按：王大楨（1893—1946），字芃生。

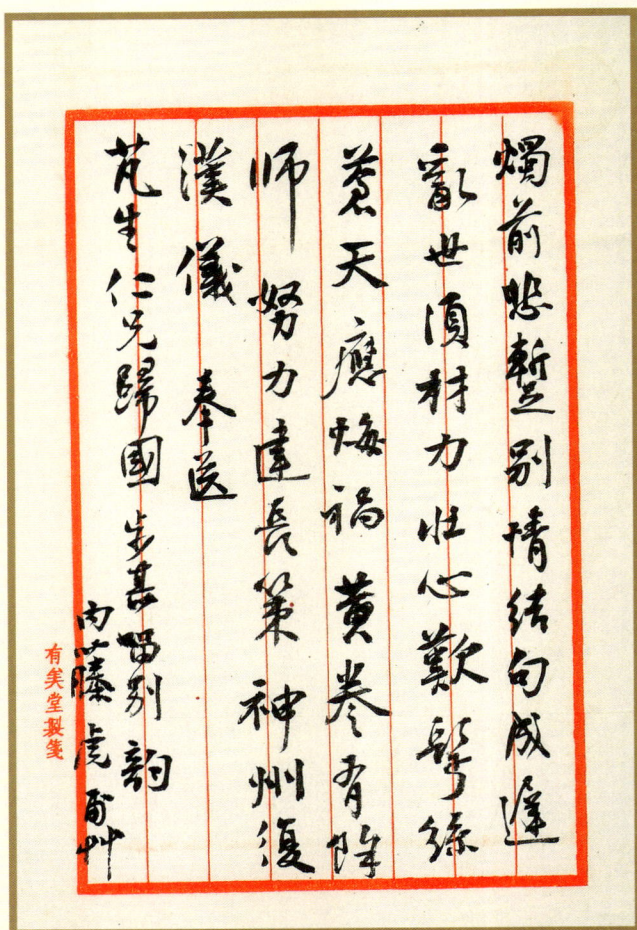

內藤虎　奉送芄生仁兄歸國

燭前悲暫別，情結句成遲。

亂世須材力，壯心嘆鬢絲。

蒼天應悔禍，黃卷有餘師。

努力建長策，神州復漢儀。

奉送芄生仁兄歸國，步其留別韵。內藤虎甫草

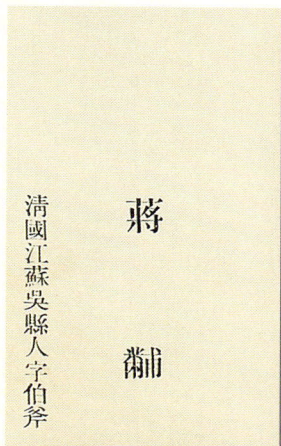

名片正面

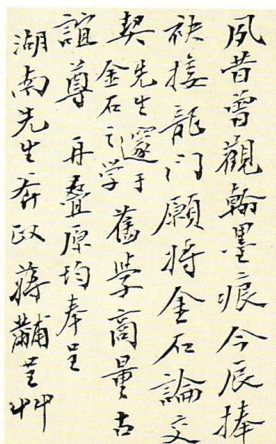

名片背面

照片正面

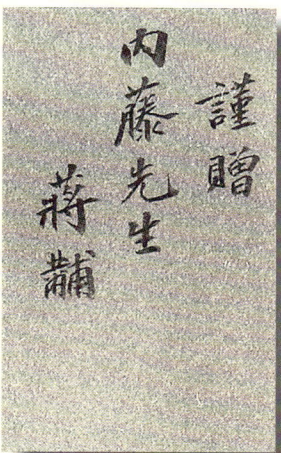

照片背面

蔣黼　奉呈湖南先生

夙昔曾觀翰墨痕，
今辰捧袂接龍門。
願將金石論交契，
（先生邃于金石之學）
舊學商量古誼尊。

再疊原均，奉呈湖南先生斧政。蔣黼
呈草

按：內藤文庫藏有蔣黼贈送給內藤湖南的名片，正面寫有"蔣黼　清國江蘇吳縣人字伯斧"，背面寫有上面這首詩。另有一張與名片同樣大小的蔣黼照片，其背面有題字"謹贈內藤先生　蔣黼"。

內藤湖南　呈吉甫尚書二首

大正六年一月廿二日，木內京都府知事招飲，席上
率賦一絕，呈吉甫尚書。吉甫尚書嘗有庫倫詩一絕，云：

老臣猶在此，幼主竟何如？

倘射上林雁，或逢蘇武書。

流傳於我邦，士大夫間莫不爲之攬涕，今用其韵，
徒增兼葭倚玉樹之醜耳。

〔一〕

文武全才尹吉甫，風雲未會鬢皤如。

直須興復周宣業，特筆加圈檔子書。

太祖命額爾德尼依蒙文製滿字，尚無圈點，其後太
宗又命達海加以圈點。嘗觀盛京崇謨閣，藏有無圈點檔
子、加圈點檔子數百卷，并係國初起居注之類。

〔二〕

延秋門上噪驚鴉，九土紛紛復亂麻。

難得奇男王保保，可無痛飲岳爺爺。

乞師曾作秦廷哭，避地還乘蜃海槎。

獨抱一經存浩氣，漢冠憐爾岸烏紗。

按：升允，字吉甫。清末曾任駐庫倫參贊大臣。此手稿上
吉甫詩有刪去痕迹。

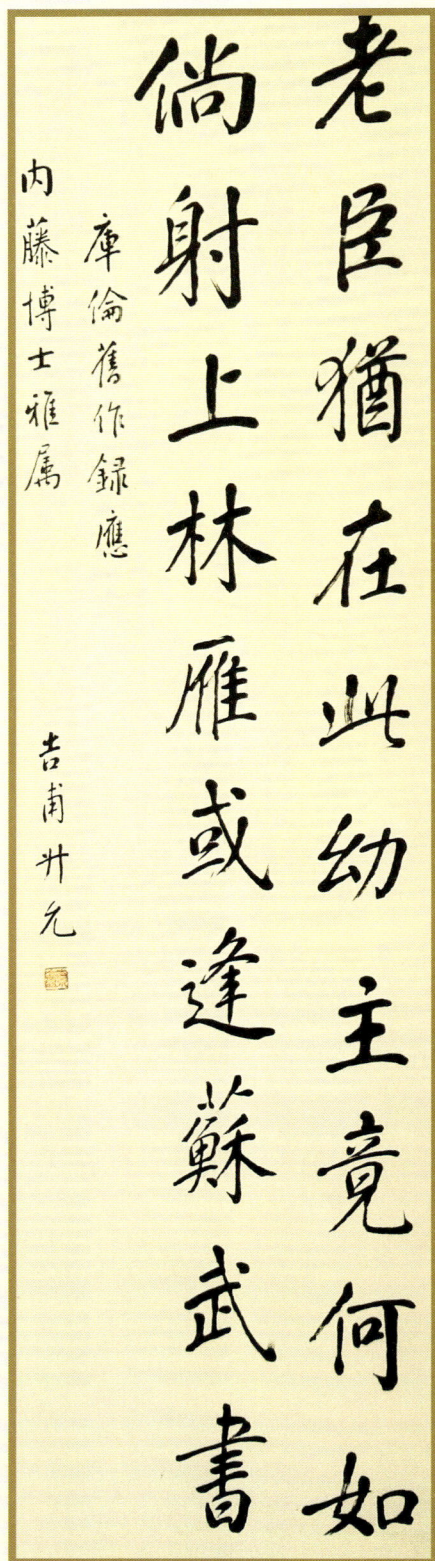

升允　庫倫舊作
録應內藤博士雅屬

老臣猶在此，
幼主竟何如？
倘射上林雁，
或逢蘇武書。

庫倫舊作，録應內藤博士雅屬。
吉甫升允（鈐印：素盦）

百道飛泉掛樹頭　箱根山上有龍
湫　我來一灑英雄淚　為助春潮不
斷流

右箱根觀瀑一首錄奉
內藤博士雅鑒
　　　　吉甫升允

升允　箱根觀瀑

百道飛泉掛樹頭，
箱根山上有龍湫。
我來一灑英雄泪，
爲助春潮不斷流。

右箱根觀瀑一首，錄奉內藤博
士雅鑒。吉甫升允（鈐印：吉甫）

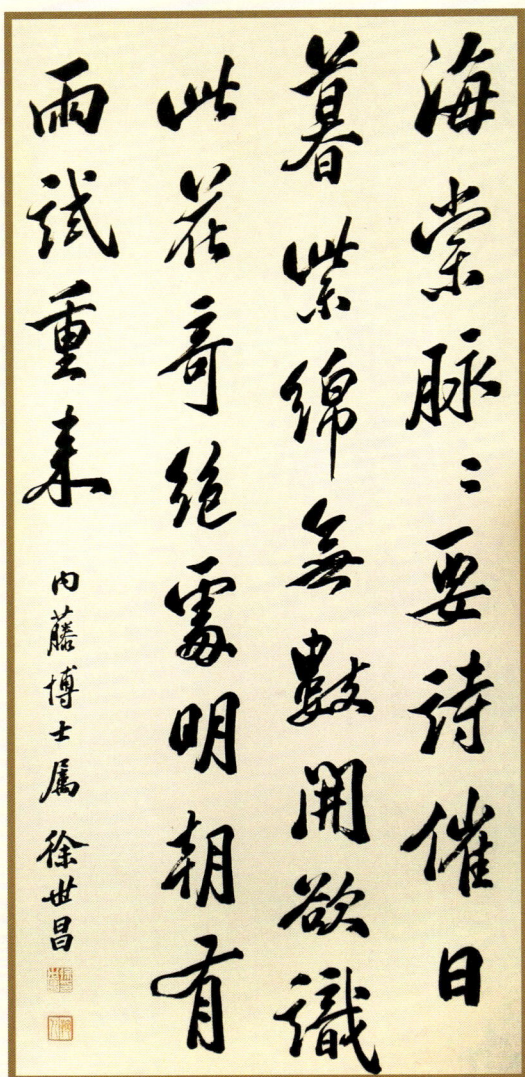

徐世昌　內藤博士屬録陳與義詩

海棠脉脉要詩催，日暮紫綿無數開。
欲識此花奇絶處，明朝有雨試重來。

內藤博士屬　徐世昌（鈐印：徐世昌印、鞠人）

按：此爲宋陳與義詩《竇園醉中前後五絶句》之一。紫綿，
最名貴的海棠品種。

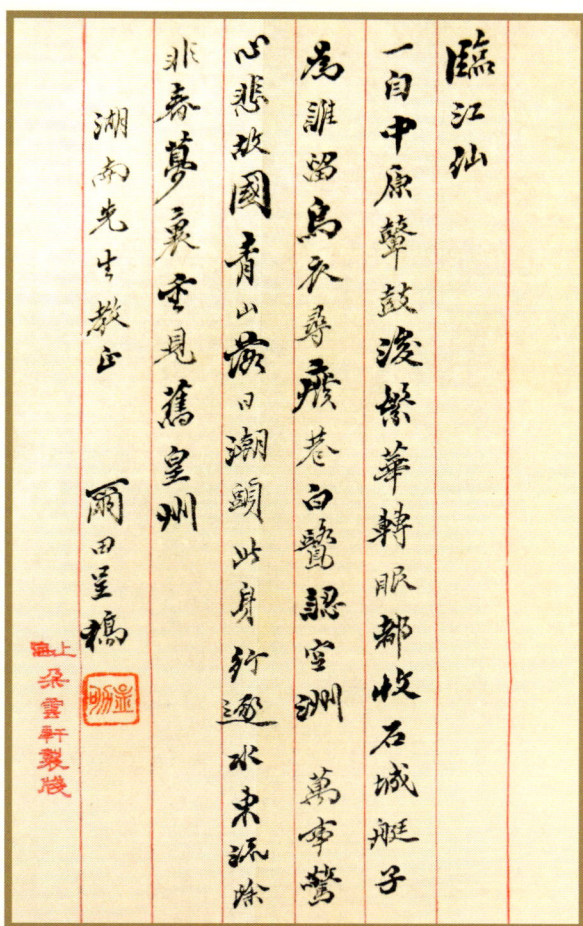

張爾田　臨江仙·湖南先生教正

一自中原鼙鼓後，繁華轉眼都收。

石城艇子爲誰留？

烏衣尋廢巷，白鷺認空洲。

萬事驚心悲故國，青山落日潮頭。

此身行逐水東流。

除非春夢裏，重見舊皇州。

湖南先生教正　爾田呈稿（鈐印：孟劬）

按：張爾田，見後陶德民先生論文。

頻年尚訊到東鄰 編綷西洲有幾人 編綷迴西洲句
著舊刊 君贈詩有一時著舊刊

棗三島畫黃農 縣邈百家陳 論文久共方聞友易質

萬溥老病身莫怪衰殘渙眼觀堂宿草墓門

春靜安歿已八年居又徙乙東方文獻之寄典人矣故束句及焉獨及其礼也

　敬輓

内藤湖南先生

張爾田禱奉

張爾田　敬挽內藤湖南先生

頻年問訊到東鄰，

縞紵西洲有幾人？

（君贈詩有"一時縞紵遍西洲"句）

耆舊凋零三島盡，

黃農綿邈百家陳。

論文久失方聞友，

易簀驚傳老病身。

莫怪襄翁雙淚眼，

觀堂宿草墓門春。

靜安歿已八年，君又繼之，東方文獻之寄無人矣。故末句及焉，非獨哭其私也。

敬挽　內藤湖南先生

張爾田稿奉

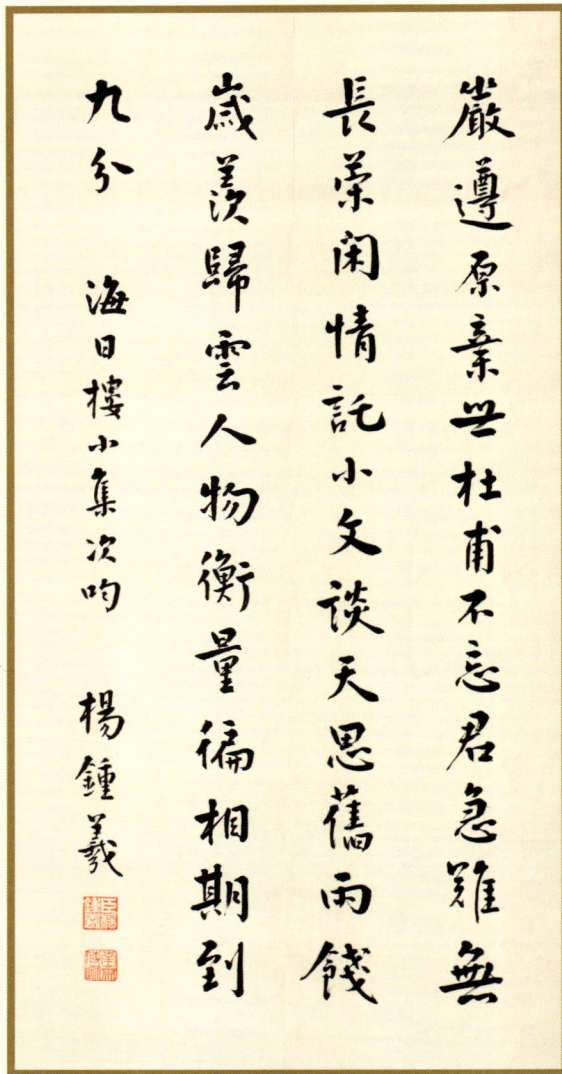

楊鍾羲　海日樓小集次韵

嚴遵原弃世，杜甫不忘君。

急難無長策，閑情托小文。

談天思舊雨，餞歲羨歸雲。

人物衡量遍，相期到九分。

海日樓小集次韵。楊鍾羲（鈐印：臣楊
鍾羲、南齋侍從）

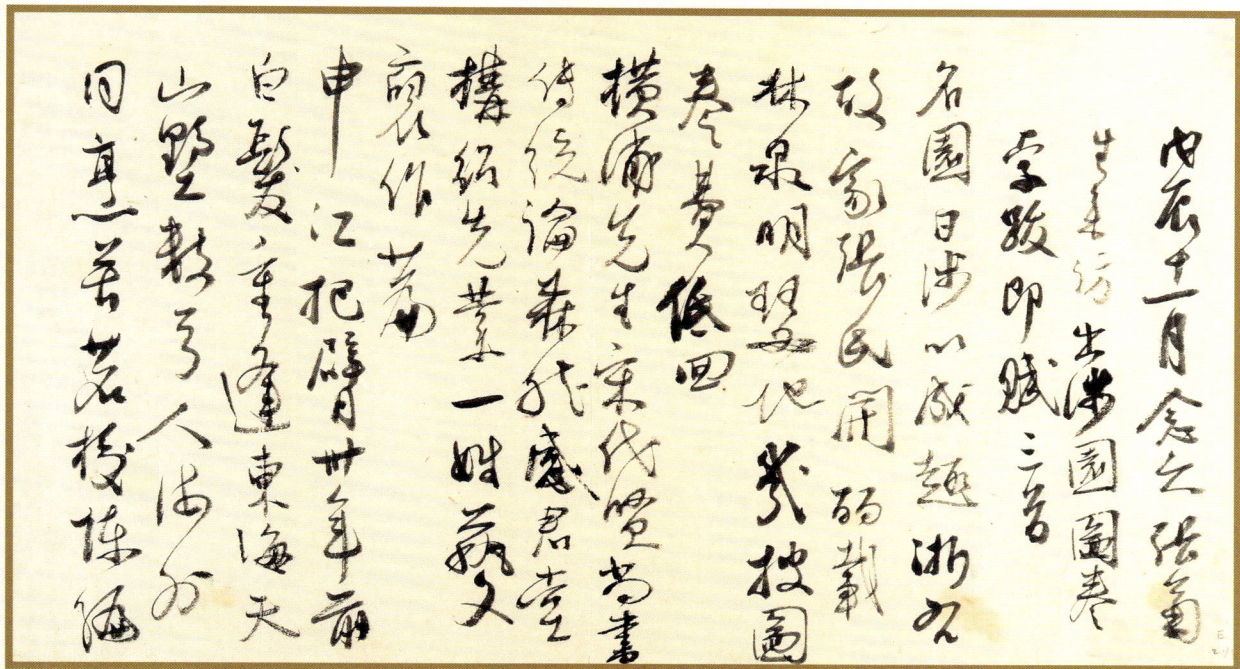

内藤湖南　　贈張菊生三首

戊辰十一月念六，張菊生來訪，出涉園圖卷索跋，即賦三首

〔一〕

名園日涉以成趣，浙右故家張氏開。

陌載林泉明瑟地，幾披圖卷費低回。

〔二〕

橫浦先生宋代賢，尚書傳統論森然。

感君堂構紹先業，一姓藝文衰作篇。

〔三〕

申江把臂卅年前，白髮重逢東海天。

山墅數弓人海外，同烹苦茗校陳編。

　　按：第二首，橫浦先生，指南宋張九成，他號橫浦居士。第三首，山墅，《全集》作"山野"；苦茗，《全集》作"苦銘"。有誤。戊辰，1928年。1899年内藤首度中國行，在上海與張元濟會面筆談，相談甚恰，張有贈別詩句"海上相逢一叶槎，憤談時事淚交加"。

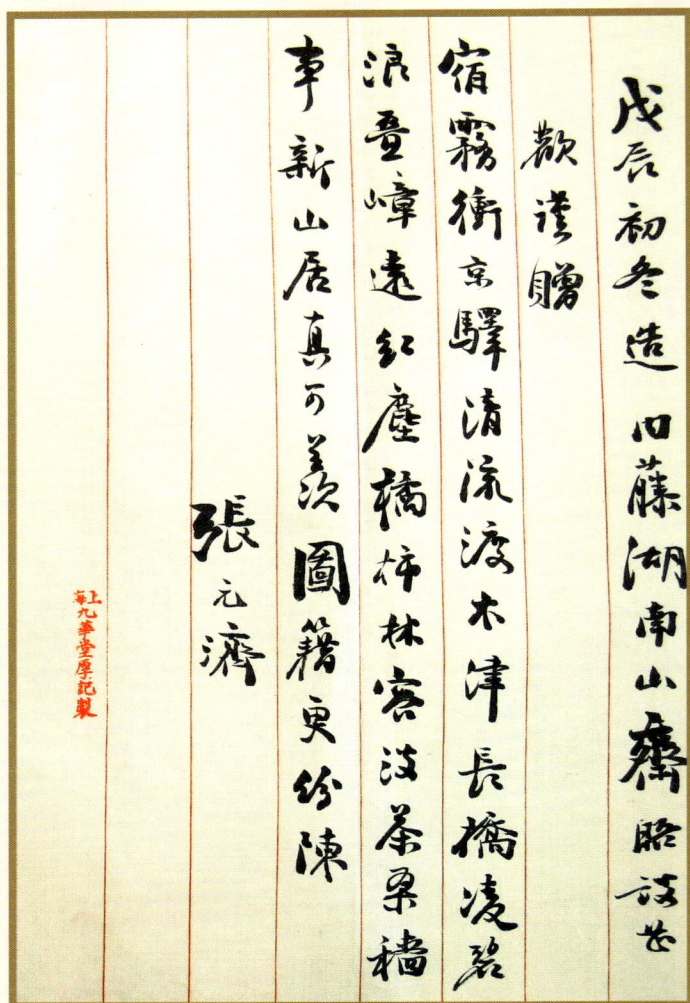

張元濟　戊辰初冬造内藤湖南山齋

戊辰初冬造内藤湖南山齋，晤談甚歡，謹贈

宿霧衝京驛，清流渡木津。

長橋凌碧浪，叠嶂遠紅塵。

橘柿林客沒，茶桑穑事新。

山居真可羨，圖籍更紛陳。

張元濟

按：戊辰，1928 年。

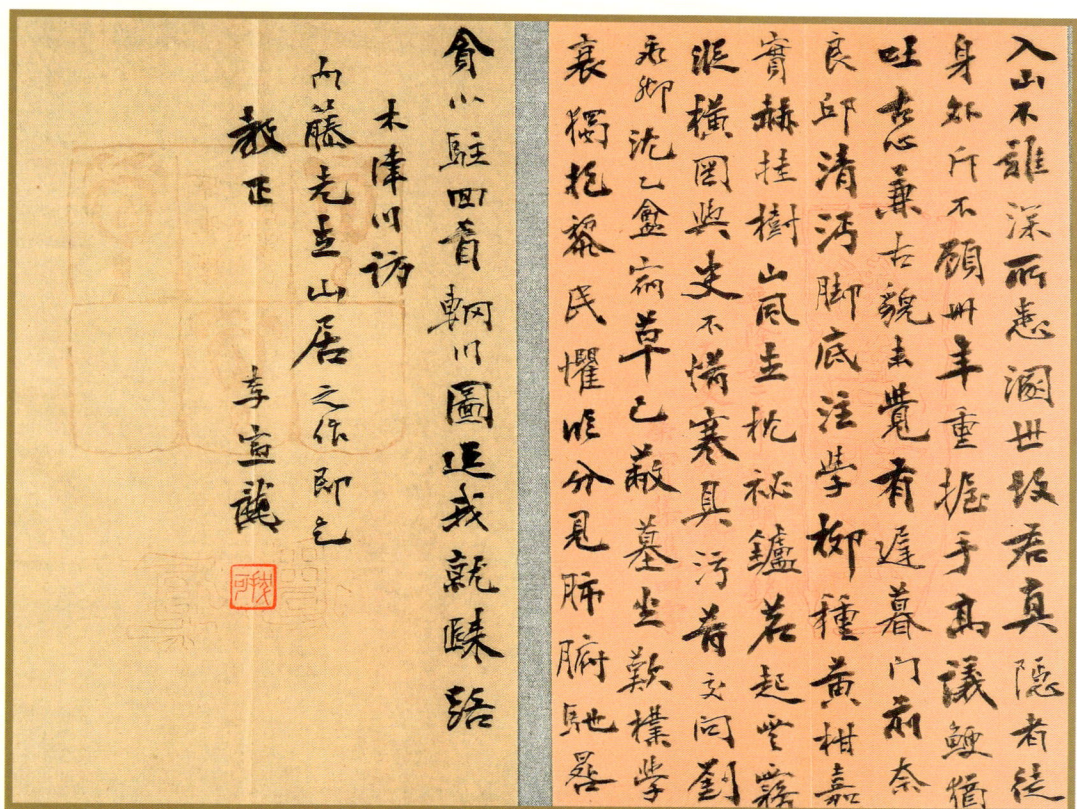

李拔可　　木津川訪內藤先生

入山不難深，所患溷世故。君真隱者徒，身外斥不顧。

卅年重握手，高議鯁猶吐。古心兼古貌，未覺有遲暮。

門前奈良邱，清沔腳底注。學柳種黃柑，嘉實赫挂樹。

山風生枕秘，爐茗起雲霧。縱橫圖與史，不惜寒具污。

昔交問劉（聚卿）沈（乙盦），宿草已蔽墓。坐嘆樸學衰，
獨抱黎民懼。

明分見肺腑，馳晷貪小駐。回首輞川圖，送我就歸路。

木津川訪內藤先生山居之作，即乞教正。李宣龔（鈐印：拔可）

　　按：劉聚卿，名世珩，號蒠石，世家弟子，富收藏。沈乙盦，沈曾植。這
首李拔可的詩發表在一九三一年上海出版的《國聞週報》第八卷第二十二期，
文字略有差异。明分，報紙作"臨風"；嘉實，報紙作"秋實"。

老吾愛山林久矣歟世故雖非巢由倫
寧難無顧
憶昔摅壇坫讀論剛不吐誰知其解相遇如旦暮
余興全抛大始定交在明治新聞發眼光掃千年若風度
卯時學浩煙青編姓名行檻重見耶白紗抱後投蠱魚
注問豈仿歊興何日能問揭銘希中郎也怕嘲詼
霧中夜歌不寐顧影懷惊懼藏君叩華門談往車轍
墓莫慈歸去遍明月照前路

李拔可来訪有詩見示次韵却呈

魚掌作鵁
魚何如
也怕作鵁
恐何如

大正

内藤 虎

寶許籤

帶叙彼我錯綜曲折精采奕奕不可逼視眼光數
句高占身分氣魄光燄奪不猶人而亦不離乾乾
夕惕之意真是好學篤道可令夫區區自封者愧
死矣
　　　立春前五日弟長尾甲拜讀志佩

內藤虎　李拔可來訪
有詩見示次韵却呈

老吾愛山林，久矣厭世故。

雖非巢由倫，魚掌（"魚掌"作"熊魚"何如）

難兼顧。

憶昔據壇坫，讜論剛不吐。

誰當知其解，相遇如旦暮。（余與拔可始定
交在明治癸卯，時余執筆《大阪朝日新聞》）

重見耻白紛，抱殘蟲魚注。

問學浩烟海，何日能自樹。

眼光拂千年，若風披塵霧。

豈仿歆與雄，青編姓名污。

頌銘希中郎，也怕（"也怕"作"亦恐"何如）

嘲諛墓。

中夜耿不寐，顧影懷悚懼。

感君叩蓽門，談往車暫駐。

莫愁歸去遥，明月照前路。

大正　　內藤虎

帶叙彼我，錯綜曲折，精采奕奕，不可逼視。眼光
數句高占，身分氣魄光焰，敻不猶人，而亦不離乾乾夕
惕之意。真是好學篤道，可令夫區區自封者愧死矣。

立春前五日，弟長尾甲拜讀志佩。

按：明治癸卯，1903 年。

毓秀扶桑日照深東方耆德舊儒林書摹懷素工
狂草詩學香山發醉吟唐古咸文明秘篆烏斯藏
教識元音共敦君子多聞雅籍甚瀛邦衆邘欽
鄭僑吳札結隣賢氣誼相知近廿年鐵嶺初逢顏
正壯金臺重見鬢俱顚觀空忘過庚申劫御老看
成甲子編喜繼鶴翁徵壽集九州霞錦並留傳

內籐虎次郎仁兄有道六十介壽

愚弟先補趙爾巽拜祝 丙寅八十有三

趙爾巽　賀內藤仁兄六十壽辰二首

〔一〕

毓秀扶桑日照深，東方耆德舊儒林。
書摹懷素工狂草，詩學香山發醉吟。
唐古忒文明秘篆，烏斯藏教識元音。
共敦君子多聞雅，籍甚瀛邦衆所欽。

〔二〕

鄭僑吳札結鄰賢，氣誼相知近廿年。
鐵嶺初逢顏正壯，金臺重見鬢俱顚。
觀空忘過庚申劫，却老看成甲子編。
喜繼鶴翁徵壽集，九州霞錦并留傳。

內藤虎次郎仁兄有道六十介壽，愚弟旡補趙爾巽拜祝。丙寅八十有三（鈐印：趙爾巽印、旡補老人八十以後所作）

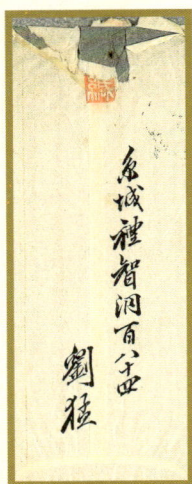

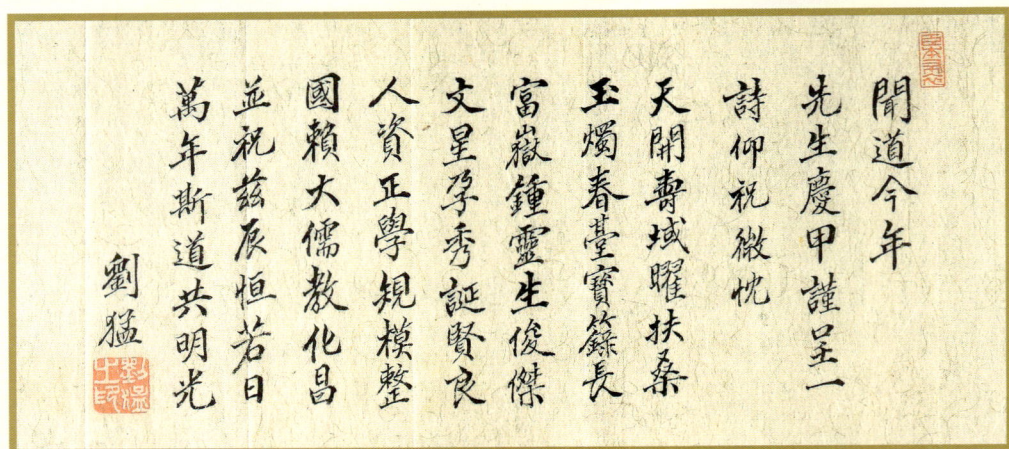

劉猛　賀內藤先生慶甲

聞道今年先生慶甲，謹呈一詩，仰祝微忱

天開壽域曜扶桑，玉燭春臺寶籙長。

富岳鍾靈生俊杰，文星孕秀誕賢良。

人資正學規模整，國賴大儒教化昌。

并祝茲辰恒若日，萬年斯道共明光。

劉猛（鈐印：臣本布衣、劉猛之印）

按：劉猛，生平不詳。右上有印章"臣本布衣"，從信封"京
城禮智洞百八十四"看，似是發自朝鮮的書信。

樂群社組詩

自余卜築恭仁數歲興農夫慮水旱興藏獲謀

菜麻離羣索居日已久矣雖有來訪者亦鮮

以藝業相磨屬問學之道益就荒落康午春仲

兩山翁與君山如舟二博士見訪談論經史議評

金石書畫自朝及暮塵談不饜各賦五言四韻詩

數首以述其懷相與懽然有遺世之思因相約春

秋佳日載酒携肴訪幽探奇流連光景廣茲勝

會庶不負斯生美名之曰樂羣之社鳴呼使余枯

瘁餘生油然有死灰復然之懷者非以斯樂歟

內藤虎

任意藩籬氣韻天成不必拘駢文之形能得駢文

之神讀之莫禁欽佩
互喜妄評多罪

寥寥短篇煙波無際非老斲輪手焉能臻此
甲拜讀

語簡意遠逸興橫生蘭亭桃園不能獨擅長于古

今也

琢採讀

廣上加一字剛
莊字何如

內藤虎　樂群社詩草引

　　自余卜築恭仁數歲，與農夫慮（憂）水旱，與臧獲謀桑麻，離群索居，日已久矣。雖有來訪（"訪"作"過"如何）者，亦鮮以藝業相磨厲，問學之道，益就荒落。庚午春仲，雨山翁與君山、如舟二博士見訪，談（尚）論經史，譏評金石書畫，自朝及昏（夕），塵談不罄。各賦五言四韵詩數首，以述其懷。相與（削"相與"二字何如）歡然，有遺世之思。因相約春秋佳日，載酒携肴，訪幽探奇，流連光景，賡茲勝會（"賡"上加"以"字削"茲"字何如），庶不負斯生矣。名之曰樂群之社。嗚呼，使余枯寂餘生，油然有死灰復然之懷者（削"者"字何如），非以斯樂歟？

內藤虎

　　任意落紙，氣韵天成，不必拘駢文之形，能得駢文之神，讀之莫禁感佩。直喜妄評多罪。

　　寥寥短篇，烟波無際，非老斫輪手，烏能臻此。甲拜讀。

　　語簡意遠，逸興橫生。蘭亭桃園，不能獨擅長於古今也。琢拜讀。

　　按：這是內藤記庚午（1930年）春結樂群詩社緣起之文，這裏將它與樂群社歷次歌咏酬唱之作，合爲一編，便於讀者參閱。

炷香仍掃室倒屣逐高人
経術孔沖遠来友仁
羣禽鳴永晝百卉值陽
春觀物董譚瓢胸中血
一塵
虎錄近製

墨花改風懷　虎

炷香仍掃室倒屣逐高人経術孔沖遠
墨花来友仁羣禽鳴永晝百卉值陽春
觀物董譚瓢胸中至一塵
聊糵索居感遠采有故人川原連諾樂
烟靄罩恭仁寺近鐘聲響宮墟草色春
唧盃且緩坐前詠老紅塵
虎甫艸
居新寛而有斯語不容別人妄徹
喜妄言甲无左祖
琢拜讀

逆作
逆何
如甲
墨花
之花
孤平
似宜
酌乎

近作古響作静七句改作呉須帰去卒何如

大正

氣厚力健深入杲無淺語矣　甲弄讀

品格孤高塵氛不染　直喜妄評

東方文化學院京都研究所

內藤虎　恭仁山莊二首

〔一〕

炷香仍掃室，倒屐逆高人。

經術孔沖遠，墨花米友仁。

群禽鳴永晝，百卉值陽春。

觀物兼譚藝，胸中無一塵。

〔二〕

聊釋索居憾，敲門有故人。

川原連諸樂，烟靄罩恭仁。

寺近鐘聲響（風軟雲行慢），宮墟草色春。

銜杯且緩坐，前路盡紅塵。

大正　虎甫草

"墨花"改"風懷"。虎

"逆"作"迕"何如？甲

"墨花"之"花"孤平，似宜酌。甲

"近"作"古"，"響"作"静"，七句改作"莫須歸去早"，何如？喜妄言，甲亦左袒。

氣厚力健，深人果無淺語矣。甲拜讀。

品格孤高，塵氛不染。直喜妄評。

居斯境而有斯語，不容別人妄仿。琢拜讀。

按：第一首，逆，《全集》作"迕"；墨花，《全集》作"風懷"。第二首，近，《全集》作"古"；響，《全集》作"遠"。可見上面詩友間的修改意見，被部分吸取了。上頁左圖為第一首之定稿，落款署"虎錄近製"（鈐印：藤虎私印、炳卿）。

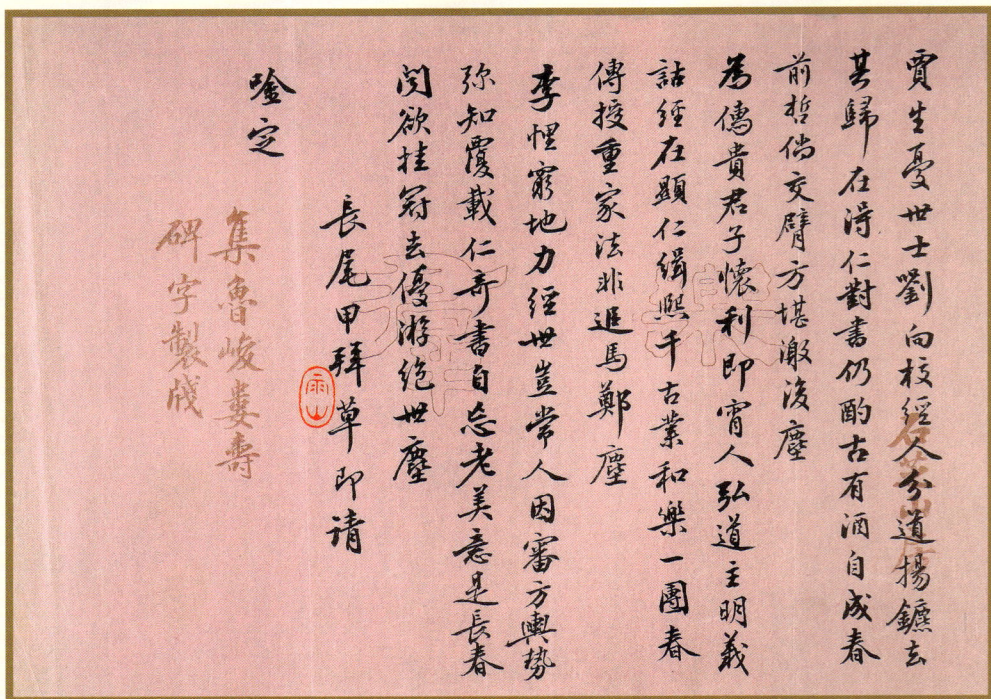

長尾甲　恭仁山莊三首

〔一〕

賈生憂世士，劉向校經人。分道揚鑣去，其歸在得仁。

對書仍酌古，有酒自成春。前哲倘交臂，方堪激後塵。

〔二〕

爲儒貴君子，懷利即宵人。弘道主明義，詁經在顯仁。

緝熙千古業，和樂一團春。傳授重家法，非追馬鄭塵。

〔三〕

李悝窮地力，經世豈常人。因審方興勢，彌知覆載仁。

奇書自忘老，美意是長春。聞欲挂冠去，優游絕世塵。

長尾甲　拜草即請吟定（鈐印：雨山）

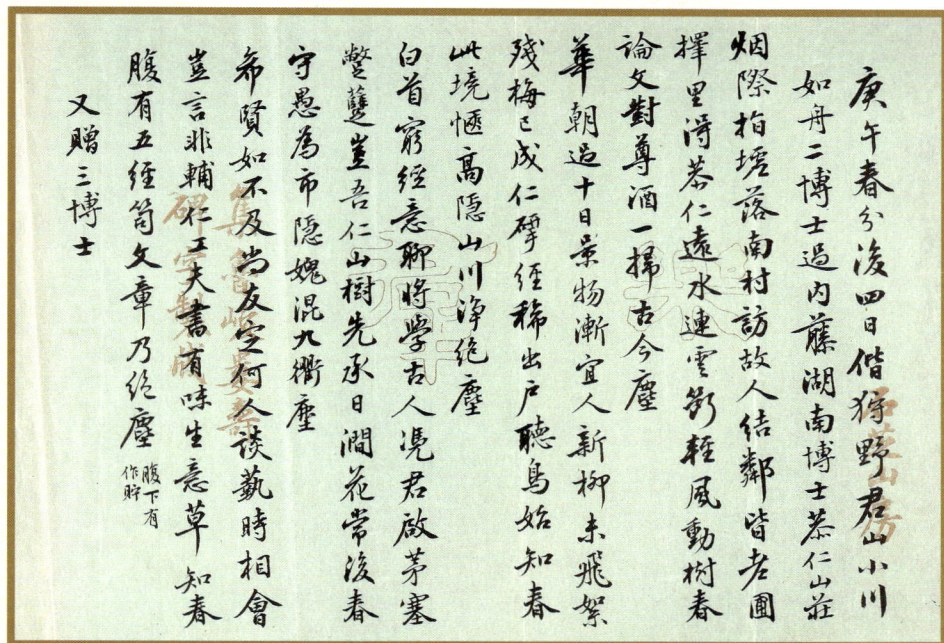

長尾甲　　過恭仁山莊四首

庚午春分後四日，偕狩野君山、小川如舟二博士，過內藤湖南博
士恭仁山莊

〔一〕

烟際指墟落，南村訪故人。結鄰皆老圃，擇里得恭仁。

遠水連雲影，輕風動樹春。論文對尊酒，一掃古今塵。

〔二〕

華朝過十日，景物漸宜人。新柳未飛絮，殘梅已成仁。

研經稀出戶，聽鳥始知春。此境愜高隱，山川淨絕塵。

〔三〕

白首窮經意，聊將學古人。憑君啓茅塞，蠁蕫豈吾仁。

山樹先承日，澗花常後春。守愚爲市隱，愧混九衢塵。

〔四〕

希賢如不及，尚友定何人。談藝時相會，豈言非輔仁。

工夫書有味，生意草知春。腹有五經笥，文章乃絕塵。

腹下"有"作"貯"。

又贈三博士

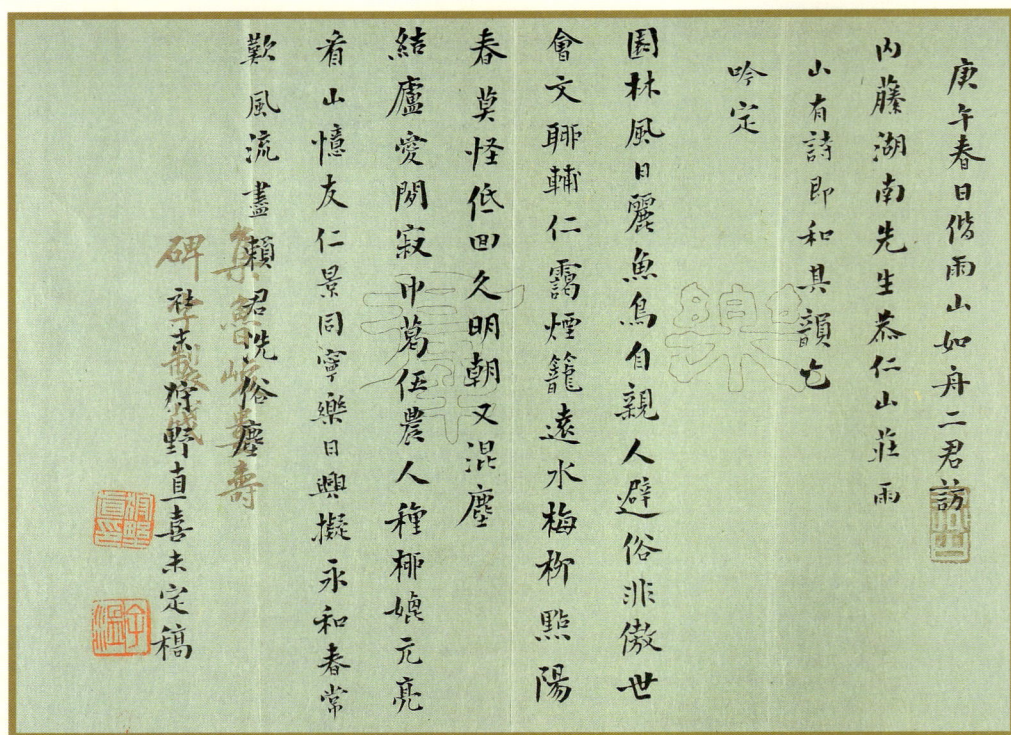

狩野直喜　恭仁山莊二首

　　庚午春日，偕雨山、如舟二君訪內藤湖南先生恭仁山莊。雨山有詩，即和其韵。乞吟定

〔一〕

園林風日麗，魚鳥自親人。

避俗非傲世，會文聊輔仁。

靄烟籠遠水，梅柳點陽春。

莫怪低回久，明朝又混塵。

〔二〕

結廬愛閑寂，巾葛伍農人。

種柳媲元亮，看山憶友仁。

景同寧樂日，興擬永和春。

常嘆風流盡，賴君洗俗塵。

　　　　　　社末狩野直喜未定稿（鈐印：狩野直印、子溫）

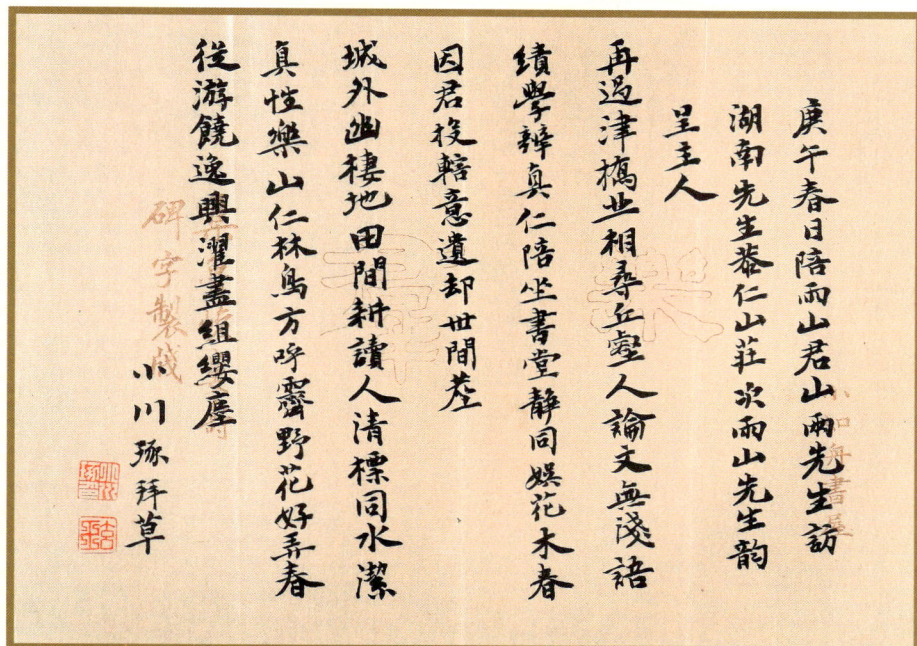

小川琢治　恭仁山莊二首

庚午春日，陪雨山、君山兩先生訪湖南先生恭仁山莊，次雨山先生韻呈主人

〔一〕

再過津橋業，相尋丘壑人。論文無淺語，績學辨真仁。
陪坐書堂靜，同娛花木春。因君投轄意，遺却世間塵。

〔二〕

城外幽栖地，田間耕讀人。清標同水潔，真性樂山仁。
林鳥方呼霽，野花好弄春。從游饒逸興，濯盡組纓塵。

小川琢拜草（鈐印：小川琢印、玄玉）

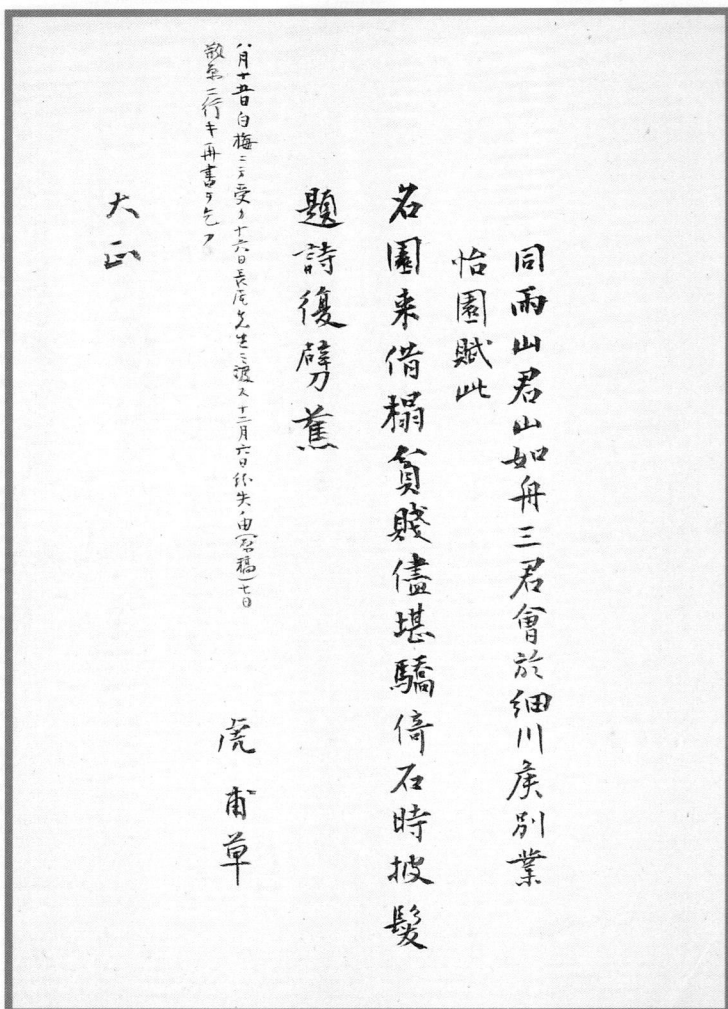

内藤虎　怡園雅集

同雨山、君山、如舟三君會於細川侯別業怡園，賦此

名園來借榻，貧賤盡堪驕。

倚石時披髮，題詩復劈蕉。

大正　虎甫草

八月十五日受於白梅，十六日交於長尾先生。十二月六日因原稿丟失，七日往瓶原，乞再書。

按：《全集》詩題前有"庚午六月二日"，1930年夏也。詩末小注原爲日文。

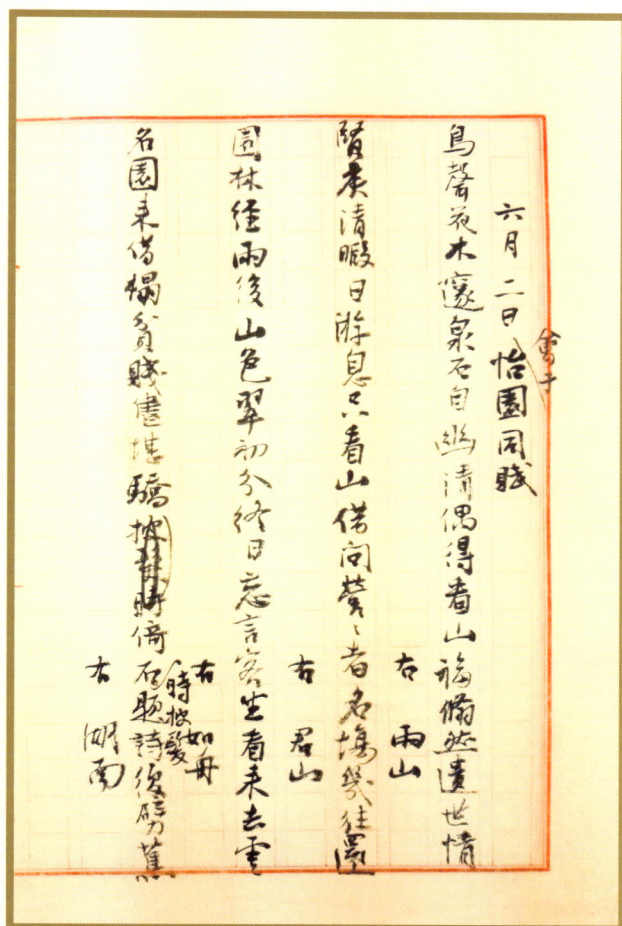

內藤湖南等四人　六月二日
會於怡園同賦四首

鳥聲花木邃，泉石自幽清。偶得看山福，翛然遺世情。

（右　　雨山）

賢侯清暇日，游息只看山。借問營營者，名場幾往還。

（右　　君山）

園林經雨後，山色翠初分。終日忘言客，坐看來去雲。

（右　　如舟）

名園來借榻，貧賤儘堪驕。倚石時披髮，題詩復劈蕉。

（右　　湖南）

寺作壓感宅
人作僊何妙

篇作章何如

庚午晚秋樂羣社友會於一乘寺邨之詩仙堂時

民國白山夫堅以事在洛二修簡柁之向中遠客

即指山夫

寒雲寒廓雁呼羣盃泛黃花酒正釀古寺有人護遺

像空山無鹿到孤墳夫山側在堂側相傳文山在時

自製竹簡置於澗中使隨水盈虛觸石發聲謦麈麈器

不敢近今器尚在而無復謦麈之迹矣復疆疆三

諫簡留得千秋紫氣節傳來百代文勝會偏欣邀遠

客竹林楓葉對斜曛

教正

含華佩實妙造自然　弟甲拜讀

狩野直喜嘉伏乞

榮錄堂

狩野直喜　詩仙堂二首

庚午晚秋，樂群社友會於一乘寺邨之詩仙堂。時民國白山夫堅以事在洛，亦修簡招之。句中遠客即指山夫

〔一〕

寒雲寥廓雁呼群，杯泛黃花酒正醺。

古寺有人護遺像，空山無鹿到孤墳。

（"寺"作"墅"或"宅"，"人"作"僧"何如）

丈山在堂側。相傳丈山在時，山多麋鹿來食園葵。丈山憂之，自製竹筒置於澗中，使隨水盈虛觸石發聲，麋鹿畏不敢近。今器尚存，而無復麋鹿之迹矣。

〔二〕

詩篇留得千秋業，氣節傳來百代文。

（"篇"作"章"何如）

勝會偏欣邀遠客，半林楓葉對斜曛。

狩野直喜伏乞教正

含華佩實，妙造自然。弟甲拜讀

按：白山夫，即白堅（1883—？），字山夫，亦稱堅夫，山甫。四川西充人，早年留學日本，好金石書畫收藏。丈山，石川丈山（1583—1672），江戶時代儒學者，兼通書法、茶道、庭園設計。

庚午十一月念七

樂聲社同人會於詩仙臺

君山博士詩先成即次其韻

麾雪迷漫

有偽林邱共樂聲

酒微硯角頭阿堵他邦策也

骨寧驚剩隙壤城市牛鳴

市裏乏山房丽却論文

夜去時夢少年少為畫槃

樓明夕曛

內藤虎　樂群社同人會於詩仙堂

庚午十一月念七，樂群社同人會於詩仙堂。君山博士詩先成，即次其韻

有約林邱共樂群，摩挲遺物酒微醺。

虎頭阿堵傳神采，仙骨寧馨剩隴墳。

城市牛鳴常裹足，山房朋到細論文。

夜長時夢少年事，爲畫堞樓明夕曛。

按：此詩《內藤湖南全集》不載，見於內藤文庫之"內藤原稿 L21**7*12−7"盒之 450 號內，此號內收集了樂群社四人三次雅集的唱和詩原稿及謄清版，其中屬於內藤的詩，唯此首未入《全集》。但爲內藤漢詩無疑。杉村先生在其《題四翁樂群圖》一文中，對此亦有提及，并且將自己拍攝到的另一版本的此詩墨迹照片，複印在他的文章上。在那份杉村版詩稿墨迹上，開頭有"青山清代筆"字樣，字迹也確實不像內藤書法，可知湖南的詩作是由青山氏代爲謄寫的。青山清，號浣葦，京都書法家，曾受業於晚年湖南，負責筆録其口述的詩文稿件等。另"庚午十一月念七"，杉村版寫作"庚午十一月廿七"，詩尾多，"虎甫草　大正"五字。

庚午小雪後四日與樂羣社同人吟集詩仙堂

君山博士詩先成卽和原韻

敬業餘閒宜樂羣　趁期勝境暨酣醻　千秋韻事歸

儒雅萬里賓朋話典墳（是日蜀人白山夫偶未會）霜葉飜風霞散

綺山花落澗水成文高人高躅太蕭瑟寒木一村烟

半壎

又用前韻懷石川丈山

斫陣麾軍夐不羣浩然高蹈樂徵醺單生歊詠

芧三屋絕世英雄土一墳秋竹擁門含石氣寒雲

黏砌帶苔文人琴寂寞風流歊手篆孤僧立夕曛

誨定

昭和五年十二月十六日研究所二便ニ以戸拷來廿七日朝將壽先生三屆ヶ夕

千夏

長尾甲拜州卽請

長尾甲　詩仙堂二首

庚午小雪後四日，與樂群社同人吟集詩仙堂，君山博士詩先成，即和原韵

敬業餘閑宜樂群，趁期勝境暫酣醺。
千秋韵事歸儒雅，萬里賓朋話典墳。（是日蜀人白山夫偶來會）
霜葉翻風霞散綺，山花落澗水成文。
高人高躅太蕭瑟，寒木一村烟半曛。

又用前韵懷石川丈山

斫陣麾軍勇不群，浩然高蹈樂微醺。
畢生嘯咏茅三屋，絕世英雄土一墳。
秋竹擁門含石氣，寒雲黏砌帶苔文。
人琴寂寞風流歇，手帚孤僧立夕曛。

長尾甲拜草，即請誨定

昭和五年十二月十六日派其子送至研究所，十七日晨送呈狩野先生。

十一月二十七日詩儷堂
陪内藤湖南狩野君
山長尾雨山小川如舟
諸先生飲君山有詩依
韻奉和并東松浦學士

白堅

西洛四君誰可群　詩仙
堂上共微醺青山有地
容幽迹紅葉無聲下古
墳山高士墓時向瓶原尋
異宇内藤博士居瓶原邨藏書甚
富中土所無之籍往　而有
還過學院叩奇文博士狩野
開東方文化學院
有泮宮璧水之規
盟約許我分邱着夕願同鴨水為
矖

白堅　詩仙堂依君山先生詩韵

十一月二十七日詩仙堂陪内藤湖南、狩野君山、長尾雨山、小川如舟諸先生飲。君山有詩，依韵奉和，并柬松浦學士

白堅

西洛四君誰可群，

詩仙堂上共微醺。

青山有地容幽迹，

紅葉無聲下古墳。

（堂側有丈山高士墓）

時向瓶原尋异字，

（内藤博士居瓶原村，藏書甚富，中土所無之籍，往往而有）

還過學院叩奇文。

（狩野博士開東方文化學院，有泮宫璧水之規）

願同鴨水爲盟約，

許我分邱看夕曛。

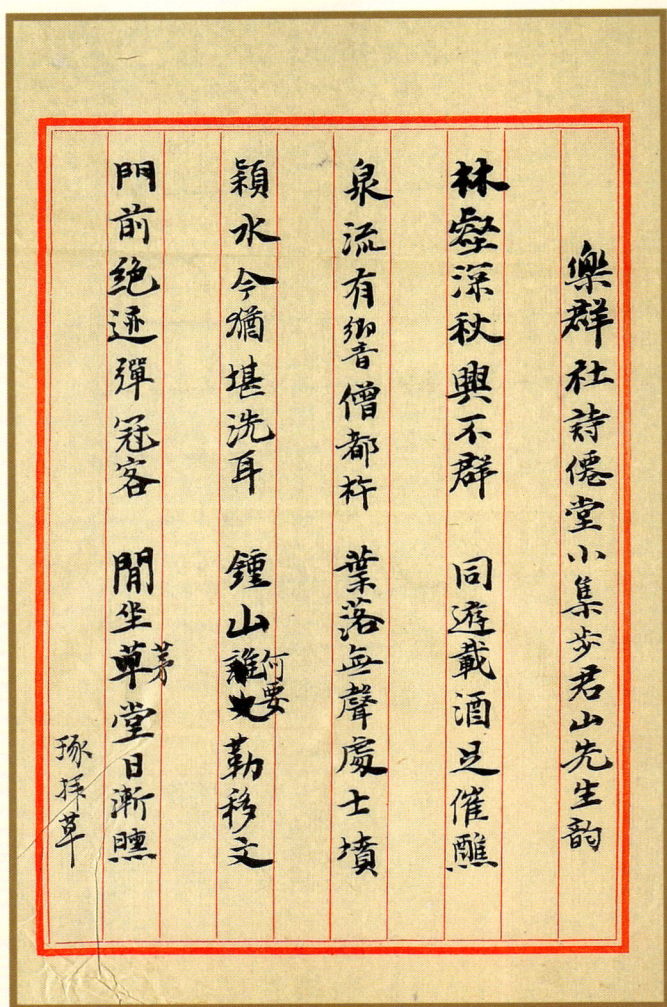

小川琢治　詩仙堂

樂群社詩仙堂小集，步君山先生韵

林壑深秋興不群，同游載酒足催釅。

泉流有響僧都杵，葉落無聲處士墳。

潁〔潁〕水今猶堪洗耳，鍾山何要勒移文。

門前絕迹彈冠客，閑坐茅堂日漸曛。

琢　拜草

按：手迹上"潁"字，應爲"潁"。

日本學者贈詩

薰風吹面蜀節輕，綠水青郊次第行。
歧路麥齊逢吠犬，幽林竹暗尚聞鶯。
邱園負嶂嗟何异，卷軸滿堂尤自驚。
商榷西東今古外，山川指點問王京。
夏日訪恭仁山莊，呈炳卿先生。豹軒

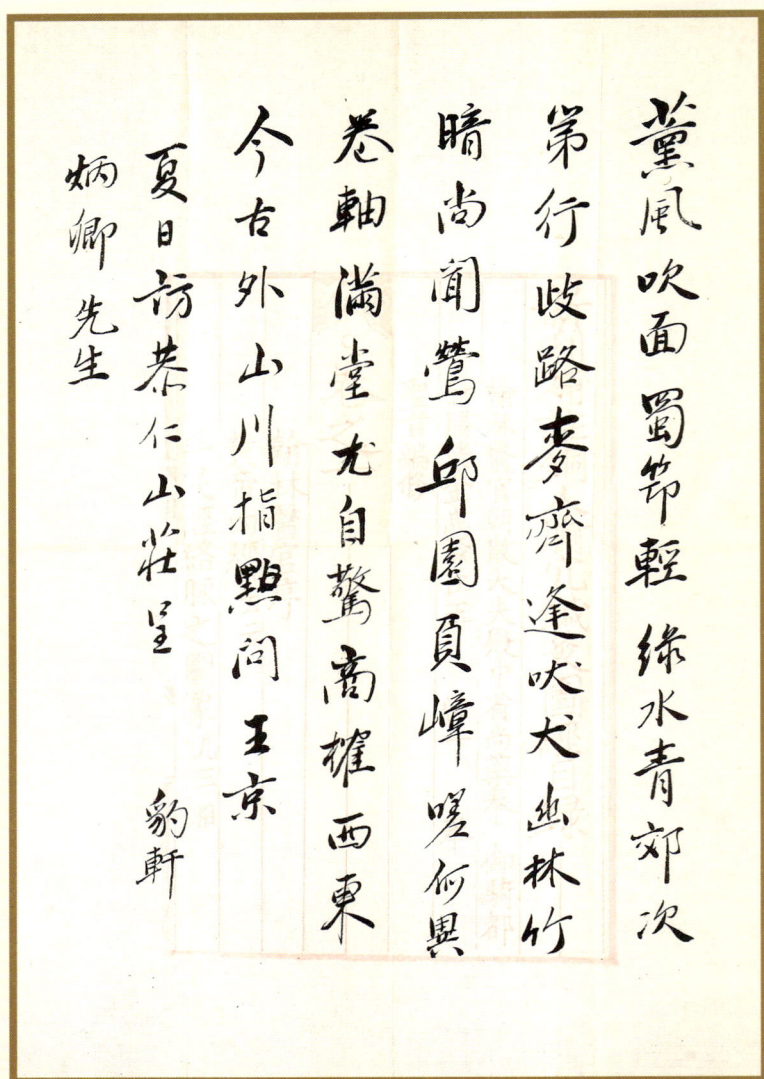

鈴木虎雄　夏日訪恭仁山莊

薰風吹面蜀節輕，綠水青郊次第行。
歧路麥齊逢吠犬，幽林竹暗尚聞鶯。
邱園負嶂嗟何异，卷軸滿堂尤自驚。
商榷西東今古外，山川指點問王京。
夏日訪恭仁山莊，呈炳卿先生。豹軒

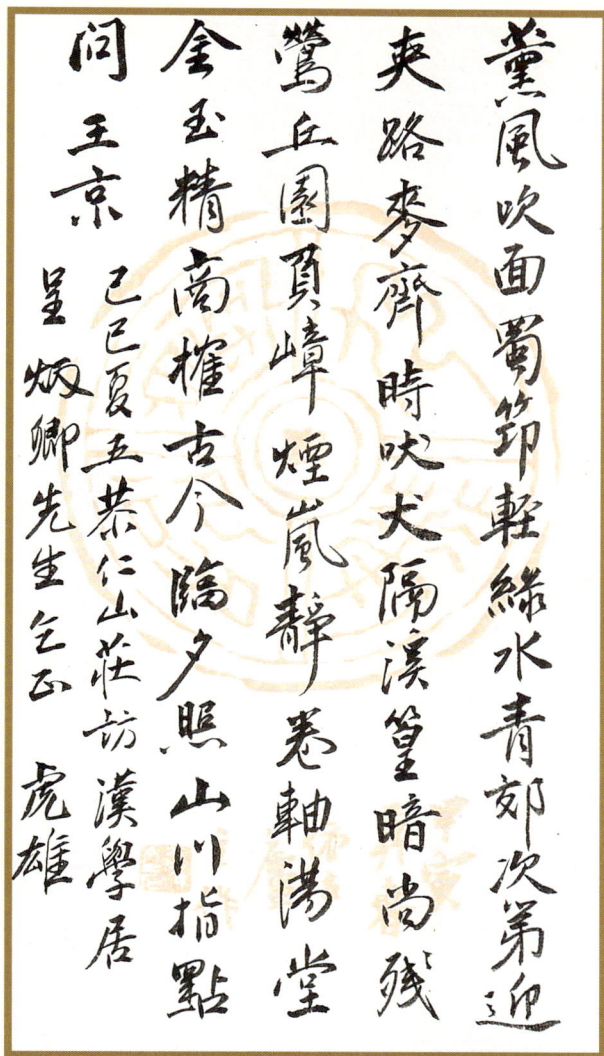

鈴木虎雄　恭仁山莊訪漢學居

薰風吹面蜀節輕，緑水青郊次第迎。

夾路麥齊時吠犬，隔溪篁暗尚殘鶯。

丘園負嶂烟嵐静，卷軸滿堂金玉精。

商榷古今臨夕照，山川指點問王京。

己巳夏五，恭仁山莊訪漢學居，呈炳卿先生乞正。虎雄

按：己巳，1929 年。此詩爲上一首改寫。

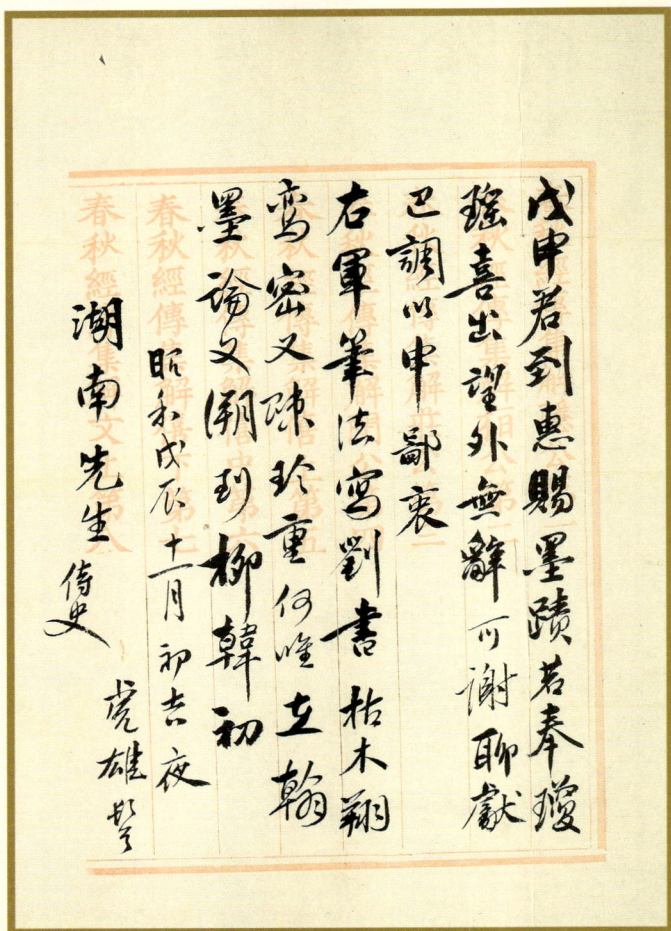

鈴木虎雄　謝惠賜墨迹

戊申君到，惠賜墨迹，若奉瓊瑶，喜出望外。無辭
可謝，聊獻巴調，以申鄙衷

右軍筆法寫劉書，

枯木翔鸞密又疏。

珍重何唯在翰墨，

論文溯到柳韓初。

昭和戊辰十一月初吉夜，湖南先生侍史　虎雄頓首

按： 昭和戊辰，1928 年。

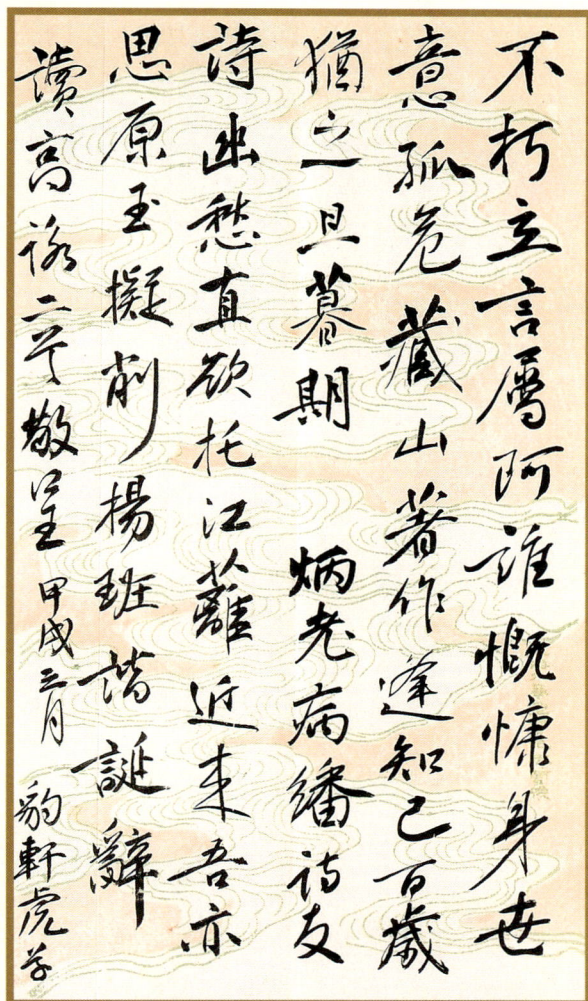

鈴木虎雄　讀高諭二首

〔一〕

不朽立言屬阿誰？慨慷身世意孤危。

藏山著作逢知己，百歲猶之旦暮期。

〔二〕

炳老病翻諸友詩，幽愁直欲托江蘺。

近來吾亦思原玉，擬削揚班諧誕辭。

讀高諭二首，敬呈。甲戌三月　豹軒虎草

按：甲戌，1934 年。

湖南教授之歐洲次豹軒博士原韻
爲送即求正之
扶搖九萬鵬雲遠度滄溟搜
異聞浪撼星辰傾地勢日翻畫
夜變天文采風應怵性情別審
樂方知政俗分近有西儒志東學

宣揚我道藉夫君
丘索典墳多似雲於今逸籍尚堪
聞士夫常誦經天義學子爭傳
戴道文禮樂已敷三德立羲倫攸
欽九疇分禹邦今日絶名教何策回
瀾欲問君

戈艦凌波破海雲侵邦耀武昔曾
聞狼貪漸餤方知禮蠹利爭營六
重文不見疆中日星没半將天下
地興分道山諸夏蔑周孔夷狄莶
游龍流水客如雲美酒蒲桃清唱
如猶有君

聞俗重自由趨華靡學傳民約失
浮文古城殘月帝功絶破疆新烟
戰迹分衰盛應徒史家斷歸煉觀
感欲詢君
長尾甲具稿

長尾甲　湖南教授之歐洲四首

〔一〕

扶搖九萬駕鵬雲，遠度滄溟搜异聞。

浪撼星辰傾地勢，日翻晝夜變天文。

采風應怪性情別，審樂方知政俗分。

近有西儒志東學，宣揚我道藉夫君。

〔二〕

丘索典墳多似雲，於今逸籍尚堪聞。

士夫常講經天義，學子爭傳載道文。

禮樂已敷三德立，彝倫攸叙九疇分。

禹邦今日絕名教，何策回瀾欲問君。

〔三〕

巋艦凌波破海雲，侵邦耀武昔曾聞。

狼貪漸飽方知禮，蜂利爭營亦重文。

不見疆中日星没，半將天下地輿分。

道亡諸夏蔑周孔，夷狄豈如猶有君。

〔四〕

游龍流水客如雲，美酒蒲桃清唱聞。

俗重自由趁華靡，學傳民約失浮文。

古城殘月帝功絕，破壘新烟戰迹分。

衰盛應從史家斷，歸來觀感欲詢君。

長尾甲具稿（鈐印：長尾甲印）

送炳卿之歐洲次豹軒原韻

扶搖九萬駕鵬雲遠度滄溟搜異聞浪撼星辰傾地勢日
殊晝夜變天文采風應怪性情別審樂方知政俗今近有
西儒志東學宣揚我道仗夫君

紅索典墳多似雲扵今逸籍尚堪聞士夫常講經天義學
子爭傳載道文禮樂曾敦三德立彝倫攸叙九疇公禹邦
今日絕名教何莱回瀾欲問君

九流百子亂如雲劉向傳經尚諛聞竟把羣言作芻狗飜

雨山草堂

從異域索華文即扵忠孝不曾講更與禽蟲何以分名教
長嗟將掃地彼我無父復無君

壯士樓舩破海雲曰南經略所曾聞能將隻手平人國便
欲吳鄉弘我文遠巓虎吼殘月落空江鱷躍晚潮多回顧
應弔田長政傳贊英雄徒待君

椰樹枕椰接碧雲耆闍何處問聲聞寶城欲禮金仙像香
象猶馱貝葉法性土今腥穢巇華嚴界蔫佛蔫誰修
無漏牟尼葉憐見國人懷舊君

長尾甲　送炳卿之歐洲
次豹軒原韻十首（上）

〔一〕

扶搖九萬駕鵬雲，遠度滄溟搜异聞。
浪撼星辰傾地勢，日殊晝夜變天文。
采風應怪性情別，審樂方知政俗分。
近有西儒志東學，宣揚我道仗夫君。

〔二〕

丘索典墳多似雲，於今逸籍尚堪聞。
士夫常講經天義，學子爭傳載道文。
禮樂曾敷三德立，彝倫攸叙九疇分。
禹邦今日絶名教，何策回瀾欲問君。

〔三〕

九流百子亂如雲，劉向傳經尚諛聞。
竟把群言作芻狗，翻從异域索華文。
即於忠孝不曾講，更與禽蟲何以分。
名教長嗟將掃地，彼哉無父復無君。

〔四〕

壯士樓船破海雲，日南經略所曾聞。
能將隻手平人國，便欲异鄉弘我文。
遠嶺虎咆殘月落，空江鰐躍晚潮分。
回頭應吊田長政，傳贊英雄秖待君。

〔五〕

椰樹桄榔接碧雲，耆闍何處問聲聞。
寶城欲禮金仙像，香象猶馱貝葉文。
法性土今腥穢礦，華嚴界爲佛妖分。
誰修無漏牟尼業，憐見國人懷舊君。

絕漠日沉駝吼雲，大秦故國史中聞。三稜高塔訪前事，萬里平沙探佚文。地老天荒王迹熄，星移物換世情分。遙望黑海顧紅海，瘴霧蠻烟愁煞君。

游龍流水客如雲，美酒蒲桃清唱聞。俗貴自由趁華廛學，傳民約失浮文。古城殘月帝功絕，破疆新烟戰迹分興敗。應從史家斷歸來，觀感欲詢君。

流沙舊聞屬荒雲博。玉聲名世妬聞我，尚可憐況彼于西儒。何怩訪東文，千秋典籍千秋貴，百代英華百代分傳道。

重收四庫佚歸舟，楯載魁望君。戎艦凌波破蠻雲，侵邦拓土昔傳聞。狼貪漸飫方知禮讓。利相營亦重文不見，疆中日光沒半，將天下地輿分道亡。諸夏茂周孔，夷狄何如尚有君。

霸圖初就氣凌雲，鐵血成風瞥耳聞。本上首功秦國計主。興民利禹謨，文士非不猛兵終敗陳。所為讐地被分謙讓。未修堯舜德通逃，無復憶前君。

大政

長尾甲拜草

雨山草堂

長尾甲　送炳卿之歐洲

次豹軒原韻十首（下）

〔六〕

絕漠日沉駝吼雲，大秦故國史中聞。
三棱高塔訪前事，萬里平沙探佚文。
地老天荒王迹熄，星移物換世情分。
遙望黑海顧紅海，瘴霧蠻烟愁煞君。

〔七〕

游龍流水客如雲，美酒蒲桃清唱聞。

俗貴自由趁華靡，學傳民約失浮文。

古城殘月帝功絶，破壘新烟戰迹分。

興敗應從史家斷，歸來觀感欲詢君。

〔八〕

流沙舊簡劚荒雲，博士聲名世妬聞。

我尚可憐況彼子，西儒何怪訪東文。

千秋典籍千秋貴，百代英華百代分。

傳道重收四庫佚，歸舟梱〔梱〕載翹望君。

〔九〕

舼艦凌波破蜃雲，侵邦拓土昔傳聞。

狼貪漸飫方知禮，蜂利相營亦重文。

不見疆中日光没，半將天下地輿分。

道亡諸夏蔑周孔，夷狄何如尚有君。

〔十〕

霸圖初就氣凌雲，鐵血威風聳耳聞。

本上首功秦國計，主興民利禹謨文。

士非不猛兵終敗，鄰所爲讐地被分。

謙讓未修堯舜德，遁逃無復憶前君。

大政　長尾甲拜草

按：第八首末句"歸舟梱載翹望君"中"梱"，當爲"梱"

之誤。梱同捆，捆束。捆載，捆束起來裝運。

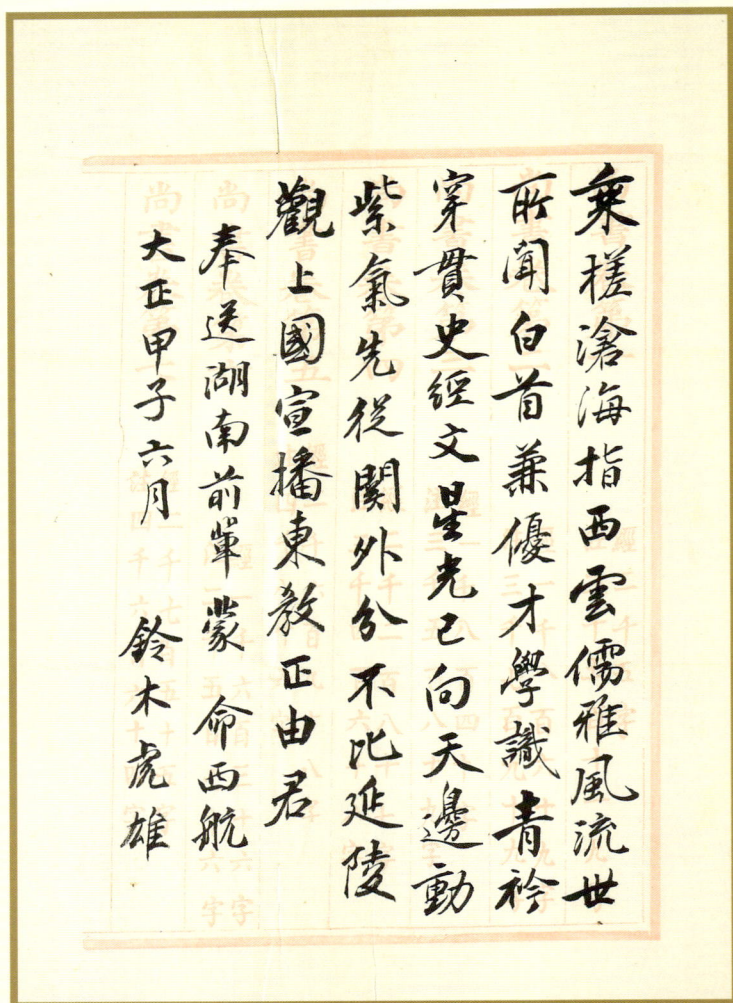

鈴木虎雄　奉送湖南前輩蒙命西航

乘槎滄海指西雲，儒雅風流世所聞。

白首兼優才學識，青衿穿貫史經文。

星光已向天邊動，紫氣先從關外分。

不比延陵觀上國，宣播東教正由君。

奉送湖南前輩蒙命西航。大正甲子六月　鈴木虎雄

按：大正甲子，1924 年。

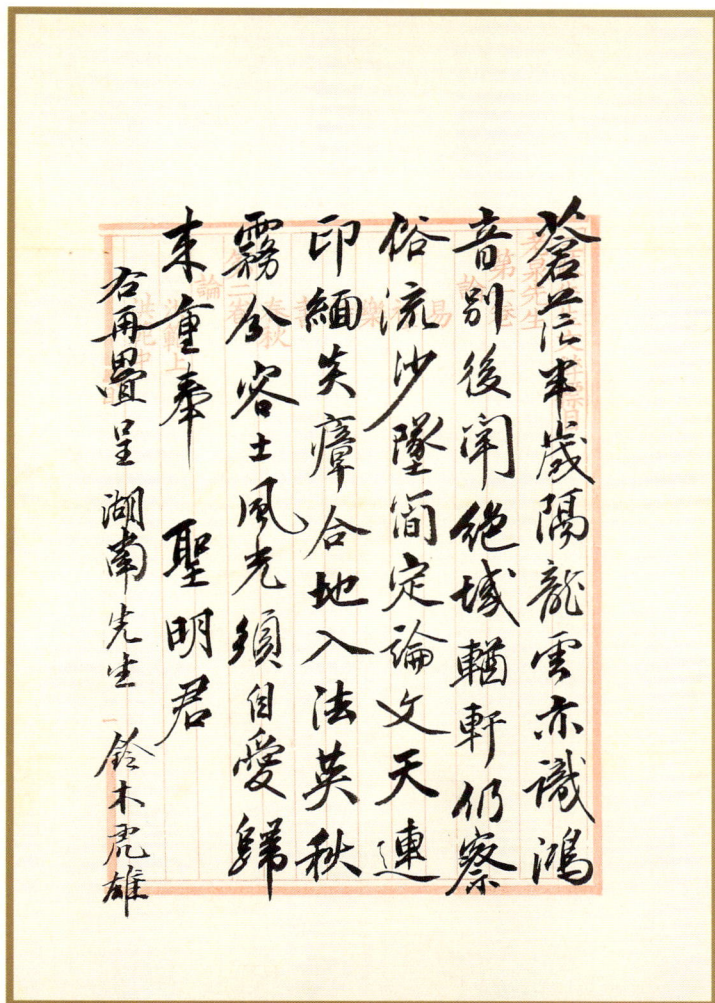

鈴木虎雄　奉送湖南前輩蒙命西航

（又一首）

蒼茫半歲隔龍雲，亦識鴻音別後聞。

絕域輶軒仍察俗，流沙墜簡定論文。

天連印緬炎瘴合，地入法英秋霧分。

客土風光須自愛，歸來重奉聖明君。

右再疊呈湖南先生。鈴木虎雄

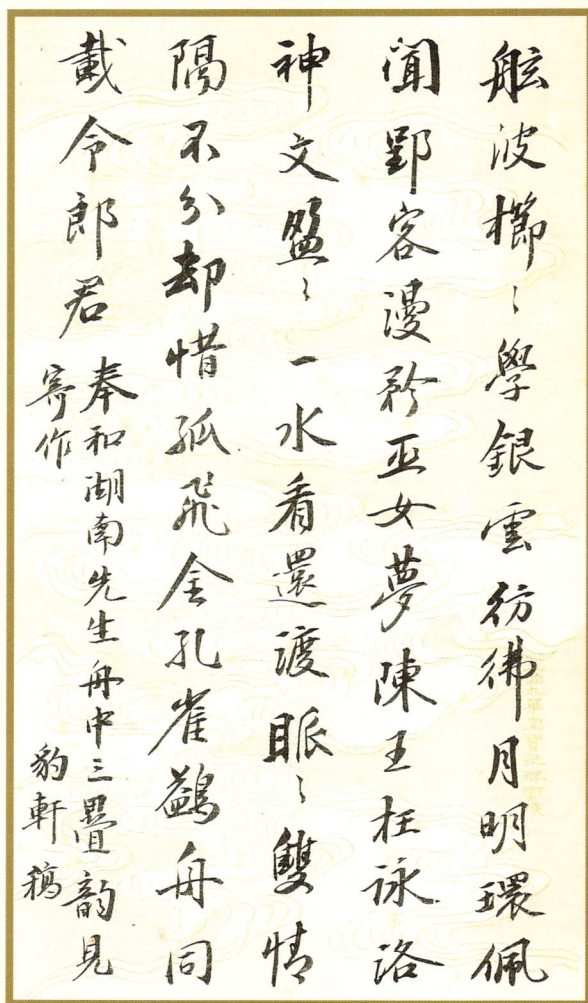

鈴木虎雄　　**奉和湖南先生舟中三叠韵見寄作**

舷波櫛櫛學銀雲，仿佛月明環佩聞。

鄂客漫矜巫女夢，陳王枉咏洛神文。

盈盈一水看還渡，眽眽雙情隔不分。

却惜孤飛金孔雀，鸕舟同載令郎君。

奉和湖南先生舟中三叠韵見寄作　豹軒稿

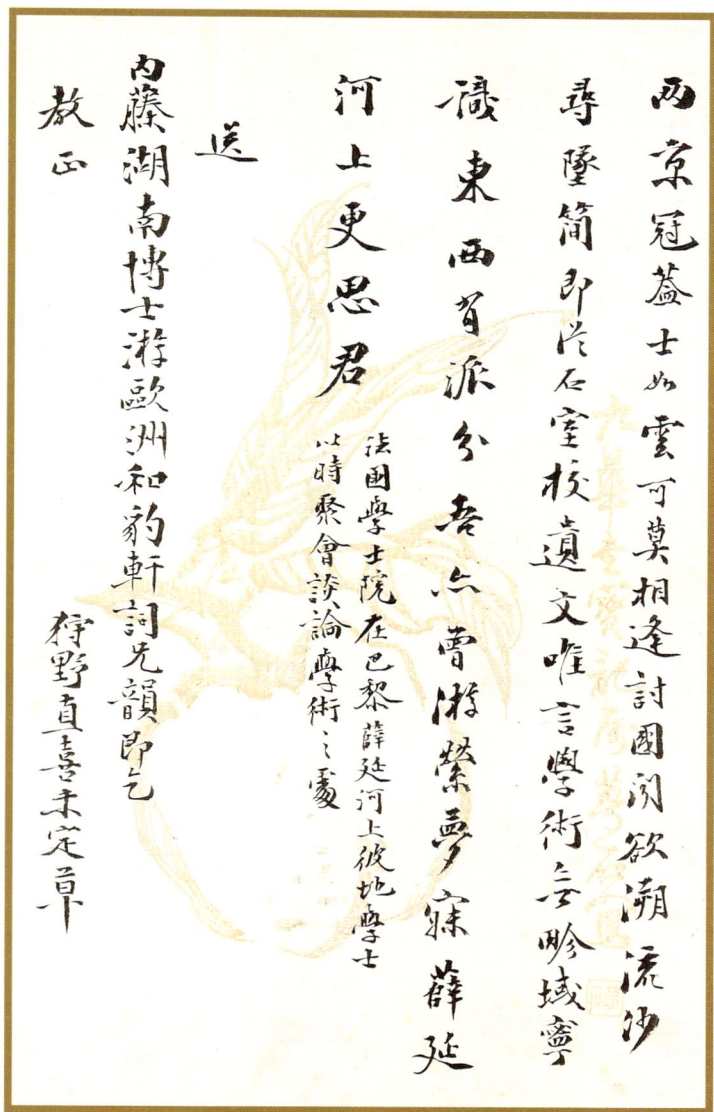

狩野直喜　送內藤湖南博士游歐洲

兩京冠蓋士如雲，可莫相逢討國聞。

欲溯流沙尋墜簡，即從石室校遺文。

唯言學術無畛域，寧識東西有派分。

吾亦曾游縈夢寐，薛延河上更思君。

法國學士院在巴黎薛延河上，彼地學士以時聚會，談論學術之處。

送內藤湖南博士游歐洲，和豹軒詞兄韵即乞教正。狩野直喜未定草

目送飛游入春雲罐數一曲登臨閣

人可未學山林窟容海外頌探金石文

北極星高烟水遠南溟風急不能帆

分奇書客寄須搜兩又称魯論

在鄰君再和豹軒先韻送

湖南博士巧兀教正

直嘉末定卅

狩野直喜　再和豹軒兄韵送湖南博士

目送飛鴻入暮雲，驪歌一曲豈堪聞。

人間未學山林客，海外欲探金石文。

北極星高烟水遠，南溟風急布帆分。

奇書萬卷須搜取，不獨魯論存鄭君。

再和豹軒兄韵送湖南博士，即乞教正。直喜未定草

按：驪歌，《君山詩草》作"離歌"。山林客，《君山詩草》作"山林士"。奇書萬卷須搜取，《君山詩草》作"奇書萬卷任君見"。

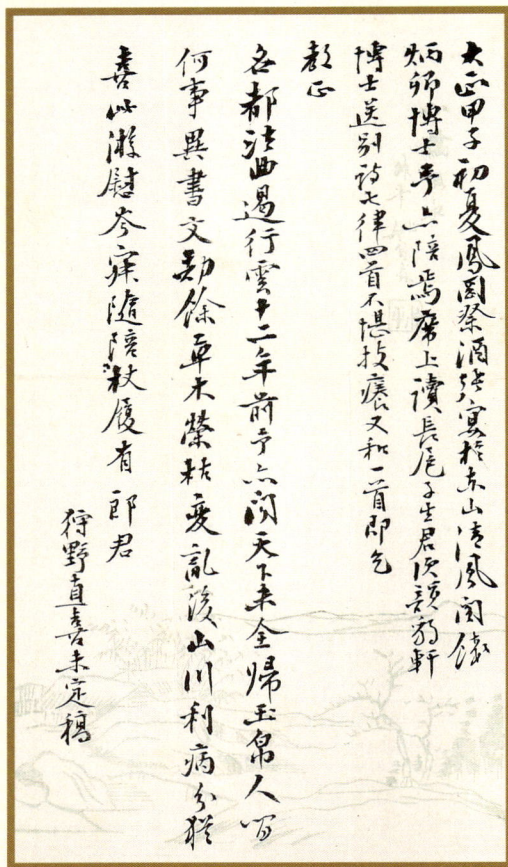

狩野直喜　東山清風閣餞炳卿博士

大正甲子初夏，鳳岡祭酒張宴於東山清風閣，餞炳卿博士，予亦陪焉。席上，讀長尾子生君次韻豹軒博士送別詩七律四首，不堪技癢，又和一首，即乞教正

名都法曲遏行雲，十二年前予亦聞。
天下未全歸玉帛，人間何事异書文。
劫餘草木榮枯變，亂後山川利病分。
猶喜此游慰岑寂，隨陪杖履有郎君。

狩野直喜未定稿

按：大正甲子，1924 年。

長尾甲　　賀湖南教授周甲二首

湖南教授周甲，次其自述詩韵以贈。時教授將告休，即希正之

〔一〕

討源學海百川深，儒雅風流重士林。

賈誼文章經國筆，杜陵詩史濟時吟。

世求利器軒轅佐，自動遐心金玉音。

久播聲名傳海外，新篇每出遠朋欽。

〔二〕

五經博士漢時賢，正是公孫徵辟年。

味至道腴兼眾妙，尊爲人瑞在華顛。

菟裘未可隱蘿薜，鄴架從來擁簡編。

撐拄乾坤凭學術，微言遺緒得無傳？

丙寅仲夏　長尾甲具藁（鈐印：長尾甲印、雨山）

按：丙寅，1926 年。

討源獨往百川深傳雅風流重
士林賈誼文章經國筆杜
陵詩史濟時吟世須道術軒
轅佐自動邀心金玉音久播馨
名傳海外新葊每出遠朋
欽
五經博士漢時賢壽過公孫
微辟年味至道腴魚眾妙
尊為人瑞在華顛蒗裘

莫習隱藏辟腹笥容霧擲
簡編撐挂乾坤仗傳術微言
遺緒要弘傳
湖南教授華甲閏教授卜築
南山將以告老次其自述詩
韻為贈即布
海定丙寅七月
弟長尾甲具稿

長尾甲　賀湖南教授卜築南山二首

〔一〕

討源獨往百川深，儒雅風流重士林。

賈誼文章經國筆，杜陵詩史濟時吟。

世須道術軒轅佐，自動遐心金玉音。

久播聲名傳海外，新篇每出遠朋欽。

〔二〕

五經博士漢時賢，壽過公孫徵辟年。

味至道腴兼衆妙，尊爲人瑞在華顛。

菟裘莫習隱蘿薜，腹笥容虛擲簡編。

撐拄乾坤仗儒術，微言遺緒要弘傳。

湖南教授華甲，聞教授卜築南山，將以告老，次其自述詩韵爲贈，即希誨定。丙寅七月，弟長尾甲具稿（鈐印：長尾甲印、雨山）

按：丙寅，1926 年。此二首爲上一題二首之改寫。

狩野直喜　問君何事擇山居

問君何事擇山居，官劇安能賦遂初。
考史兩京探漢簡，徵文三古到殷墟。
地幽罕見門前客，屋豁多藏塞外書。
最是相攸神廟近，寒泉老木對階除。

直喜再拜　大正

按：此詩附於狩野致內藤信函之末。

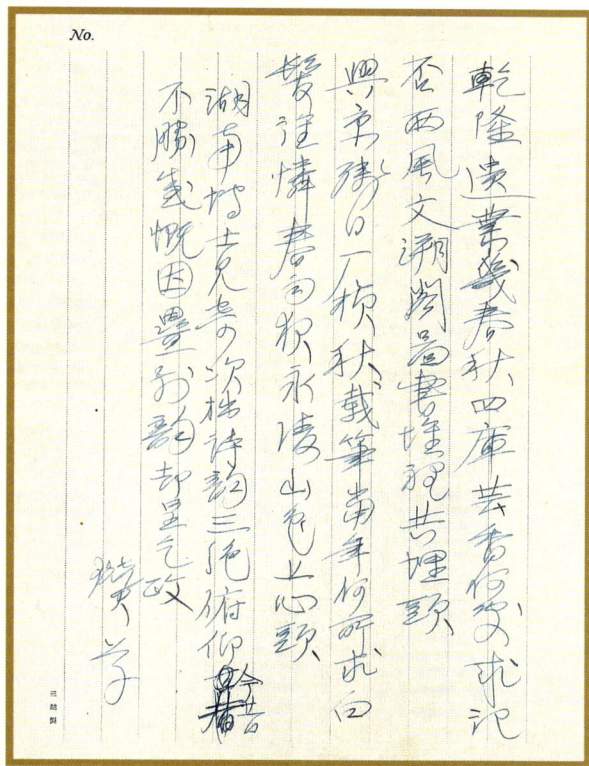

市村瓚次郎　再答內藤博士二首

〔一〕

乾隆遺業幾春秋，四庫芸香何處求。

記否西風文溯閣，圖書堆裏共埋頭。

〔二〕

興京殘日厂橫秋，載筆當年何所求。

白髮誰憐春向夜，永陵山色上心頭。

　　湖南博士見寄，次拙詩韻三絕。俯仰今昔，不勝感慨。因疊前韻，却呈乞政。瓚草

　　按：1905 年 8 月底 9 月初，內藤與市村先後赴瀋陽（時稱奉天），在奉天宮殿調查訪書，相遇後，結伴入宮殿翔鳳閣、敬典閣、崇謨閣、文溯閣等處看書，并參觀大政殿等處。可參見內藤湖南 1905 年《奉天宮殿調查日記》。

　　厂音喊，指山崖。《說文解字》：厂，山石之厓岩，人可居。段玉裁注：厓，山邊也；岩者，厓也；人可居者，謂其下可居也。

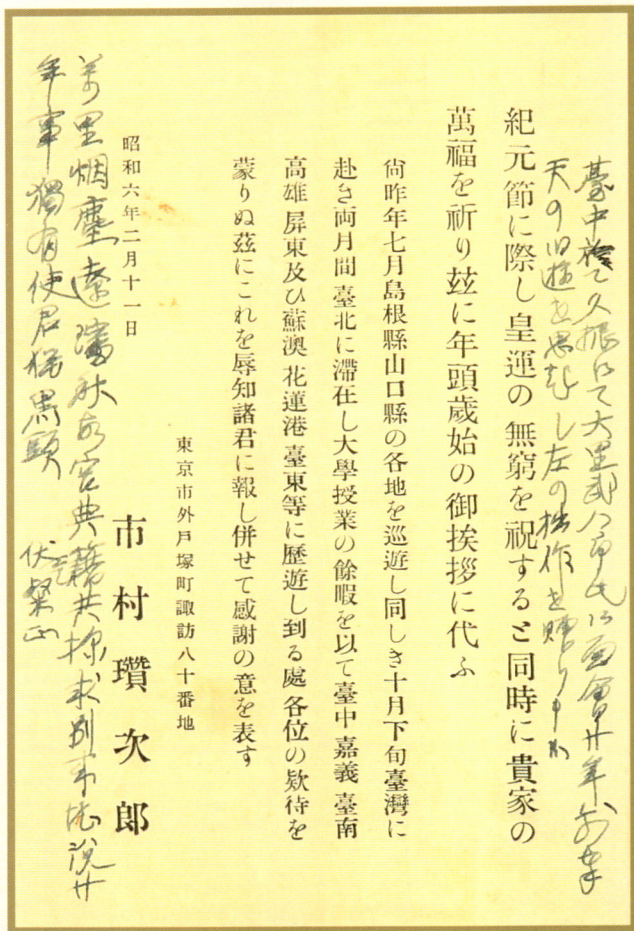

紀元節に際し皇運の無窮を祝すと同時に貴家の
萬福を祈り茲に年頭歳始の御挨拶に代ふ
尚昨年七月島根縣山口縣の各地を巡遊し同しき十月下旬臺灣に
赴き兩月間臺北に滯在し大學授業の餘暇を以て臺中嘉義臺南
高雄屏東及び蘇澳花蓮港臺東等に歴遊し到る處各位の歡待を
蒙りぬ茲にこれを辱知諸君に報し併せて感謝の意を表す

昭和六年二月十一日

東京市外戸塚町諏訪八十番地

市村瓚次郎

市村瓚次郎　憶奉天舊游

在臺中，與久違的大里武八郎會面，因而想起廿年前奉天舊游之事，贈拙作如左

萬里烟塵遼瀋秋，故宮典籍共探求。
別來堪説廿年事，獨有使君猶黑頭。

伏乞粲正

按：昭和六年（1931）市村在給內藤湖南的例行賀年片上，附筆添加了此絕句一首，回憶1905年兩人在瀋陽故宮共同訪書之事。詩前鋼筆小序由編者譯爲中文。

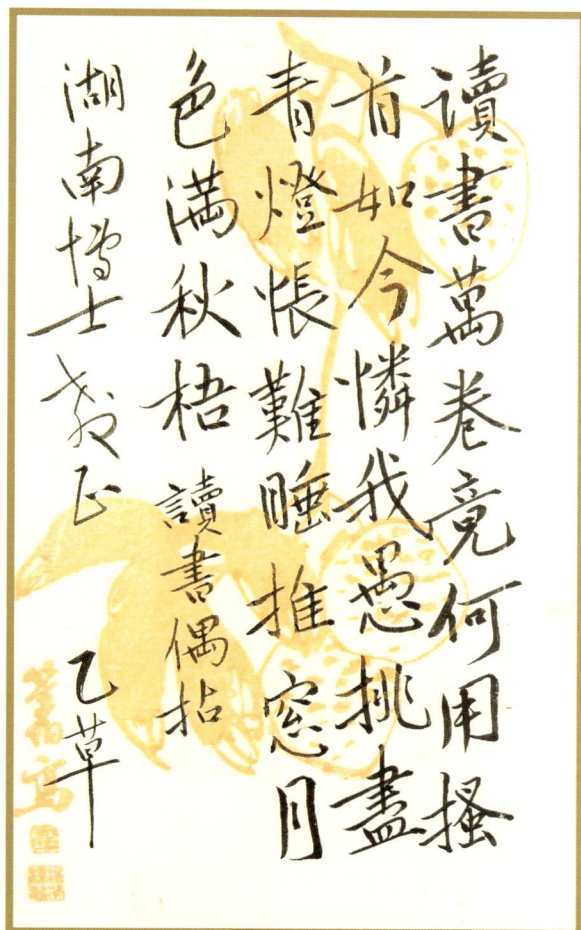

莊司乙吉　讀書偶拈

讀書萬卷竟何用，搔首如今憐我愚。
挑盡青燈悵難睡，推窗月色滿秋梧。

讀書偶拈　湖南博士教正　乙草

按：參見本書第 93 頁，内藤湖南《和莊司乙吉讀書偶拈》。

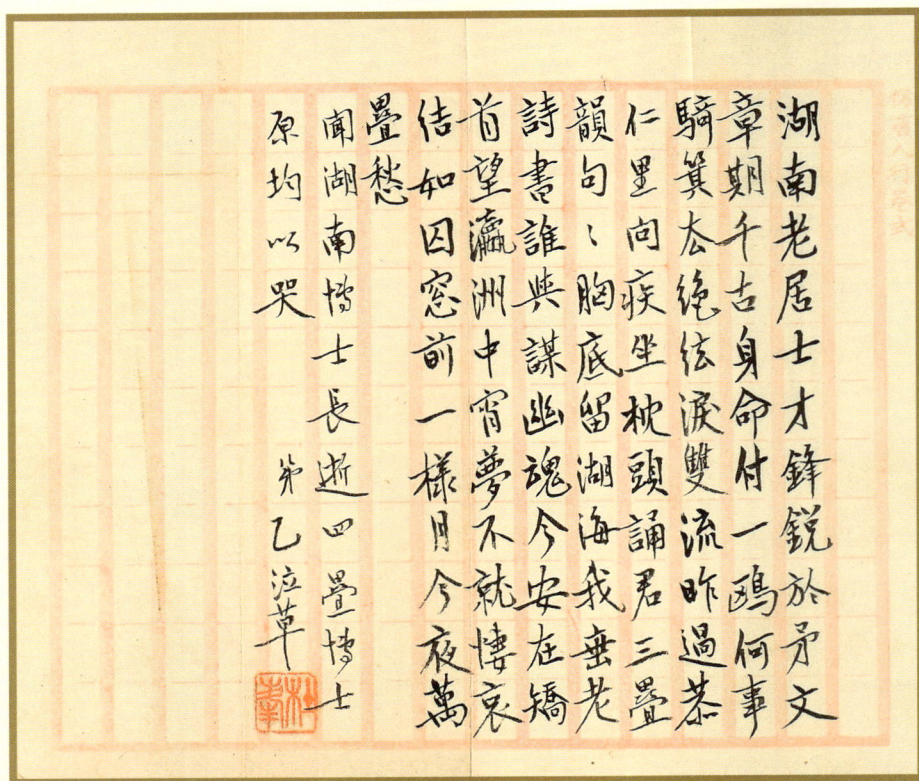

莊司乙吉　哭湖南博士

湖南老居士，才鋒鋭於矛。
文章期千古，身命付一鷗。
何事騎箕去，絶弦泪雙流。
昨過恭仁里，向疾坐枕頭。
誦君三叠韵，句句胸底留。
湖海我垂老，詩書誰與謀。
幽魂今安在，矯首望瀛洲。
中宵夢不就，凄哀結如囚。
窗前一樣月，今夜萬叠愁。

聞湖南博士長逝，四叠博士原均以哭。

弟乙泣草（鈐印：杜峰）

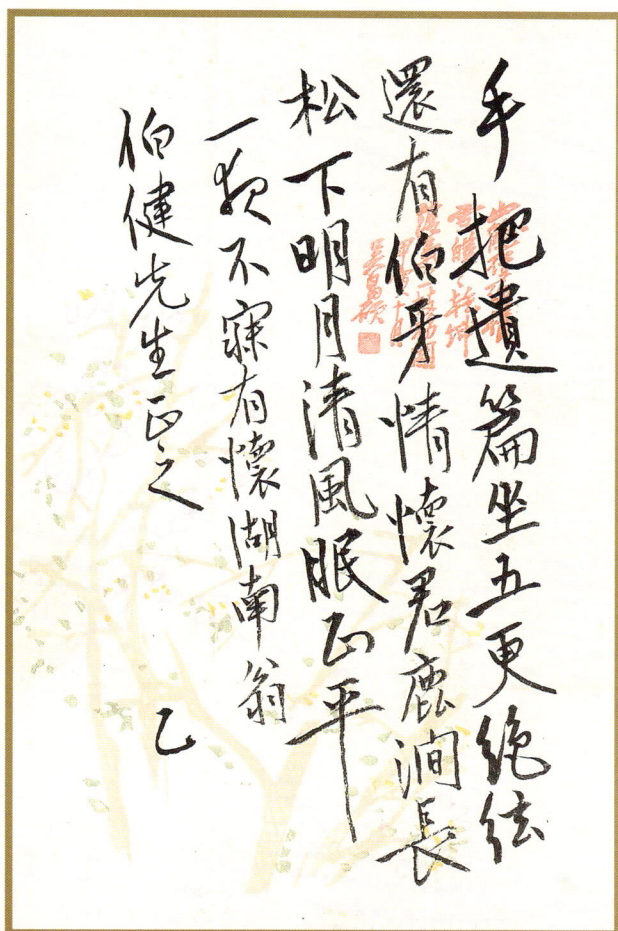

莊司乙吉　有懷湖南翁

手把遺篇坐五更，
絕弦還有伯牙情。
懷君鹿澗長松下，
明月清風眠正平。

一夜不寐，有懷湖南翁。伯健先生正之。乙

按：伯健，內藤湖南長子乾吉之字。

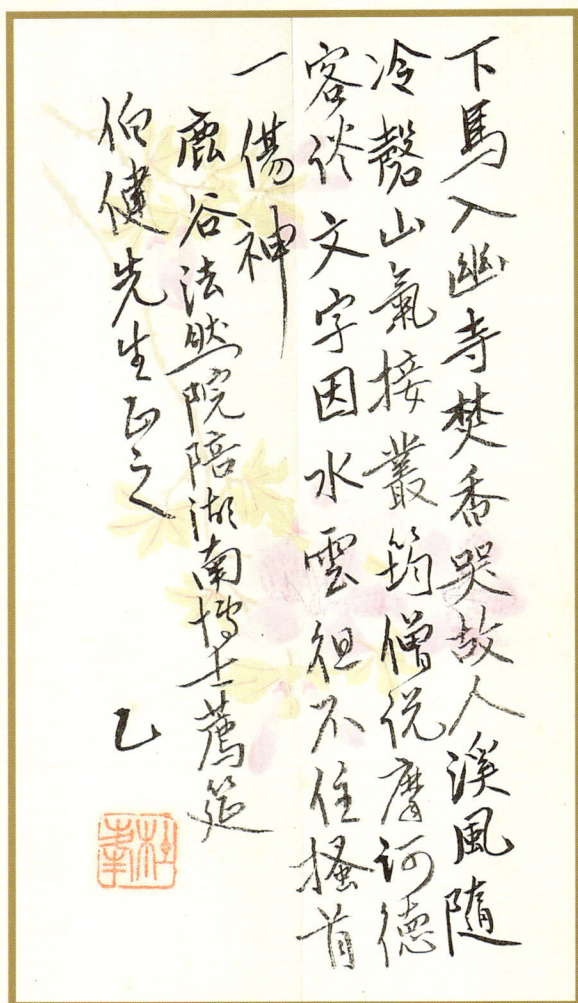

莊司乙吉　鹿谷法然院陪湖南博士薦筵

下馬入幽寺，焚香哭故人。

溪風隨冷磬，山氣接叢篔。

僧說摩訶德，客談文字因。

水雲徂不住，搔首一傷神。

鹿谷法然院陪湖南博士薦筵，伯健先生正之。乙（鈐印：杜峰）

日本學者呈政詩

家在扶桑路萬重，
吳頭楚尾寄萍踪。
江楓漁火今猶昔，
腸斷寒山半夜鐘。
君山直喜

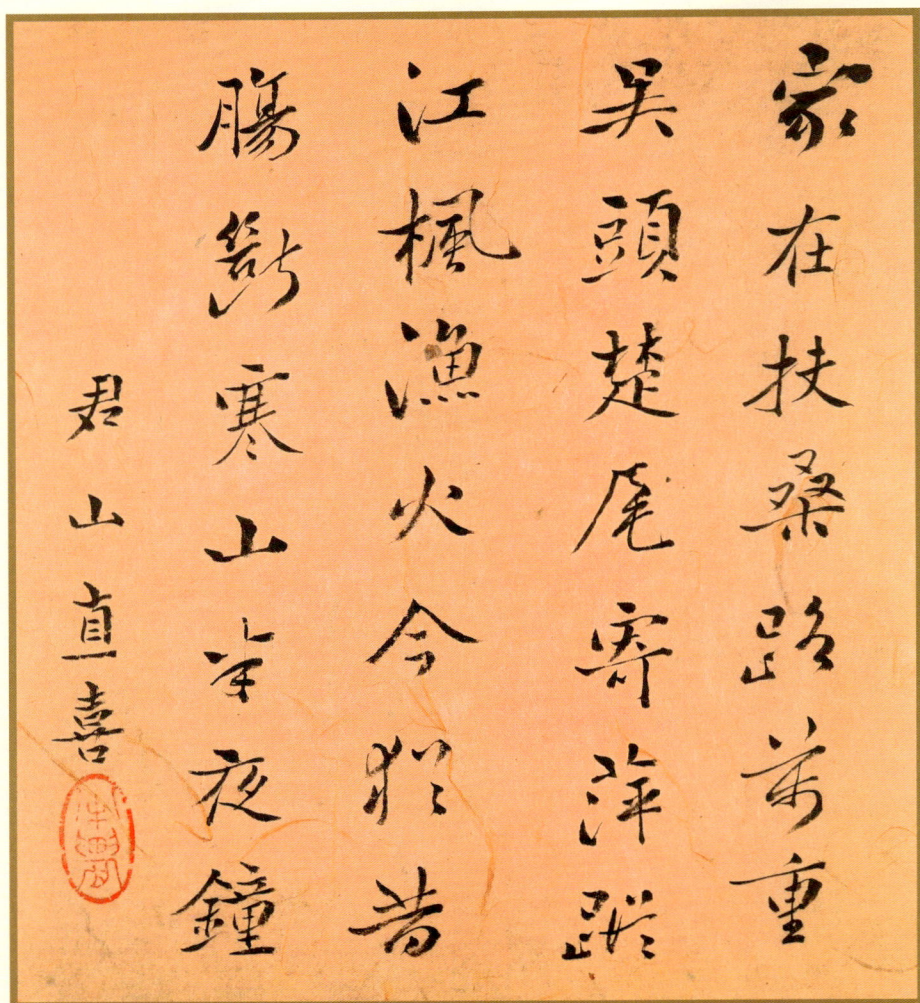

狩野直喜　家在扶桑路萬重

家在扶桑路萬重，
吳頭楚尾寄萍踪。
江楓漁火今猶昔，
腸斷寒山半夜鐘。

　　　　　　君山直喜（鈐印：半農）

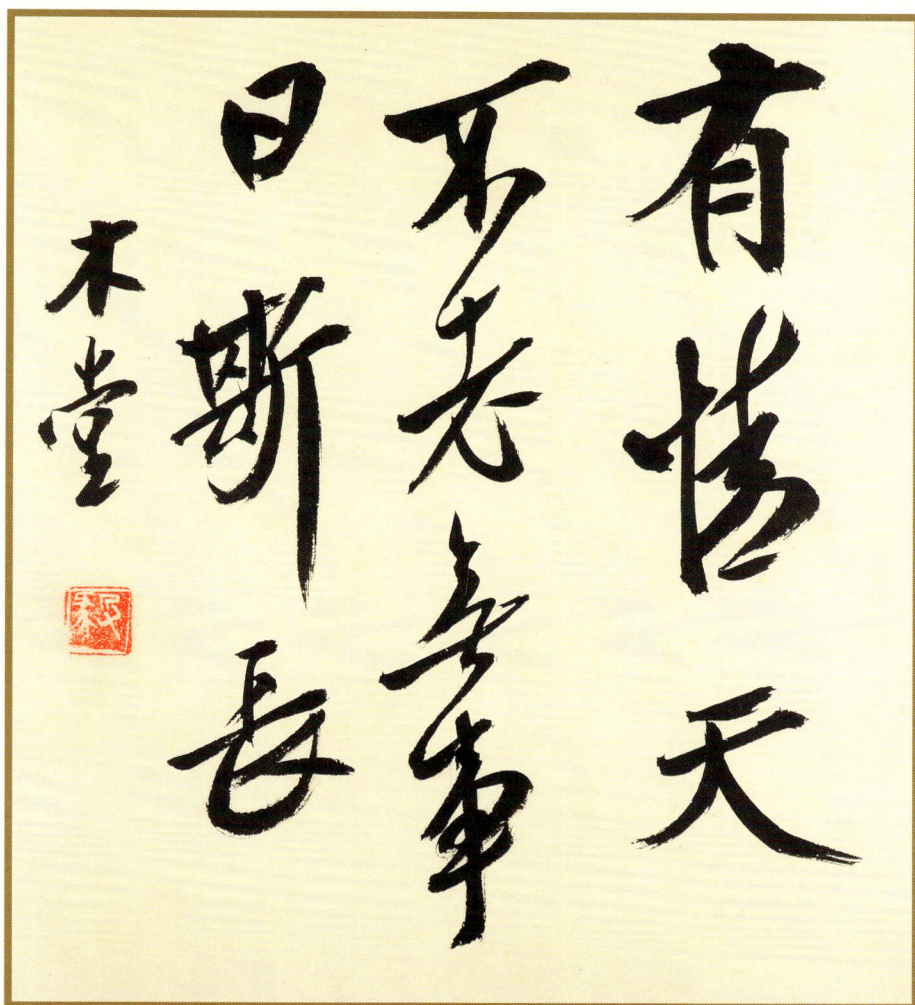

犬養毅　書聯

有情天不老，
無事日斯長。

木堂（鈐印：毅）

按：犬養毅，號木堂。

秋日二首

孤棲思正怯 幾日早秋溪 採菊降霜冷 出門流水陰
親朋偏入夢 風物獨傷心 微雨空堂夕 黯然掩楚琴

素居懷不協 振策度秋原 高樹散哀韻 孤蛇似別魂
江潭何寂寞 墟落思黃昏 多少悲歌意 歸來獨掩門

吉川幸次郎　秋日二首

〔一〕

孤栖思正怯，幾日早秋深。
采菊降霜冷，出門流水陰。
親朋偏入夢，風物獨傷心。
微雨空堂夕，黯然掩楚琴。

〔二〕

索居懷不協，振策度秋原。
高樹散哀韵，孤葩似別魂。
江潭何寂寞，墟落忽黃昏。
多少悲歌意，歸來獨掩門。

次夏渠園先生登四天王寺塔詩韻即贈

平生那有愧孫登 故國風煙容忽憑 旦覺清暉瑩

素室猶燐甕牖似青燐 干霄豪氣拂霜劍如水禪

心參佛燈夢到大明漁唱穩 湖樓人在最高層

久雷看盡故京櫻有淚感 時濺杏還跋扈中原誰

李郭幽傷北寺穨 桓靈連年兵起煙塵暗 幾處城

空草木腥鳴咽請商琴一曲夜 深風打閣前鈴

吉川幸次郎　次夏渠園先生登四天王寺塔詩韵二首

次夏渠園先生登四天王寺塔詩韵即贈

〔一〕

平生那有愧孫登，故國風烟客念凭。

且愛清暉營素室，猶憐饕戾似青蠅。

干霄豪氣拂霜劍，如水禪心參佛燈。

夢到大明漁唱穩，湖樓人在最高層。

〔二〕

久留看盡故京櫻，有泪感時濺杳溟。

跋扈中原誰李郭，幽傷北寺類桓靈。

連年兵起烟塵暗，幾處城空草木腥。

嗚咽清商琴一曲，夜深雨打閣前鈴。

送王茁生丈歸湖南次名山師韻

萬言曾定策卓犖杜司勳風雨傷離別淪桑慣
見聞詩名留海島劍氣掎湘雲後會知何日孤帆
慈送君

少年江海志十歲遠雙親邸壑寧無夢邦家正
待人坳壇羞應對書劍飽煙塵息影且歸里秋
風吹角中

吉川幸次郎　送王芃生丈歸湖南二首

送王芃生丈歸湖南，次君山師韵

〔一〕

萬言曾定策，卓犖杜司勛。

風雨傷離別，滄桑慣見聞。

詩名留海島，劍氣指湘雲。

後會知何日，孤帆愁送君。

〔二〕

少年江海志，十歲遠雙親。

邱壑寧無夢，邦家正待人。

坫壇勞應對，書劍飽烟塵。

息影且歸里，秋風吹角巾。

次韻贈水木君

休歎人間歲月侵雲烟廣武幾晴陰著書自有
虞卿屈去國何須莊舄吟才調能容誰奪錦憂
傷且聽我彈琴飄萬一夜秋風老清話衡門快

不禁

吉川幸次郎　次韵贈水木君

休嘆人間歲月侵，
雲烟廣武幾晴陰。
著書自有虞卿屈，
去國何須莊舄吟。
才調能容誰奪錦，
憂傷且聽我彈琴。
飄蕭一夜秋風老，
清話衡門快不禁。

東京二首

觀光兹上國縱目寒心驚對老侯門肅墻迎
禁省诗筑樓皆百仞出郭更千甍不用蘭臺
賦豪華真帝京
長安遊俠兒二十不知悲既醉家家酒猶趁夜夜
嬉鮫綃明玉腕金燭燦珠帷連臂能高唱新離樂
府辭

吉川幸次郎　東京二首

〔一〕

觀光茲上國，縱目客心驚。

樹老侯門肅，墙巡禁省清。

築樓皆百仞，出郭更千甍。

不用蘭臺賦，豪華真帝京。

〔二〕

長安游俠兒，二十不知悲。

既醉家家酒，猶趨夜夜嬉。

鮫綃明玉腕，金燭燦珠帷。

連臂能高唱，新翻樂府辭。

送迷陽前輩重遊江南

渡頭新雁日哀鳴一望江南落照平帆影逐雲
常載酒湖光浸壁再題名白門歌管西風冷北
囬樓臺秋水生囬首三春前學在不勝向月聽
吹笙

郢政

吉川幸恭具伏乞

吉川幸次郎　送迷陽前輩重游江南

渡頭新雁日哀鳴，
一望江南落照平。
帆影逐雲常載酒，
湖光浸壁再題名。
白門歌管西風冷，
北固樓臺秋水生。
回首三春前夢在，
不勝向月聽吹笙。

　　　　　　吉川幸恭具伏乞　郢政

踰函嶺

黃昏車上雨，謂是古函山。落日溪聲暗，歸雲鳥影閑。兩分依舊險，九折至今艱。嗟我零丁質，弱冠初出關

吉川幸次郎　**逾函嶺**

黃昏車上雨，
謂是古函山。
落日溪聲暗，
歸雲鳥影閑。
兩分依舊險，
九折至今艱。
嗟我零丁質，
弱冠初出關。

八月星槎到海東未看溪
碧映林紅憑欄且望西山
爽卻自教人憶謝公 戊辰
仲秋東山清風閣小宴贈鄭蘇戡 虎雄

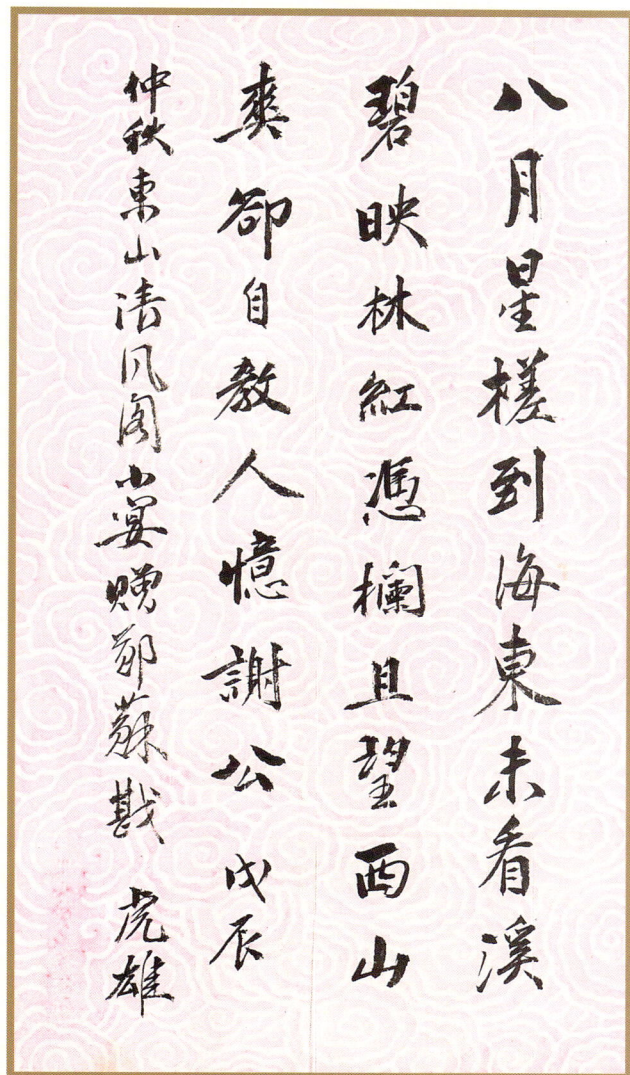

鈴木虎雄　贈鄭蘇戡

八月星槎到海東，未看溪碧映林紅。

憑欄且望西山爽，却自教人憶謝公。

戊辰仲秋東山清風閣小宴，贈鄭蘇戡。虎雄

按：戊辰，1928 年。參見本書 101、103 頁詩。

昊天滄海渺悠悠　想此終為汗

漫遊東觀廿年空　已先　　又鞭

鼇背向歐州

十一年前客禹州　八千里外又

歐游乘槎兩度皆壬支　不說尋

常分手毿　留別諸友二首

平生心跡有蓬桑　奉

有霜散木宜居無用地　端章攀顧就

遠游方途滇而怎顯濤壯

高椰日黃到處轉勞象譯笑

吾崑圍夢琳瑯　又書懷　虎州

鈴木虎雄　留別諸友二首・又書懷一首

〔一〕

旻天滄海渺悠悠，恐此終爲汗漫游。

東觀廿年空已老，又鞭鰲背向歐洲。

〔二〕

十一年前客禹州，八千里外又歐游。

乘槎兩度皆王吏，不説尋常分手愁。

留別諸友二首

平生心迹背蓬桑，奉簡初驚鬢有霜。

散木宜居無用地，端章顧就遠游方。

滄溟雨急鯨濤壯，大漠風高椰日黃。

到處輶軒勞象譯，笑吾昆圃夢琳琅。

又書懷　虎草

送鈴木豹軒奉命游學支那二首

銜命辭丹陛仙槎萬里乘　語言雖太異筆

翰自堪憑墳典搜奇秘江山弔廢興歸朝期

匪遠應拜帝褒稱　吾老少交親喜君

詩句新何堪風雨夕忽作別離人戒旅恓

惶地驚花寂寞春此行須戒慎莫漫觸烽塵

　　誨正　　香巖神田醇初稿

神田香巖　送鈴木豹軒奉命游學支那二首

〔一〕

銜命辭丹陛，仙槎萬里乘。

語言雖太异，筆翰自堪凭。

墳典搜奇秘，江山吊廢興。

歸朝期匪遠，應拜帝褒稱。

〔二〕

吾老少交親，喜君詩句新。

何堪風雨夕，忽作別離人。

戎旅恓惶地，鶯花寂寞春。

此行須戒慎，莫漫觸烽塵。

誨正　香巖神田醇初稿

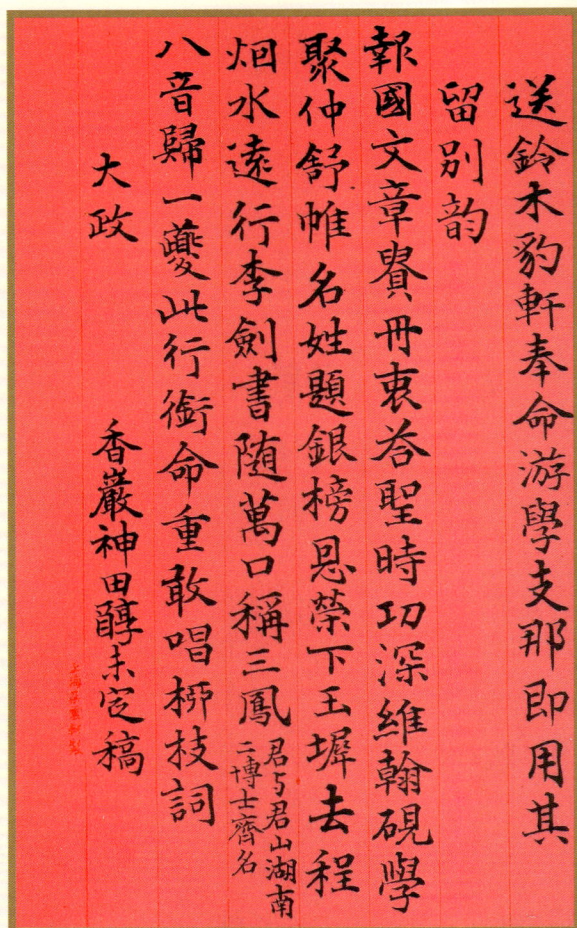

神田香巖　送鈴木豹軒奉命游學支那

送鈴木豹軒奉命游學支那，即用其留別韻

報國文章貴，丹衷答聖時。

功深維翰硯，學聚仲舒帷。

名姓題銀榜，恩榮下玉墀。

去程烟水遠，行李劍書隨。

萬口稱三鳳（君與君山、湖南二博士齊名），八音歸一夔。

此行銜命重，敢唱柳枝詞。

大政　香巖神田醇未定稿

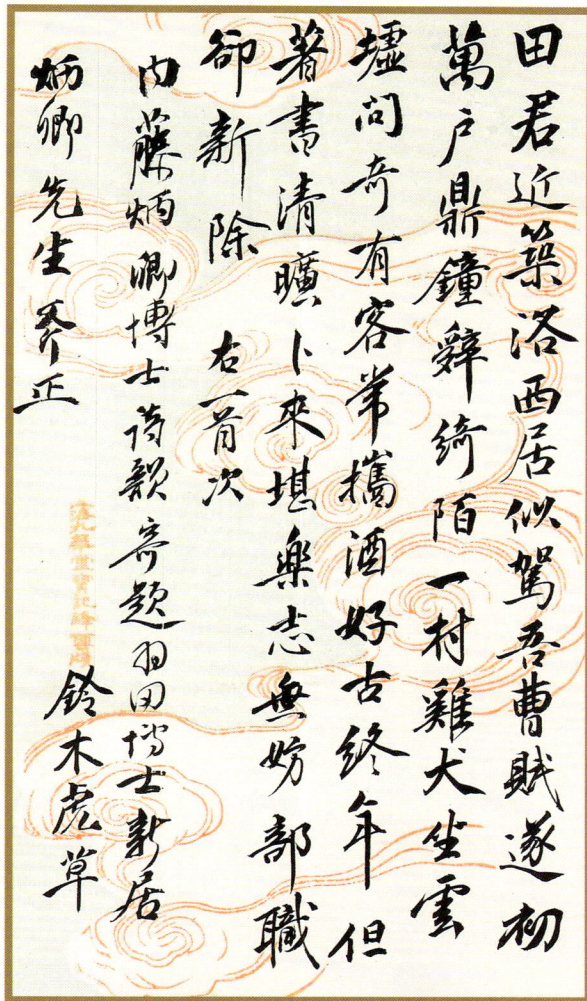

鈴木虎雄　寄題羽田博士新居

田君近築洛西居，似駕吾曹賦遂初。

萬户鼎鐘辭綺陌，一村鷄犬坐雲墟。

問奇有客常携酒，好古終年但著書。

清曠卜來堪樂志，無妨部職却新除。

右一首次内藤炳卿博士詩韵，寄題羽田博士新居。

炳卿先生斧正。鈴木虎草

HOTEL DES INDES

Henry E. Rey, Managing Proprietor

The Hague (Holland)

LEADING FIRST CLASS
ENLARGED AND MODERNIZED
IN 1925-26

UNITI

CABLE ADDRESS
REY HAGUE
TELEPHONE 15860

容裏蕭然甲子周偂驚歲月水東流閱序瀚

盃天資短翰苑叩班帝龍優芳看昆孫圍膝

樂何為杯酒遣鄉愁自嘲曾快先貲語亞

十一身開五洲

逢會人生幾難懽期終始此心丹齡加六

秩路雲病母仕三朝愧素發頷焉敢任于

里遠鵑鶴未索一枝安有山有毋分猶健壽

母壽吾師自歡

于役九年唱半程霜蕪備白蘿邊生游頭空

印孤鴻跡雲外仍牽老鶴情小者難無擇

學術防亏時省辦約牽及門諸子誼孫摩

記念新編南刻成

湖南詞宗兩正并乞高和

海牙客次自壽華甲三律敬呈

織田萬

甫草

織田萬　海牙客次自壽華甲三律

〔一〕

客裏蕭然甲子周，偏驚歲月水東流。

國庠承乏天資短，翰苑叨班帝寵優。

若有兒孫圍膝樂，何爲杯酒遣鄉愁？

自嘲曾快先賢語，五十一身關五洲。

〔二〕

逢會人生幾艱難，惟期終始此心丹。

齡加六秩跨〔誇〕無病，身仕三朝愧素餐。

駑馬敢任千里遠，鷦鷯未索一枝安。

家山有母今猶健，壽母壽吾聊自歡。

〔三〕

于役九年過半程，霜華偏向鬢邊生。

渚頭空印孤鴻迹，雲外仍牽老鶴情。

小著雖無裨學術，片言時有解紛争。

及門諸子誼殊厚，記念新編聞刻成。

海牙客次自壽華甲三律，敬呈湖南詞宗哂正，并乞高和。織田萬甫草

按："跨"疑爲"誇"之誤。參見本書95頁內藤湖南和詩。

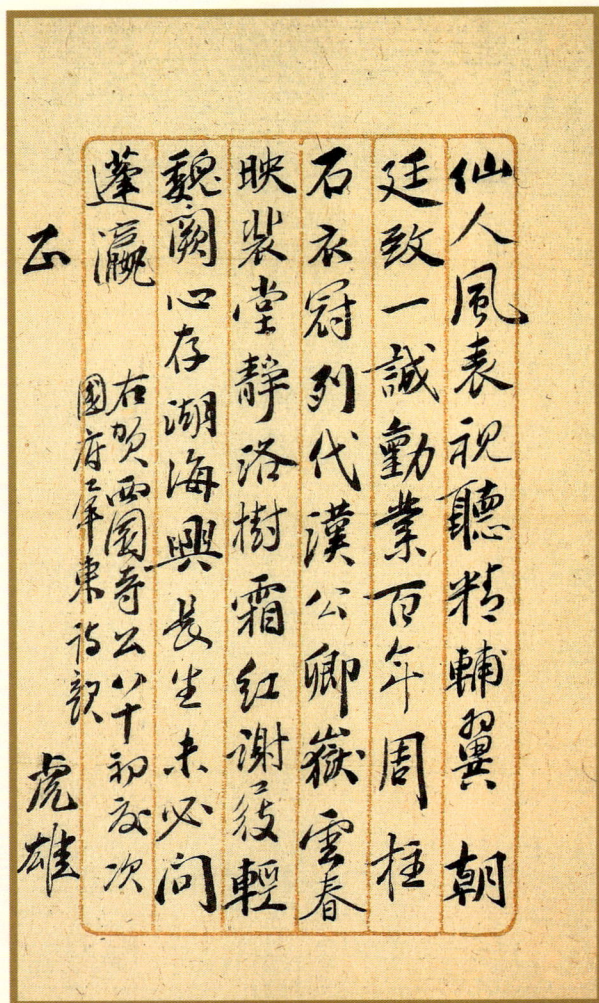

鈴木虎雄　賀西園寺公八十初度

仙人風表視聽精，輔翼朝廷致一誠。
勛業百年周柱石，衣冠列代漢公卿。
岳雲春映裴堂静，洛樹霜紅謝屐輕。
魏闕心存湖海興，長生未必問蓬瀛。

右賀西園寺公八十初度，次國府犀東詩韵　正　虎雄

内藤湖南漢詩研究

京都大學的漢詩作家

神田喜一郎

　　先前京都大學的教授中，曾出現過很多漢詩作家。不僅在文學部，還包括法學部、理學部、醫學部、工學部等。在自然科學類的學部中，也出現了杰出的漢詩作家，現在看來似乎有點不可想像。我們在京都大學學習的大正時代，校長荒木寅三郎先生，他原本是醫學部醫用化學講座的醫學教授，但平生喜愛漢詩，在這方面堪稱大家，他號鳳岡，在世時就出版了漢詩集《鳳岡存稿》。法學部的織田萬先生和荒木先生齊名，同樣擅長漢詩，他號鶴陰，常常和荒木先生互贈詩歌，因而兩位先生之間建立了特別的交情。所謂"三足鼎立"的另一位，是文學部的狩野直喜先生，先生號君山，擅長漢詩，則是毋庸贅言的。先生逝世後，出版了《君山詩草》。

　　鳳岡、鶴陰、君山三位先生，年齡也大致相近。鶴陰先生生於慶應二年（1866），鳳岡、君山兩位先生都生於明治元年（1868）。因爲大致同時期在東京大學學習——雖然或多或少有時間上的前後，他們一起討論在東京大學的事情，是理所當然的。鳳岡先生曾有這樣的詩作流傳下來。

　　　　滬上客舍，與狩野學士話舊

　　　　　　　　　只期歸雁報平安，
　　　　　　　　　詎料天涯接舊歡。
　　　　　　　　　話別家山魂欲斷，
　　　　　　　　　驛樓夜雨一燈寒。

　　　　滬上與君山學士同賦

　　　　　　　　　驛舍蕭條酒醒時，
　　　　　　　　　始知身是在天涯。
　　　　　　　　　青燈一穗秋如水，
　　　　　　　　　寫出巴山夜雨時。

這兩首詩都是鳳岡先生於明治三十五年（1902）秋，在往歐洲留學途中，船在上海停靠的數天之間所作。當時正好君山先生在上海留學，他作爲東道主，帶鳳岡先生各處游覽，鳳岡先生這兩首詩便是對此的寫照。

　　滬上與荒木鳳岡話舊

相逢未暇問平安，

偏恨客途難久歡。

明日一帆浮海去，

滿天風雨浪聲寒。

君山先生寫了與鳳岡先生同題同韵的絶句。當時的情景，在君山先生所寫的《鳳岡存稿》序裏也有生動的記載。順便説明，上面三首詩，是從野口寧齋主辦的當時的漢詩專業雜誌《百花欄》上取材而來的。君山先生的這首詩，足補《君山詩草》之闕。

提起《百花欄》，它在刊載上述鳳岡和君山兩先生唱和詩的幾年後，刊載了下面鶴陰、鳳岡兩先生的詩歌應答。

　　甲辰早春，同荒木、天谷二子，飲於鴨涯旗亭，席上賦此，遙寄土肥鶃軒

四條橋下細寒流，

雪壓川原一望悠。

瑶瑟聲聲何處是，

釵光鬢影水邊樓。

　　席上同賦

賦歸猶未學淵明，

澹與黃花了半生。

風雪滿城夜如水，

青燈相對話巴京。

前一首是鶴陰學人，後一首是鳳岡仙史的詩歌。後一首詩中，從"青燈相對話巴京"來看，恐怕是記述了從歐洲留學剛回來的鳳岡先生，與比他早一步從歐洲留學回來的鶴陰先生兩人，一起在鴨川河邊的日本式酒家暢談一夜的情景。詩中所寫的空谷（譯者按：上文爲"天谷"，此處爲"空谷"），現在尚不知是指誰，當時在京大教授中留學回國的人，不用説是確有其人在的。土肥鶃軒，

則是東京大學醫學部皮膚科的講座教授，原名慶藏。在東京大學，當時爲人熟
知的漢詩大家，除了這個鶚軒教授外，还有農學部具有獸醫學博士頭銜的勝島
仙坡（本名仙之介），兩人堪稱是雙璧。鶴陰先生的詩題是《遥寄》，可能是鶚
軒當時到歐洲留學去了。鶚軒也出版過漢詩集，日後可以藉此瞭解鶚軒當時的
情况。

　　那首詩因爲有"甲辰早春"四字，毫無疑問是明治三十七年（1904）的作品。
那一年，君山先生也結束了在中國的留學回國，參加了織田先生主辦的"臺灣舊
慣調查會"，成爲其重要的成員之一。那時候，鶴陰和君山兩先生之間各種詩歌
酬唱的機會應該比較多，但很遺憾詩作没有被記載下來。我們不知道鶴陰先生的
漢詩集是否有出版，如果没有的話，希望先生的公子織田武雄博士一定將之出版，
如果已經出版的話，也希望能够得到惠贈。

　　作爲餘談，在荒木先生和織田先生的周圍，有各色各樣的漢詩作家。醫學
部有個事務官，叫中山親和，號白厓，作漢詩。本來醫學部中國古詩的愛好者
就很多，内科學的第一代講座擔任人笠原光興博士也是其中一員，號桂舟，時
常在自己家中召集寫漢詩的醫生舉辦詩會。看當時的詩會記錄，鳳岡先生或白
厓事務官自然不用説了，還有與京大没有直接關係的開業醫生，如木村択堂、
遠藤舟溪等。我對択堂先生是比較瞭解的，他是長久擔任京都大學醫學部微生
物學講座的木村廉教授的父親。因此，在醫學部，漢詩寫作的興趣很早就比較
普及了，但毋庸置疑，漢詩創作的中心是鳳岡先生。鳳岡先生當校長後，設了
一位私人秘書，聘用的是久保雅友這樣的老漢學家。久保雅友號檜谷，在明治
二十年到三十年代，比起漢詩來，他的漢文更加名噪一時。我讀書時，在支那
學會也常常能見到他。在桑原隲藏先生或内藤湖南先生的全集中有支那學會的
照片，照片上也可看到他。他到底是教師？還是畢業生？常有人這樣問我，其
實，這兩者都不是，他的身份就是京都大學校長鳳岡先生的私人秘書。這個人
已經很奇怪了，但還有更奇怪的人，他就是内村邦藏。他也是一個漢文作家，
但與久保先生是日本老派的漢文作家不一樣，他是所謂擅長於中國時文的漢文
作家。在中日甲午戰爭和日俄戰爭兩次戰爭中，他因有這方面的特長而從軍，
聽説他曾專門擬定給對戰國人民的布告。織田先生的"臺灣舊慣調查會"剛成
立時，就聘請了他，因爲他詳細瞭解清朝的制度，後來暫時擔當過鳳岡先生的
私人秘書。雖然他的詩歌也出色，但他的漢文，是拿給中國學者看也絶不遜色
的那種。另一方面，他在禪學上造詣很深，淡泊名利，是當時少見的人物。君

山先生也很器重內村先生，在他逝世後，和鶴陰先生一起出資，出版了他的著作《退掃遺稿》。

京都大學的漢詩作家，當然還有文學部的內藤湖南先生、鈴木豹軒先生，此外，還擴展到理學部。對當時文學部而言，理學博士小川如舟先生是個不同尋常的人物，工學部的近重物庵先生也是。對他們，我也想就我所知一一寫下來，但被分配的篇幅已經用完了，這次就此擱筆吧。

原載京都大學以文會《以文》第 16 號，1973 年，錢婉約譯

題《四翁樂群圖》

杉村邦彦

一

與我有著多年交情的長尾雨山的兒子長尾正和（復齋）先生，前年（昭和五十七年，1982年）四月逝世。之後我受遺族所托，開始逐步調查雨山先生的收藏品。雖説是調查，但雨山的藏品向負盛名，足以憑信，實在是讓我一飽眼福。

長尾家位於京都永觀堂北，接鄰住友泉屋博古館南側，安閑寧靜。前幾日我前去拜訪時，幾位親屬已聚集在房間裏，在鋪展開的一幅綫條流暢的畫卷前，説："這是祖父，這是內藤先生……"之類的話，熱烈地相互討論著。我也立刻加入其中探頭觀看，發現這可是一件珍品。具體説來，此畫描繪了長尾雨山、內藤湖南、狩野君山、小川如舟四人創立的"樂群社"的風雅集會。面向畫卷，左端寫有"昭和六年秋，本田成之敬寫"，可知作者爲本田成之（蔭軒）博士。

這幅畫的右端可見一位僧人打扮的人物，想必集會地點是某處的寺院。從左依次看去，面向庭前擺放的桌子端而坐的、身材高大的人物是雨山；雨山前方背向桌子而坐、慈祥富態的是湖南；湖南正對面坐著君山，站立在二人中間，頭稍稍偏左，雙手交叉在身後的是如舟。畫卷比照片更爲生動地描繪了各個人物的風采，這在大家看來是没有异議的。

然而，問題在於畫卷右側站立的身著西裝的人物究竟是誰？他前方穿著和服戴著眼鏡，似乎是坐在石頭上的人物又是誰？圍繞這些疑點，在座的各位進行了激烈的討論。

這幅畫原置於簡單折叠起來的紙箱中，此外箱中還有四張紙片。攤開一看，手工抄製的稿紙上用墨書寫著題爲《書〈四翁樂群圖〉後》的漢文。讀著讀著，疑問瞬間冰釋，討論也有了結果。

這篇墨書漢文的末尾寫有"攝津松浦嘉書"，可見是出自大阪松浦嘉三郎先生之手。那麽，我們先通讀這篇《書後》，補充些許解釋，藉以窺探這四位一代碩儒組成的樂群社的雅會場景。附帶一提的是，這幅紙本畫卷寬 26.9cm，長 133.5cm，水墨淡彩。《書後》寫在寬 21.4cm，長 19.5cm 的四張紙片上。

　　四翁者，雨山長尾先生、湖南内藤先生、君山狩野先生、如舟小川先生也。四先生海内碩儒，其學術文章，夙爲一世所景仰矣。晚歲告退之後，讀書消遣，世事甚閑，而研歲之餘，締交愈密，乃結社而名曰樂群。相約擇春秋之佳日，卜靜閑名勝之地，舉觴賦詩，以爲樂事。

　　去年季秋，輒假座於一乘寺村詩仙堂。堂是寬永年間，石川丈山翁之所隱栖，修葺至今，比丘守之。離市未遠，風塵絕少，前望洛北田畝，後擁叡麓林巒，堂側有庫，貯舶載奇書，前庭亦栽棗榴佳木。時已晚秋，松樹發香，修竹茂生，楓葉漲紅，石徑帶苔，閑曠幽邃，尤適高人之雅筵焉。

　　此日，四先生早晨已到，論學譚藝，霽霽惇惇，議論證據古今，旁及草木蟲魚。其淵其博，真乎有足駭人也。

　　偶有蜀人白君堅甫，携《坡公禱雨記事詞卷》而來。披覽之，洵爲稀世之秘珍。四先生，賞觀久之，高談轉清，而秉燭不散。君山先生先賦一詩以述懷，則餘翁和而倡之。予于時寓於堂西數十步之處，乃見容陪席以任揮塵，欣抃不已。

　　會畢，遂請同學本田蔭軒博士，繪寫當日高會之景，以贈守堂者而爲紀念焉云。

　　昭和辛未季秋霜降之日，攝津松浦嘉書。

二

　　四人當中，除雨山外，其他三人都是京都帝國大學的教授，内藤湖南（1866—1934）講授東洋史學，狩野君山（1868—1947）講授支那文學，小川如舟（1870—1941）講授地理學，他們在各自研究領域作爲國内的開拓者，留下了輝煌的成就。此外，淵博的學識也使他們擅長漢詩文和書法。不過，昭和五年九月，三人都已退休，過上了悠然自得的生活。

　　長尾雨山槙太郎（1864—1942）雖然沒有在京都帝國大學工作，但作爲漢詩文家和書畫家早就名聲卓著。在熊本第五高等學校任教期間，雨山曾受夏目漱石之請幫忙修改漢詩，可見其造詣高深。明治三十六年以後，雨山受聘於上海商務印書館編譯所，指導教科書的編纂。大正三年十二月回國，定居京都，就任平安書道會副會長，與上述三人交往益深。特別是在中國書畫的鑒定方面，雨山學問淵博，與湖南堪稱"雙璧"，留下了許多題辭和跋文。

樂群社究竟是怎樣的集會呢？它是昭和五年三月，雨山、君山、如舟三人一同拜訪隱居在恭仁山莊的湖南，雅游暢談，各自賦詩後結成的詩社。關於其中原委，湖南《樂群社詩草引》（《內藤湖南全集》第十四卷第115頁）記載如下：

> 余自卜居恭仁數歲，與農夫慮水旱，與臧獲謀桑麻，離群索居，日已久矣。雖有來訪者，亦鮮以藝業相磨勵，問學之道，益就荒落。庚午（昭和五年）仲春（三月），雨山翁與君山、如舟二博士見訪，談論經史，譏評金石書畫，自朝及昏，塵談不罄，各賦五言四韵詩數首，以述其懷，相與歡然，有遺世之思。因相約春秋佳日，載酒攜肴，訪幽探奇，流連光景，庚兹盛會，庶不負斯生矣。名之曰樂群之社。嗚呼，使余枯寂餘生，油然有死灰復然之懷者，非以斯樂歟？內藤虎。

這時編纂的《樂群社詩草》保存了原稿，其引言即序，爲湖南所作。湖南寫的五言律詩二首，題爲《招樂群社諸友於恭仁山莊同作席上，次長尾雨山韵二首庚午三月》，收録在《全集》第十四卷第300頁。

此外，同卷第301頁收有題爲《庚午六月二日，同雨山、君山、如舟三公會細川侯別業怡園賦此》的五言絶句一首，我以前有幸在貝塚茂樹先生宅邸目睹過被認爲是這次集會拍攝的照片。這樣一來，同年秋，即九月，舉行了如這幅《四翁樂群圖》中所見的洛北詩仙堂的雅會。也就是説，關於樂群社共舉行了幾次集會的問題，雖然調查還不够充分，但可以確定的是在設立初期的昭和五年，至少有三月、六月、九月這三次集會。恐怕是每隔三個月，更換地點舉辦一次。然而，到了昭和六、七年，就不怎麽舉行集會了，或許是因爲發生了滿洲事變、上海事變、五一五事件等變故造成國內外政局動蕩不安，加上湖南因病入院的緣故吧。

樂群社的"樂群"二字，取自《禮記·學記》中"三年視敬業樂群"一句，意爲與朋友和睦相處，獲得切磋之樂。

經湖南斡旋，樂群社的詩文用箋，也是特別向福井縣今立郡岡本村岩野平三郎預訂製作的。關於此詩箋，我已在其他文稿中介紹過，故在此省略（《關於內藤湖南"紙的話"》，昭和五十六年三月七日《朝日新聞》晚刊《研究札記》欄）。

三

其次，關於這幅畫的作者本田蔭軒，此處作一些說明。本田原名龍洞，後改
爲成之。別號蔭軒，又號無外、風軒等。明治十五年一月二十四日，生於岐阜縣
本巢郡七鄉村字東改田，昭和二十年三月四日，以虛歲六十四歲圓寂。蔭軒與青
木正兒、小島祐馬共同創辦的《支那學》雜誌第十二卷第一、二號（昭和二十一
年九月發行）中，登有《本田成之博士追悼錄》，卷首載有年譜。據此可知，蔭
軒早先就學於早稻田大學、曹洞宗大學林，之後於明治四十二年進入京都帝國大
學支那哲學科選科學習，轉爲本科，大正二年畢業。曾任神宮皇學館教授，大正
九年，擔任龍谷大學支那學科主任教授。著作除學位論文《支那經學史論》外，
還有《支那近世哲學史考》《富岡鐵齋》等。

蔭軒年少時就擅長書畫，特別是他的繪畫超越了業餘水準，足以自成一家。
明治二十九年，虛歲十五歲時他跟隨岐阜的森半逸學習書畫，大正十年，四十多
歲時受到了富岡鐵齋的指導。此外，《年譜》中的昭和九年，五十三歲一條，特
地寫出了“立於畫壇”。到了昭和十、十一、十二、十五年，蔭軒在京都、東京、
大阪等地舉辦了書畫展，展品大概出售給愛好者了吧。

那麽，研究經學的蔭軒，跟隨鐵齋開始學習繪畫的契機是什麽呢？狩野君山
的談話《追憶本田君》中如是說：

> 富岡鐵齋先生是不收弟子之人，而當時他的兒子謙三君在京都大學，本
> 田君通過這層關係得以出入富岡家。起初，做些幫忙整理書物之類的事，進
> 而與鐵齋先生交談，得到先生指點。後來書法也完全是鐵齋的風格。

我從蔭軒的兒子、大阪市立大學名譽教授本田濟先生處直接得知，蔭軒曾教
導鐵齋的孫子、已故富岡益太郎先生（原鐵齋美術館館長）漢文，因此之故得以
跟隨鐵齋學習繪畫。

上述《支那學》中的《追悼錄》登載了狩野直喜、武內義雄、青木正兒、岡
崎文夫和橋本循五先生的詩文。有趣的是，五篇詩文分別紀念了故人的學問、爲
人和藝術成就，其中青木正兒的《談藝之友蔭軒外史》記述了文章書畫方面的交
往，最富生氣。引用其中一節如下：

> 在大正九年蔭軒辭去伊勢神宮皇學館的工作回到京都之前，他與我屬於
> 普通交往，幷不親密。剛回京都不久，蔭軒、小島與我就發起成立支那學社，

出版學會雜誌《支那學》，往來自然頻繁起來，關係日漸親密。另外，蔭軒出入鐵齋翁府邸鑽研繪畫，我也愛好於此，頗有共鳴，這也增進了我與蔭軒君的親密。在彼此嗜酒這點上，我倆也是實力相當的對手。……

那時我發表了拙作《金冬心之藝術》，受到鐵翁的賞識和喜歡，蒙蔭軒君好意，借機把我引見給鐵齋。於是有了令人難忘的鐵齋翁、蔭軒與我三人在府上亭子里的聚談。鐵齋翁以山陽和木米爲例，認爲木米之所以能創作出那般高雅的藝術，很大程度上得益於山陽的教益。諸君從事美術的學問，也應當適當援助藝術家，成全其美。受這番話感動，其後蔭軒君與我同中國畫的畫家與喜愛中國畫的業餘愛好者結交，結成"考槃社"，借百萬遍附近某寺院之地舉辦月例會，各自帶上繪畫習作、切磋藝術。此會漸入佳境，於是，一日內藤湖南先生、鐵齋翁屈尊駕臨，使我們得以向先生們請教，皆因蔭軒君的幹旋之勞。從蔭軒處聽聞，鐵齋翁甚是喜歡此會的氛圍，表示將再次光臨。但好事多磨，不久先生易簀，最終只荏臨一次，極爲遺憾。

這段悼文出現了湖南和鐵齋，令人聯想起當時京都的學者與文人之間翰墨飄香的文雅世界。另外，原東北大學教授、中國哲學史的權威武內義雄的追悼文《回憶本田兄》中也寫道：

君平生嗜酒。在洛北阿彌陀寺的禪房，一邊用玻璃瓶温酒，一邊評畫論經的蔭軒的身影，至今仍不時浮現在眼前。

鐵齋雖説不接收弟子，但傳聞曾對蔭軒説："正因你是做學問之人，我很樂意教你繪畫。"（本田成之著《富岡鐵齋》）

蔭軒的畫固然不及鐵齋，但有許多墨氣淋漓的佳作。在京都附近，有不少目睹蔭軒畫作的機會。然而，我曾偶然地在東京某處拜覽了蔭軒的杰作，留下了愉快的回憶，順手在此寫出。

《書論》第十三號刊出"內藤湖南特集"後不久，東京大學東洋文化研究所教授松丸道雄先生給我寄來一封懇切的信。在對《書論》的溢美過獎之後，他説到，家中也有湖南先生《華甲自述》的寬幅布和會津八一先生題寫的匾額，如若願意的話，也請刊用在《書論》中吧。

我立即寫了感謝信，數日後，携攝影師三井保司君一起，拜訪了位於世田谷區太子堂的先生的府邸。拍攝結束後，先生又取出一些畫册和卷軸，説："這些是父親生前心愛之物。"仔細看，原來是蔭軒的山水畫冊，雖是小作品，但游心物外的樂趣躍然紙上，實爲佳作。於是，也順便請求先生允以拍攝。我詢問道："如此這般看來，蔭軒先生和令尊東魚先生是怎樣的關係呢？"先生回答："蔭軒先生常拜托父親篆刻印章，作爲回禮，贈予父親這些畫冊。"接著說："在詩文書畫方面，父親特別尊敬京都的各位先生，與他們交往較深，受其影響，我也曾經希望能進入京大學習東洋史。"

松丸氏令尊東魚先生是衆人皆知的著名篆刻家，著有《東魚摹古印存》《東魚文集》等。另外，關於蔭軒嗜好篆刻一事，《支那學》中的《追悼錄》所收的橋本循氏《蔭軒翁二三事》中有如下記述：

> 翁偶爾也會嘗試篆刻。篆刻時，反復磨石，再三雕刻修改，直到滿意爲止。他展示給我們看、詢問"如何？"的篆刻作品，是其歷經辛勞的成果。

由此，蔭軒的篆刻趣味可見一斑。

再回到《四翁樂群圖》。"四翁"中，湖南和君山是蔭軒親身受教最多的兩位老師。本田家中如今仍然完好地保存著湖南和君山的若干書冊。《書論》第十三號卷首畫 20，半張紙的《寄蔭軒博士》，是祝賀蔭軒完成《支那經學史論》而作的詩，同號卷首畫 19 的匾額，也是爲蔭軒而寫的。

另外，同號 85 頁插圖 6 的對聯，是君山寫給蔭軒的。雖然還不清楚蔭軒是否聽過小川如舟的講課，但據本田濟所説，蔭軒至少因爲編輯《支那學》雜誌而得到過接受小川指點的機會。雨山和蔭軒的關係方面，因蔭軒擅長書畫，又因爲"麗澤社"（京大相關人士受湖南、君山指導創作漢詩文的集會）的聚會等渠道，接受雨山指點的機會也不少。如此看來，"四翁"無一不是蔭軒平素尊敬且得到親授的恩師，或者説是學問上的前輩。其筆下四人神采奕奕，也可謂是理所當然。

四

《書後》的作者松浦嘉三郎，也是必須提及的，但實際上關於此人的情況并不太清楚。依據《京大以文會會員名簿》，松浦大正九年從京都帝國大學文學部支那史學科畢業，因而是比丹羽正義晚一屆，而比神田喜一郎早一屆的京大史學科系友。畢業以後，做了東方文化學院京都研究所（京都大學人文科學研究所的前身）的研究員，從事"支那古代家族制度"的研究，昭和九年九月提交了《〈漢書〉百官公卿表研究》的研究報告，之後退休（關於松浦的這些情況，筆者是受

到京都大學文學部教授礪波護的指導而得知的）。期間，僅知昭和七年一月，他
在大谷大學兼任東洋史的課程，其餘就不甚瞭解了。像這種情況，若神田先生健
在的話，可立即打電話詢問，可惜錯失了良機，如今已無法彌補。不過，最近我
在翻看剛收到的贈書《神田喜一郎全集》第九卷時，發現450頁收錄了題爲《悼
念石田杜村博士》的文章，其中記有松浦和湖南的事情，下面引用部分文字以作
參考。順帶一提的是，所謂石田杜村博士，正是名著《長安之春》的著者石田幹
之助，石田氏爲神田先生的著作《東洋學說林》（弘文堂，昭和二十三年）題寫
了書名。他題簽的書籍還有自己的《唐史叢抄》（要書房，昭和二十三年）、小野
忠重著《支那版畫叢考》（雙林社，昭和十九年）等，都是富有書卷氣的典雅的
書法。

記憶中第一次見到博士是在大正七年七月。急切盼望暑假到來、可以赴
東京的我，和恰好是同時進京的同學松浦嘉三郎一起，在大約兩周的時間裏，
每日四處參觀。期間，内藤先生也因出席古社寺保存會的會議而來到東京，
於是我們前去先生的住處駿河台龍名館拜訪。先生建議一定要去參觀莫理循
文庫，并立馬給了代爲引見的名片。第二天，我們拿著名片，找到了丸之内
一帶林立的赤練瓦建築中，位於主幹街道上十四號館内的莫理循文庫，拜訪
了石田博士。

於是再讀松浦氏的《書後》，不論是从流暢的文章，還是从類似湖南的筆致
方面，都不得不說，作者是文章、書法都頗有才氣的人。

再次，畫面中和《書後》都出現了"蜀人白君堅甫"。此人名爲白堅
（1883—？），字堅甫，號石居。四川西充人。曾在日本留學，畢業於早稻田大學
政治科。後任國務院簡任書記，段祺瑞政府秘書廳編譯主任，1938年擔任臨時政
府内政部秘書，兼任師範學院國文教師。他喜好收藏金石書畫，組織了餘園詩社。
著有《讀正氣歌圖史集》《讀漢魏石經記》《石居獲古錄》等，又藏有古石經的殘
石，著有《漢石經殘石集附解說》《魏正始三體石經五碑殘石記》等（參照附記2）。

五

依據《書後》，此次雅會席上四翁都有賦詩，這是理所當然的。然而如翻看
《湖南詩存》（《全集》第十四卷），竟未找到一首集會式樣的詩。我一面覺得不
可思議，一面檢索多年來搜集的與湖南相關的筆迹資料和照片時，偶然地發現了

無疑是此次集會所作的湖南和雨山的詩，將其在此登出。拿著兩張沖印出來的照片，我想起這是在貝塚先生宅邸拍攝的。

首先，湖南的詩作用墨書寫在紙片上，開頭寫著"青山清代筆"，可見，湖南的詩作是由青山氏代筆謄寫的。

庚午十一月廿七，樂群社同人會於詩仙堂，君山博士詩先成，乃次其韵

有約林邱共樂群，摩挲遺物酒微醺。

虎頭阿堵傳神采，仙骨寧馨剩隴堆。

城市牛鳴常裹足，山房朋到細論文。

夜長時夢少年事，爲畫堞樓明夕曛。

虎甫草

大正

這裏，"摩挲遺物"大概是指鑒賞詩仙堂流傳的石川丈山生前心愛物品一事。青山清，號浣華，京都書法家，聽說受過晚年湖南的教導，負責代寫其口述的詩文稿等事宜。

雨山的詩作是自己寫的，如下：

敬業餘閑宜樂群，趁期勝境暫酣醺。

千秋韵事歸儒雅，萬里賓朋話典墳。（是日蜀人白山甫偶來會）

霜葉翻風霞散綺，山花落澗水成文。

高人高躅太蕭瑟，寒木一村烟半曛。

庚午小雪後四日，與樂群社同人吟集詩仙堂，君山博士詩先成，即和原韵

所謂"萬里賓朋話典墳"，如自注所說，意在説明此日白堅不遠萬里，携蘇東坡的書作前來這一事由。

最後，談一談《書後》一文引起我在意的一兩點。據《書後》文字，這幅《四翁樂群圖》是爲了紀念"守堂者"而作，準備贈送給他的，因此圖的右側畫了一位僧人模樣的人物。那麼，是除了這個長尾本，還有另一幅贈送給了詩仙堂的住持？還是這個長尾本原本應是贈送住持的，爲了先給雨山先生過目指點，又因某種原因保存在了長尾家？若是去詩仙堂，應該能找到綫索。而今暫且先記下圍繞此次在長尾家發現的《四翁樂群圖》所想到的如上幾點。

另外，白堅在這次雅會上帶來的《坡公禱雨記事詞卷》，究竟是一幅怎樣的作品？對於像雨山那樣嗜好東坡的人，想必是令人興致勃勃的作品，而關於之後它的傳入，却没有任何綫索，因而目前不詳。

總之，給雅游之宴席提供了相稱的話題是毋庸置疑的。

甲子（1984）十一月十七日初稿，丁卯（1987）十月二十四日改稿

附記

1. 昭和五十九年十一月我撰寫了《題〈四翁樂群圖〉》，登載在《湖南》第五號（昭和六十年一月出版）；昭和六十二年十月又寫了《再論〈四翁樂群圖〉》，在《書道研究》上連載，從第一卷第七號（1962年12月）到第二卷第二號（1963年2月）。此文是在以上兩篇文稿的基礎上，加以補訂而成。只是，依舊採用了初稿的題目。

2. 約昭和六十一、二年，在神保町的山本書店，我偶然發現并獲得了白堅所著《景真本東坡潁州禱雨詩話附考證》（民國十九年自跋）綫裝本一册。此書的封皮和襯頁皆白堅自題，首頁刊登了用石版印刷的詞卷的真迹，并附有詳細考證。此詞卷記載了元祐六年（1091）十月，時任潁州刺史的蘇東坡，擔憂久旱不雨，祭拜神靈祈求下雨之事。我複印了卷首的一部分，載在本書的卷首畫4，以作參考。

3. 劉正成先生主編的《中國書法全集》第33卷（榮寶齋，1991年10月）中，登載了此蘇詞卷的插圖版，同書第34卷，載有劉氏撰寫的作品簡介。簡介中注有"今不知藏所"，所以插圖想必也是從其他書籍上複製而來的。然而，簡介中一句也未提及上述2中所介紹的白堅的著書。那此蘇詞卷其後去向何處了呢？

4. 西川寧先生的《北京文人書法》（《西川寧著作集》第六卷）述及，昭和十四年十二月二日，白堅拜訪了先生在北京的住所，也提及了白堅的略傳和藏品。

平成九年（1997）四月二十一日補訂

原載《墨林談叢》，柳原書店1998年版，劉瓊譯，原文有插圖（此略）

内藤湖南的漢詩文

礪波護

　　爲紀念編輯發行《書論》雜誌的書論研究會（杉村邦彥爲會長）成立四十周年，研究會以“京都學派及其周邊”爲主題，舉行第三十四屆大會。會議在 2012 年 8 月 5 日（周日）、借銀閣寺道邊上的白沙村莊橋本關雪紀念館舉行。講演與研究發表之外，還展出了關西大學內藤文庫及狩野直禎、杉村邦彥兩位所藏的遺墨資料。我做了“湖南與君山及其他”的講演，以下爲一部分的講演記録。

　　十年前，我從京都大學退休之時，在京大會館舉行的史學研究大會上，圍繞賴山陽對內藤湖南的影響，做了“山陽與湖南”的講演，由此提及“湖南與君山及其他”的話題。“山陽與湖南”指的是賴山陽（名襄，1780—1832）與內藤湖南（名虎次郎，1866—1934），應該没有誤會。而這裏的“君山”，則有必要稍稍説明一下。因爲湖南身邊以君山爲號的人，有史學的稻葉岩吉（1876—1940）和哲學文學的狩野直喜（1868—1947）二人，這裏指的是狩野直喜。內藤與狩野是京都帝大文科創設期的教授，二人被認爲是“支那學”的開山鼻祖。

一、東洋學的京都學派

　　京都帝國大學創設於 1897 年，預期中的文科大學的開設舉步維艱，當時積極主張應該設置文科大學的輿論陣營中，最重要的正是大阪朝日新聞社社論記者內藤湖南。他在 1901 年 8 月的《大阪朝日新聞》上，連續以《京都大學的文科》《關西的文化與京都大學》《京都大學與樸學之士》爲題發表社論。文科大學的開設在日俄戰争勝利後的 1906 年始得實現。最初的文科大學校長（之後的文學部部長）內定爲德國留學的哲學專家大西祝（1864—1900），但他因病歸國後不久就去世了。

　　京都大學第一任校長木下廣次與國語學者、帝國大學教授上田萬年商議，決定請在野的三宅雪嶺出馬，并派遣與雪嶺關係親近的內藤湖南作爲使者前去説服動員，但三宅雪嶺并未接受。結果是，一高校長、秋田藩士狩野亨吉出任文科大學第一任校長，以他爲中心組建文科大學的教授陣營。

開設的講座與東京不同，支那哲學、東洋史學、支那文學分屬於不同學科，而東洋史學則設置了三個講座，這是特色。狩野亨吉在對教授陣營的選擇上，本著"求遺賢於野"的原則，在東洋史學方面，除内定了正在清朝留學的桑原隲藏（1870—1931）之外，還招聘了獨創性的學者、舊識内藤湖南，狩野在幾年前曾招聘内藤湖南到一高做教授，當時時機并不成熟（内藤未去應聘），現在，總算實現了願望。

以"京都學派及其周邊"爲主題舉辦的書論研究會成立四十周年紀念大會的會議指南和宣傳圖片上，印出了1919年6月21日，在京都圓山公園料亭"左阿彌"，爲"羅振玉（1866—1940）歸國送別會"聚集起來的京都學派及其周邊38位名家的紀念照片。與主題相關，日比野丈夫有《内藤湖南所交往的學者與文人們》一文（發表在《書論》第13號，1978年），詳細講述了文科大學設立時關西文化界的情況。

日比野的文章説，湖南在書法與書論方面，是内外公認的大家，但他與傳統書法界交往并不密切。正如傳統式的學問吹進了新風一樣，書法界也有革新的必要。明治十年代的書法界，受到楊守敬來日的影響，北朝碑版石刻的書風興盛，湖南認爲有必要推進唐以前正統書風的復興。1911年辛亥革命起，羅振玉、王國維亡命京都，亡命之際，帶來了新出土的甲骨、古銅器以及大量的典籍書畫，還帶來了中國新的學術動向、新史料的出版介紹等，給了日本特別是京都的東洋學界很大的觸動。

這期間，京都舉辦了各種風流雅集，大正二年（1913）是永和九年（353）之後的第26個癸丑年，由湖南倡導，4月，在京都府立圖書館和南禪寺的天壽庵，舉辦了蘭亭會。倡導者名簿中可見到西村天囚（名時彦）、富岡鐵齋（名百鍊）、富岡桃華（名謙藏）、小川如舟（名琢治）、神田香巖（名信醇）、内藤湖南、村山香雪（名龍平）、上野有竹（名理一）、桑原北洲（名隲藏）、藤澤南嶽（名恒）、鈴木豹軒（名虎雄）等28人。未見狩野君山之名，是因爲他當時恰在外地。蘭亭會的當日，流寓京都的王國維獻上了長篇七言古詩，犬養毅也從東京趕來參加。

王國維在京都一直住到1916年，羅振玉更住到三年後，在左阿彌舉行送別會之時。

在日比野論文的最後，言及湖南與政界領袖、繁忙的西園寺公望、犬養木堂兩位的翰墨交往。1915年正月，木堂與湖南共同揮毫寫下了下列條幅：

動中静静中動　犬養毅

忙裏閑閑裏忙　內藤虎

乙卯正月十三日

論文刊出了此一條幅的照片。這件作品十幾年前被京都一家古書店得到，講演之時也拿來展出了。

二、湖南與君山、雨山

長尾雨山（名甲，1864—1941），是與岡倉天心共同致力於創立東京美術學校的教授，在熊本第五高等學校做教授時，與夏目漱石是同事，兩人結下了親密的友情。後來轉至東京高等師範學校做教授，1903 年移居上海，主持商務印書館編譯事業，直到 1914 年歸國，定居京都。

此後，以雨山爲中心，開始舉辦各種人文趣味的集會。如紀念蘇東坡生日的"壽蘇會"就是其一，收集來的詩文以《壽蘇録》爲名集結成册。這時期，大阪與京都組織了各種文會，漢詩酬唱比較活躍。大阪的西村天囚與籾山衣洲發起景社，以雨山爲首，武內義雄、石濱純太郎等參加。京都有麗澤社，由湖南和君山指導，年輕一輩的小島祐馬、青木正兒、本田成之、岡崎文夫、那波利貞、神田喜一郎等人參加。

當時，在研究中國的學者以外，也有幾位漢詩漢文能手，京大醫學部荒木寅三郎、法學部織田萬，就是湖南等人的唱和對手。特別是號爲鳳岡、在 1915 年至 1929 年的 14 年間任京都大學校長的荒木，常常在左阿彌的"清風閣"開設雅集，并在湖南赴歐洲旅行之際爲他舉辦了送別會。在紀念校長卸任的翌年，編集了《鳳岡存稿》漢詩文集的箋裝本，狩野直喜、內藤虎次郎、鈴木虎雄三人分別作了序，署"荒木寅三郎著　長尾甲校"，可知雨山是擔當了校訂者。

日比野丈夫另有一文，爲《鐵齋與京都學派》（《別册墨》第 10 號，《富岡鐵齋其人與畫》，1989 年，藝術新聞社刊）。文章刊載了"羅振玉歸國送別會"上五個人的合影照片，即羅振玉居中，右手富岡鐵齋（1836—1924）與湖南，左手犬養木堂（1855—1932）與長尾雨山五人并排而坐的照片。前面述及送別會的集體照片，在內藤湖南誕辰 130 周年紀念的特別展上展出過，在紀念會上發布的題爲"照片所見內藤湖南的生涯"（鹿角市先人顯彰館，1996 年刊）資料上也有收録。

湖南歷次將自己創作的漢詩，向狩野君山和長尾雨山乞正筆削的情況，可通過《內藤湖南全集》第十四卷（筑摩書房 1976 年刊）所收的數量龐大的書簡得知。部分未收入的湖南致君山的書簡，被熊本古書店獲得，希望以後有機會可以披露展出。全集第十四卷《湖南詩存》第 315 頁可見甲戌（1934）三月的七言詩《病中地天至自臺北因賦》，地天即木村泰治。這是湖南去世四個月前，在京大醫院被告知是胃潰瘍（實際是胃癌），在病床上所作的漢詩。在 3 月 3 日的書簡下方，有送木村一條，有向雨山、君山乞正筆削一條；3 月 13 日下，有一條寫著"鄙作經君山博士指正，已爲補改，煩請再爲披覽，賜下評語"，是給雨山的信，信封裏裝著的便是《病中有友至自臺北因賦》的詩稿。我手中有 3 月 13 日寫給君山的、蓋有"寶許簃"印章、謄清在紅色四百字的稿紙上的詩稿的印刷品。

三、評點本《內藤湖南漢詩文集》

湖南創作了數量龐大的漢詩以及與著作、書畫相關的漢文序跋等，以前不可能全部讀到。神田喜一郎與內藤乾吉編輯的《內藤湖南全集》第十四卷包括《湖南文存》十六卷加補遺、《湖南詩存》（不分卷），全部六百餘件，與和歌、書簡、年譜、著述目録等并列，使得內藤湖南漢詩漢文的全貌得以呈現。這是無法估量的學恩。另外，杉村邦彦主編的《書論》從第 13 號起，連續五期刊載了《內藤湖南全集補遺》51 件，其中也包括有漢文漢詩。當然，全集及補遺，都只是收入白文，未施加句點。

這裏介紹一下中國出版的《日本漢文著作叢書》之一的《內藤湖南漢詩文集》，由魏東任責任編輯、印曉峰點校，廣西師範大學出版社 2009 年 1 月刊。這個《日本漢文著作叢書》的《夏目漱石漢詩文集》，同年 8 月由華東師範大學出版社出版刊行，這套叢書并非由同一個出版社出版。《內藤湖南漢詩文集》不僅廣泛網羅，卷末還有"湖南文存新補"一項，選録了《書論》補遺的 13 件，又追加了中國出版的書籍中散見的 13 件湖南漢詩漢文。全書對漢詩漢文進行了標點，偶爾還設有"校"一項，校訂原文文字及加以考證，可謂竭誠盡力。

舉一個印曉峰校訂的例子。36 頁《華甲自述二首用趙次珊大帥見贈詩韻》的標題，有"趙次珊大帥"字樣，底本《內藤湖南全集》第十四卷第 294 頁作"趙次珊大師"，趙次珊即趙爾巽，1905、1906 年內藤湖南在盛京故宮進行藏書調查時，他是盛京將軍，校訂爲"大帥"是正確無疑的。另外，《湖南》第二十九號上刊載的拙稿《內藤湖南〈華甲壽言〉》一文的插圖上，也有湖南自己明確寫著"趙次珊大帥"的證明。

四、上野的收藏與内藤湖南

在書論研究會上的演講，由於時間限制省略的内容，這裏借機説一下。

京都國立博物館收藏的中國書畫的核心部分，是上野理一的藏品。上野理一是朝日新聞社的創始人（號有竹齋，1848—1919），他的收藏由其子上野精一社長於 1960 年轉贈京都國立博物館。理一收藏中國書畫之時，得到過内藤湖南的指點。重視筆墨的精神性内容，對書畫中反映出中國文人藝術觀的作品，進行系統性的收集，是其藏品的一大特色。上野理一收藏品轉贈 50 周年紀念的特別展覽會——"筆墨精華——中國書畫的世界"，於 2011 年元月在博物館舉辦，并出版了豪華的圖録，還展出了國寶唐寫本《王勃集》卷二十八。作爲參考文獻，記載購入此國寶前後經過的、上野家所藏的"内藤湖南致上野理一"的書信，也一并展出。

與這個特別展相關聯的活動是星期六的講座。1 月 22 日，我做了以"上野收藏品與内藤湖南"爲題的講演。講演室因爲在修建不能使用，借用了京都女子大學校舍的 5 樓進行。在言及内藤湖南致上野理一的書信的同時，我也介紹了《内藤湖南全集》第十四卷的夾册上所刊載的上野淳一的《内藤湖南先生與上野三代》一文。根據淳一的文章，其父精一去世後，葬於與内藤湖南相同的歸葬地——法然院，祖父理一的墓碑也移到了法然院。理一的墓志銘爲湖南所寫，精一的墓志銘爲内藤乾吉所寫。

2011 年元月開始的京都國立博物館展覽會"筆墨精華——中國書畫的世界"，其實不是單獨的展覽，而是關西地方九個博物館和美術館所藏中國書畫藏品的系列展出，在此後的一年零兩個月的時間内，依次持續展出，直到翌年二月份爲止。參加展覽的九個館是：和泉市久保惣紀念美術館、大阪市立美術館、觀峰館、京都國立博物館、黑川古文化研究所、泉屋博物館、澄懷堂美術館、藤井齊成會有鄰館、大和文華館。在東京都涉谷區立松濤美術館的協力下，以京都大學名譽教授曾布川寬爲代表，發起成立了關西中國書畫收藏研究會。

爲迎接"關西中國書畫藏品展"系列展覽開幕，曾布川寬監修、關西中國書畫藏品研究會編的《中國書畫探訪——關西的收藏家及其藏品》（二玄社，2011 年 1 月版）也如期出版。

在序章"關西中國書畫藏品展的邀請"中，曾布川寫道：

令人注目的是，湖南對於所有這些名品幾乎全部掌握，這從這些作品上的題簽、題跋以及各個收藏家競相出版的豪華圖録的序文上，大致可以看出。當時的人收入書畫名品，求內藤湖南或長尾雨山題跋，是常事。

還刊出了上面言及的"羅振玉歸國送別會"上的那張五人照片。

其次，在"收藏家及其周邊人物"部分，選取了上野理一、犬養木堂、桑名鐵城、長尾雨山、內藤湖南、羅振玉、阿部房次郎等十七人。其中湖南一條，刊出京都大學文學研究科所藏雙幅條幅《華甲自述》二首的彩色照片，但并没有作爲二首之一的"用趙次珊大帥見贈詩韵"的説明。此外，在第一插頁"出自收藏家顧問的題跋、箱書、題簽"（19 頁）中，作者寫到"在關於作品的流傳與鑒定、作者的資料以外，還記下入手的經過與欣喜等，是瞭解藏品形成的珍貴資料"，并刊出湖南、雨山、羅振玉三人題識的彩色照片。

總之，評點本《內藤湖南漢詩文集》與《中國書畫探訪——關西收藏家及其名品》二書，是傳播作爲漢詩漢文作者，以及作爲中國書畫鑒識家、書法家的內藤湖南的名著。

原載《書論》第 39 號，2013 年，錢婉約譯

關於張爾田的信函及《臨江仙》詞

陶德民

關西大學圖書館内藤文庫中存有一批未經整理的來往書信，其中有張爾田致"日本京都府相樂郡瓶原村　内藤虎次郎先生"的一封來函，并附有《臨江仙》詞一首，爲 1930 年 7 月 8 日挂號寄自"上海貝勒路同益里九號"。筆者在兩年前發現以後，因種種原因，未及加以詳細考證。最近因爲研究内藤湖南與浙東學派，特別是與章學誠的關係，自然要聯繫到張爾田，所以決定對張爾田其人，内藤對張爾田的評價，以及來函内容和詞的寓意做一番初步的探討。

一、張爾田其人

關於張爾田（1874—1945）的生平及其著作，著有《中華二千年史》《東京夢華録注》和《清詩紀事初編》的鄧之誠（1887—1960）在《張君孟劬別傳》中曾做過詳述。鄧因與晚年的張爾田在燕京大學做過同事，均爲研究院導師（張爲"總導師"），意氣相投，瞭解較爲深入，故所做別傳也較爲真切。此傳發表時間久遠，較難尋覓，故在此將《民國人物碑傳集》收録的該傳加以全文轉載。

> 君名爾田，官名采田，字孟劬，晚號遯堪，世爲錢唐張氏。先世藻川侍郎始貴，侍郎子仲雅撰《選言胲言》，以文學顯，逮君五世，皆仕宦，代有撰述，稱爲清門。君少以辭章擅名，爲文規摹六朝，詩逼似玉溪。從官直隸，以例監生入試北闈，被放，旋依例爲刑部主事，改官江蘇試用知府。國變後，高隱不仕，專心著作，於學無所不窺。初治《説文》，通《三禮》，继遍讀周、秦諸子，識其指歸，以間習小乘佛教經典，嘗造《阿毗達磨倶舍論講疏》，窮深研幾，并世莫及，後乃專意於史。世方重錢、王史學，以補苴考訂爲工，君獨明體例，弘鑒裁，鳩集衆事，志在紀述，欲自謝山，以窺黄、萬，遥接東萊、伯厚、身之之緒，以光大浙東史學。所撰行世者，有《史微》八卷，本章學誠之旨，求證於群經諸子，窮源竟委，合異析同，以推古作者之意，視學誠爲通類知方，燦然有序。君由是顯名。倭人至列爲大學研文史者必讀

之書。有《玉溪生年譜》四卷，辨正兩《唐書》，旁搜雜史文集，意在著明武、宣兩朝史事之幽隱者。於是玉溪之詩，皆犁然有指證，補從來注家之所未及。嘗以示江陰繆荃孫，嘆爲才大心細。《列朝后妃傳》二卷，取史館舊稿，增省爲之，列事證爲注，自謂一生成就，或在此書。蓋不特後宮典制賴之以存，而宮禁事秘，易生揣測，僉人小夫，恣爲謗書，自矜奇創，事皆無徵，君嚴辭辟其誣枉。孝欽臨朝專制，一代興亡所繫，君備著其事，微辭示意，寄慨尤深。三復君書，而後知毛奇齡所作爲短書瑣語也。《蒙古源流箋證》八卷，故人嘉興沈曾植發其端緒，身後遺書零落，君發憤爲之理董，是正百數十事，幾以全力爲之，乃自居曰"校補"，蓋謙辭也。《錢大昕學案》二卷，君深明樂曆，熟於遼、金、元三史，故於錢氏之學，發揮靡遺，後刻入《清儒學案》中。

君深思力學，無所師承，而卓然名家。少嘗從武進屠寄、固始秦樹聲、長洲章鈺學製藝文，比聲名既盛，君所師者，或轉欲師之，然君終身執弟子禮不改。早與同縣夏曾佑議論相得，撰《屛守齋日記》一卷以記之。居上海時，與海寧王國維、吳孫德謙齊名交好，時人目爲海上三子。國維頗有創見，然好趨時，德謙只辭碎義，篇幅自窘。二子者，博雅皆不如君。之誠端居讀史，歷數十年，深信史學以紀載爲本，頗與時賢異趣，晚乃得君。君素服膺章學誠、龔自珍，唯此不敢苟同，餘皆與君合，以是稱至契。君沒，彌深孤立之懼，故知君最深者，莫之誠若矣。君不獨精研於學，制行尤謹。初，清史館之開，與纂修者，皆前朝舊人，或覬復辟，謂清未亡，不當修清史。君不顧曰："東觀《漢紀》，即當世所修，何嫌何疑耶？"居史館數年，成《樂志》、《刑法志》、《地理志》江蘇篇、《后妃傳》、康熙朝大臣圖海李之芳傳。先後受聘北京大學、上海交通大學，教授生徒，以是爲束脩之奉，非祿食比。倭人設東方文化會，續修《四庫全書提要》，重幣聘君，君峻拒之。君本殷頑，倭方納遜帝，乃推中夏之義，不與倭并存，何其壯也。

晚遂與之誠同教授於燕京大學，爲研究院導師。君天懷澹定，不立崖岸，率真無城府，口講指畫，談諧間作，喜獎藉人，人喜其樂易，多親之。然論事有執持，不務徇人。慨世教之衰，樂崩禮壞，思有以扶之。早歲憤梁啟超輩異說惑世，因撰《新學商兌》一卷。晚尤篤信孔、孟，有犯之者，大聲急呼以斥，雖親舊，無稍假借。謂人心敗壞至此，必有滄海橫流之禍，屢有論述，歸本禮教，欲爲匡救。未幾，倭難果大作，而君竟憔悴憂傷以死矣。平生所爲文，無慮數百篇，詩八九百首，皆不留稿。門弟子輯文得百餘篇，厘爲四卷，藏於家。詩僅存《槐居唱和》一卷，蓋與之誠憤倭難而作也。晚歲喜填詞，以寫其幽憂忠愛之思，成《遯堪樂府》二卷，論者謂半塘、古微而外，未有能及之者也。辛前一年，復治《三禮》，考訂服制，多正前人違失，已老病，不能成書。初患肺氣上逆，稍平復矣，會感微痾，遂以乙酉正月初七日卒於故都。前四日，手書遺誡毋飾浮文，神志湛然。距生於甲戌正月二十九日，春秋七十有二。先娶於陳，継潘，無子，猶子宗炳爲嗣[一]。

綜上所述，并參以有關人名辭條，可知張爾田爲浙江錢塘（今杭州）人，"無所師承"，主要靠家學傳統和刻苦自學成才。清末舉人，歷任刑部主事和江蘇試用知府。1911 年辛亥革命後，先後參與《清史稿》和《浙江通志》的編纂。1921 年以後，歷任北京大學、上海交通大學和燕京大學教授等職。精於史學和詞學，主要著作有《史微》《玉溪生年譜會箋》《蒙古源流箋證校補》和《遯堪樂府》等。

1945 年初，張爾田於"故都"北京逝世。此後鄧之誠爲其作傳，文中稱侵略中國的日本帝國主義者爲"倭"，并贊揚張爾田拒絕與其文化事業合作的高風亮節。其中也提到其名著《史微》"本章學誠之旨"而有諸多創獲，故被日本"列爲大學研文史者必讀之書"，可見其早期與日本學術界確有交往。鄧之誠作爲同事同行，雖然對張爾田"素服膺章學誠、龔自珍"的學術傾向不敢苟同，但其他方面"皆與君合，以是稱至契"，以致在張逝世以後不禁有"孤立之懼"。

二、內藤對張爾田的評價

那麼，張爾田與日本學術界，特別是與內藤湖南的交往是什麼時候開始的呢？

據筆者的查閱，內藤在 1917 年秋天至初冬的訪華記錄中曾提到，12 月下旬在北京的清史館拜會了"總裁趙爾巽氏，同編輯官吳廷燮、鄧邦述、馬其昶、李經畬、張爾田、秦敦世諸氏，皆可稱爲當世碩學之人"。出自趙爾巽的好意，內藤還被引導參觀了該館的編輯室以及文庫的內部[二]。

[一]　中國社會科學院"近代史資料"編輯部主編：《民國人物碑傳集》，成都：四川人民出版社，1997 年，470—471 頁。

[二]　《支那視察記》，《內藤湖南全集》第六卷，467、470 頁。

　　這也許是兩人的初次見面。但可以肯定的是，這絕非是内藤初次知道張爾田的名字。其原因，最重要的是張爾田在清末便著有《史微》，并"由是顯名"。而《史微》"本章學誠之旨"，内藤又最尊崇章學誠（1728—1801），故内藤早已矚目於張爾田，當無疑義。

　　不僅如此，張爾田還對沈曾植的《蒙古源流箋證》做過校補。沈曾植（1850—1922），浙江嘉興人，字子培。光緒六年（1880）進士，對清代學術無所不通，爲西北地理歷史學的泰斗，是内藤最欽佩的晚清學者。内藤於1899年初次訪華，已聞其大名。1902年再次訪華，在北京與之長談。因而一再向沈曾植請求其《蒙古源流箋證》的抄本。因爲當時中國政治局勢動蕩不安，沈曾植參與高層對内政外交的決策，後又擔任地方官員，終未能將該書完成。1915年主編《浙江通志》時，沈曾植邀請王国維、張爾田等爲分纂者。由是，年齡相差將近一輩的沈、張二人益形接近。在沈曾植於1922年逝世後，張爾田哀其"身後遺書零落"，便發憤爲其校補《蒙古源流箋證》，訂正"百數十事"，并加以刊行。内藤生前是否見到該書，目前尚無法確定，但他對張爾田的校補工作有所聞知，應是很有可能的。

　　因爲如此，内藤對張爾田的評價甚高，屢屢在其弟子門生之前加以推獎。例如，吉川幸次郎記得内藤説過，張爾田爲自己"平生第一知己"。神田喜一郎也回憶説，内藤在與羽田亨編輯1926年的《内藤博士還歷祝賀支那學論叢》（以下略作《支那學論叢》）時有所疏忽，未向張爾田約稿，因而感到頗爲遺憾。之後特意請其撰文，遂將其《真誥跋》一文收入1930年由西田直二郎編輯出版的《内藤博士頌壽記念史學論叢》（以下略作《史學論叢》）（弘文堂）[一]。

　　至於内藤本人於1905年和1906年在奉天宮殿調查滿蒙漢文《蒙古源流》一事，以及他與沈曾植的交往和對章學誠的推崇，筆者已經分別在《内藤湖南の奉天調査における学術と政治——内藤文庫に残る1905年筆談記録について》（関西大学『アジア文化交流研究』第1号、2006年3月）以及《内藤湖南における進步史観の形成——章学誠『文史通義』への共鳴——》（『アジア游学』2006年11月号）等兩篇近作中加以考察，此處就不加重複了。

[一]《内藤湖南博士》，東方学会編《東方学回想Ⅰ・先学を語る（1）》，刀水書房，2000年，96—97頁。

三、張爾田來函的主要內容

上面提到，內藤在 1926 年 5 月《支那學論叢》出版後曾向張爾田約稿。而後者於"戊辰閏月"即 1928 年三、四月間作了《真誥跋》一文，最後被收入 1930 年 6 月出版的《史學論叢》。這說明了張爾田在儒教和佛教以外，對道教也深有研究。而關於這一方面，鄧之誠在《別傳》中却未提及。因爲該文的內容超出了本文的論題範圍，故不在此加以分析。

據 1930 年 7 月 8 日來函可以知道，張爾田收到由弘文堂轉寄的內藤書信和《史學論叢》及《華甲壽言》，是在兩天前的 7 月 6 日。兩天之後便回信，并附上《臨江仙》詞一首，可見張爾田對內藤的尊重和收到來信和贈書時的欣喜之情。

以下，先將張爾田的來函列出，并加以標點。

湖南先生有道：

一昨由弘文堂寄到承賜《史學論叢》《華甲壽言》各書，并書示嘉章，祗領感謝。區區不腆之文，荷先生獎納，汗顏無地。惟益祝先生神明湛固，永爲吾黨泰斗耳。田年二十餘與孫隘堪同學，得章實齋六經皆史之說，好之。彼時國內學者顇無有人注意及之者，而豈知先生於三十年前在海外已提唱此學，且於竹汀、東原諸家，無不博采兼收。覃及域外，較諸實齋更精更大。即以文藝論淵雅道逸，亦遠在北宋之上。此非田一人之私言，實天下之公言也。田生平無他嗜好，惟以學問爲生涯，以朋好爲性命。此後先生耄學日勤，續有纂述，無吝賜，尤所盼也。寫呈近作小詞一章，變雅之音，固與鼓吹承平六籍者不同。先生讀之，倘亦哀其志乎？專此肅復。敬頌

起居康泰。不一。

張爾田

張爾田在信的開頭，首先對內藤的郵件表示感謝，特別對於內藤獎納自己的《真誥跋》這一"區區不腆之文"，感到非常慚愧，"汗顏無地"。

文中的主要一段，是對內藤率先表彰章實齋"六經皆史之說"這一功績的贊揚。其中提到他本人和孫隘堪即孫德謙（1873—1935）在二十餘歲同學時，因得知章實齋"六經皆史之說"而"好之"的情形。兩人皆生於 1870 年代前期，故其得知章實齋該說，應是在 1890 年代後期，從時間上說，并不晚於內藤，因爲內藤在杭州購入《文史通義》是在 1902 年。

不過，雖然都對章實齋的學説"一見鍾情"，張、孫兩人只是"私淑"而已，恐怕并未將自己的意見公之於世，而國内學界亦"頗無有人注意及之者"。大約十年之後，張爾田於"戊申（1908 年）三月述《史微》内外篇成"，纔在凡例中公開表示"嗣得章實齋先生《通義》，服膺之，始於周、秦學術之流别，稍有所窺見。久之，讀太史公書，讀班馬孟堅書，無不迎刃而解，豁然貫通。[一]"而據内藤所藏《史微内篇》兩種（四卷本及八卷本，皆爲《多伽羅香館叢書第一種》）可知，其出版時，已分别是在"辛亥"年（1911）和"壬子"年（1912）了。

與此相反，内藤則反復向其好友和門人介紹章實齋，并在得到《章實齋全集》的未刊本後，於 1920 年首先爲之作年譜。其結果，不僅引起了日本學界對章實齋的重視，而且也引起了中國學界，包括新文化運動的同人對章實齋的重視，胡適和姚名達等也相繼爲章實齋作年譜和考證，以褒揚之。對此，内藤頗爲自負[二]。

張爾田在信中還稱，内藤不僅對浙東學派的章實齋備加推崇，而且對"竹汀"錢大昕，以及"東原"戴震的考據學也"博采兼收"，此外，在文藝的"淵雅遒逸"方面亦"遠在北宋之上"。最後這一點，可能是指内藤在金石學和繪畫史方面的造詣，也指其收藏之富和書法之工。總之，張爾田對内藤的贊揚，包括所謂"此非田一人之私言，實天下之公言也"一句，可以説是到了無以復加的程度。

不過，張爾田對内藤的贊揚，其實也正反映了他自己的學術宗旨。正如王國維在 1917 年爲張爾田的新作《玉溪生年譜會箋》（玉溪生即李商隱）所作序言中指出的那樣，"君嘗與余論浙東、西學派，謂浙東自梨洲、季野、謝山，以迄實齋，其學多長於史；浙西自亭林、定宇，以及分流之皖、魯諸派，其學多長於經。浙東博通，其失也疏；浙西專精，其失也固。君之學固自浙西入，漸漬於浙東者。君曩爲《史微》，以史法治經子二學，四通六闢，多發前人所未發。及爲此書，則又旁疏曲證，至纖至悉，而孰知其所用者，仍周漢治經之家法也"[三]。可見，張爾田和内藤一樣，也是融浙東、浙西兩派學風爲一爐而形成自己的風格。故二者有心心相印、互相推挽之情。

[一] 《史微内篇》四卷本，爲《多伽羅香館叢書第一種》，目録末尾有出版緣起，爲"辛亥季春山陰平毅劼剛"所記，劼剛稱張爾田爲"姨丈"；八卷本，也爲《多伽羅香館叢書第一種》，目録末尾也有出版緣起，爲"壬子先立夏三日東蓀"所記，東蓀稱張爾田爲"兄"。二者都是張爾田的親戚。

[二] 《章學誠の史學》，《内藤湖南全集》第十一卷《支那史学史》附録所收，472 頁。《胡適之の新著章實齋年譜を讀む》，《内藤湖南全集》第七卷，80—90 頁。

[三] 王國維《序》，《玉溪生年譜會箋》，臺灣"中華書局"，1966 年，序第 4 頁。此書承蒙森瀨壽三先生惠贈，謹記之，以示謝忱。

四、《臨江仙》詞的寓意

不過，二者的心心相印、互相推挽之情，不只是來自於學術趣旨的相仿，也來自其政治感覺的某種相似。故張爾田在信的結尾説明所附《臨江仙》詞時，有"先生讀之，倘亦哀其志乎"之問。這種感覺，就是對辛亥革命以後中華民國的種種動亂和激進變革的不滿和失望。

關於内藤的這種感覺，我已經在《内藤湖南における『支那論』の成立ち——民国初期の熊希齡内閣との関連について——》(《東方学》第 108 輯，2004 年 7 月）以及《鄭孝胥與水野梅曉的交往及其思想初探——以霞山文庫所藏〈使日雜詩〉卷軸爲綫索》(關西大學《中國文學會紀要》第 26 號，2005 年 3 月）等論文中加以分析，此不贅言。這裏要補充的一點是内藤對五四新文化運動的反感和批判。即他在《新支那論》(1924）第六章《支那的文化問題：新人の改革論の無價值》中指出，"中國最近由所謂新人實行新文化運動，或顯現爲舊道德的破壞論，或顯現爲文學革命。舊道德的破壞論主要在於破壞儒教，其論者之中，或者有人要採用新從西方引進的個人主義、社會主義以及共産主義等，或者有人要採用陳舊的墨子和老子的主義等，這些人的議論都忘記了歷史的價值。儒教將支那陷入今日的積衰積弱，這樣的議論在某種意義上也許是事實。然而儘管有那些弊害，長時期來中國的道德由儒教而得以維持一事，也是必有其原因的。……中國人自不待言，最近屢屢爲中國的新人所傾倒的日本人等，如果不注意中國人的邏輯上的嚴重缺陷，不真正從根本上論斷儒教的價值，其輕率的結論也可能對日本的現代思想造成壞的影響。[一]"内藤對激進思想在中國以及日本的影響十分擔心，并非杞人憂天。因爲就在他自己也經常發表論文的《支那學》雜誌上，京都大學的後輩、且也是該雜誌編輯的青木正兒等便公然表明了對胡適等文學革命中涌現的新人的傾倒。不僅如此，他還對企圖"隻手打倒孔家店"的吳虞的"儒教破壞論"表示贊賞，并在内藤寫《新支那論》同一年的春天前往北京拜訪之。關於這一點，筆者已在《五四文学革命に対する日本知識人の共鳴：吉野作造・青木正兒の中国観と日本事情》(《文化事象としての中国》所收，關西大学出版部，2002 年 3 月）中做過評述，在此也就不作重複了。

而張爾田的政治感覺又如何呢？其實，上述鄧之誠的別傳已經透露出一些信息，如"國變（指辛亥革命以後清王朝變爲中華民國）後，高隱不仕，專心著作"，

[一] 《新支那論》，《内藤湖南全集》第五卷，540—541 頁。

"早歲憤梁啓超輩异說惑世，因撰《新學商兌》一卷。晚尤篤信孔孟，有犯之者，大聲急呼以斥之，雖親舊無稍假借。謂人心敗壞至此，必有滄海橫流之禍。屢有論述，歸本禮教，欲爲匡救"等等。而《民國初期的復辟派》一書的作者，也將其在辛亥革命後參加"遜清遺老"在上海組織的最大文會"淞社"和協助復辟心切的沈曾植編修《浙江通志》等事，作爲其被捲入"消極性的"懷舊和復辟活動的依據[一]。

那麼，張爾田在來函中所附的《臨江仙》詞是否也反映了他的這種思想傾向呢？

下面，先將該詞加上標點，以便理解。

臨江仙

一自中原鼙鼓後，繁華轉眼都收。

石城艇子爲誰留？

烏衣尋廢巷，白鷺認空洲。

萬事驚心悲故國，青山落日潮頭。

此身行逐水東流。

除非春夢裏，重見舊皇州。

湖南先生教正　爾田呈稿

很顯然，詞的前半段主要爲寫景，後半段主要爲抒情。而所寫的場景，大體是設定在兩晋至唐朝的"江寧"。如"石城"爲江寧縣石頭城的略稱（左思《吳都賦》有"戎車盈於石城"一句），"烏衣巷"在江寧縣的東南，爲兩晋時代貴族的集居地（劉禹錫《烏衣巷詩》"朱雀橋邊野草花，烏衣巷口夕陽斜。舊時王謝堂前燕，飛入尋常百姓家"），"白鷺洲"在江寧縣西南的大江中（李白《登金陵鳳凰臺詩》有"三山半落青天外，二水中分白鷺洲"兩句）等等[二]。因此，前半段的大意爲，自從辛亥革命的烽火（以"鼙鼓"即戰鼓的聲音來作象徵）停息以後，舊時的繁華都一去不復返了。而昔日的王城即紫禁城（以"石城"作象徵）已無用武之地，帝王將相（以"烏衣"爲象徵）也都成了破落户。

[一]　胡平生《民國初期的復辟派》，臺北：學生書局，1985年，55—60頁。
[二]　各個專有名詞的出處，皆見於諸橋轍次《大漢和辭典》相關辭條。

詞的後半段中的兩句，所謂"萬事驚心悲故國"和"此身行逐水東流"，是其直抒胸臆之筆。進而自嘆有如夕陽西下（"落日"），不能再有任何希望。至多也只能在"春夢"裏再次見到"舊皇洲"而已。所以，張爾田自認爲清朝"遺民"以及他對皇朝時代的留戀，躍然紙上。正因爲如此，他視内藤爲難得的海外"知音"，在回信時向他寄贈了這首《臨江仙》詞。

關於張爾田的詞學造詣，同時代人多有褒揚。比如夏敬觀爲他的《遯盦樂府》作序時指出："君自遘世塞屯，益勵士節，勤撰述。其寓思於詞也，時一傾吐肝肺芳馨，微吟斗室間，叩於窈冥，訴於真宰，心癯而文茂，旨隱而義正，豈餘子所能幾及哉？ [一]"這一評論，著重於強調他在辛亥革命後的詞作，是他的士節與真情的流露，爲其他詞人所不能及。

其實，張爾田的這種作詞的風格，和他所景仰的沈曾植的詞風也有一脉相通之處，那就是作爲清朝"遺臣"而寄哀思於筆端。1932年夏，即他給内藤寄去書信和《臨江仙》詞的兩年之後，亦即沈曾植逝世十周年之際，他終於編定了沈曾植生前委托給他編輯的詞集《曼陀羅寱詞》。在序言中，張爾田寫道：

> 故自辛壬以後，詞蒼凉激楚，又過前編。……今公往矣，復讀公詞，猶前日事。鳴呼，余又何敢序公之詞也。雖然，公之精神，在帝之左右。公之詞，且如列星二十八宿，環北辰而無極。……余雖不敢序公詞，而又何忍以弇陋辭也。因書之，以復於慈護，且以詒天下後世之讀公詞者。 [二]

這裏所説的"辛壬"即辛亥年（1911）和壬子年（1912）。亦即在辛亥革命以後，沈曾植的詞也顯得更加"蒼凉激楚"，其精神在"帝之左右"，其詞也如衆星環繞北斗。張爾田希望借此詞集，向後世讀者傳達他們這一代經歷過滄海桑田般的巨大歷史變革的人們的真實感受。

原載日本關西大學《中國文學會紀要》第 28 號，2007 年

[一] 忍寒居士編《近三百年名家詞選》，收在《近代詞選三種》，臺北：世界書局，1962 年，第 201 頁。

[二] 彊村老人輯《滄海遺音集》，同樣收在《近代詞選三種》，首卷首頁。

内藤湖南的漢詩

金程宇

　　毫無疑問，内藤湖南先生是 20 世紀最具影響力的中國學家之一，他留下了一系列開拓性的研究業績，至今仍爲學界所稱引、追慕。内藤湖南治學的廣博、精深，不僅在日本學界廣爲人知，在中國也享有盛名，如王國維稱其爲 "日本漢學大家"[一]，陳寶琛稱其爲 "隔海欣來物茂卿"，特別是史學大家陳寅恪悼念王國維的名作《王觀堂先生挽詞》，在提到王國維的日本友人時説，"東國儒英誰地主，藤田狩野内藤虎"（原注：此三人中，内藤虎之學最深也），最爲膾炙人口[二]。也許正因如此，學界對湖南先生的研究主要集中在其學術方面[三]，并取得了豐富的成果。但其實，湖南先生還是一位長於漢詩寫作的詩人。他留下的詩篇雖然數量不多，但内容廣泛，含意豐富，值得細緻探討。本文試就此略作探討，希望起到抛磚引玉的效果。

一、《湖南詩存》補遺

　　在閱讀湖南先生的漢詩之前，首先需要對其漢詩保存、整理的情況略作介紹。湖南先生的漢詩主要收録在筑摩書房出版的《内藤湖南全集·詩存》中，共 250 餘題，420 餘首，只是這并非湖南先生漢詩的全部。《詩存》始於《癸巳臘末畑山吕泣同游鎌倉車中口占》，作於明治二十六年，其時湖南二十八歲。此前湖南先生在師範學校時寫給父親信中所附的漢詩及其編輯雜誌、報紙時所發表的作品未予收入。根據内藤乾吉的整理後記，得知神田喜一郎在編輯時，考慮到這些作品爲湖南先生年輕時代的習作，故不予收入。不過，内藤乾吉同時指出，《全集》

[一]　梁穎整理：《王國維致劉承幹尺牘》（二），《歷史文獻》第三輯，上海科學技術出版社，2000 年。
　　　陳寶琛《滄趣樓詩文集》卷八《贈日本内藤湖南》，上海古籍出版社，2006 年。陳寶琛（1848—
　　　1935），字伯潛，號弢庵，曾任内閣大學士等職。湖南有《寄弢庵師傅用丁巳歲見贈詩韵二首》（《詩
　　　存》收録）。
[二]　陳美延編：《陳寅恪集·詩集》，北京：三聯書店，2001 年。
[三]　内藤戊申：《内藤湖南研究文獻目録》，《書論》第 13 號，1978 年。

中附載的《湖南小稿》是明治二十年前作者入京前的作品，其中《憶昔二首》（其一）曾收入《玉石雜陳》初稿，而定稿時刪去，可見“作者對自己少年時代的作品出人意外地鍾愛”[一]，似乎對這些詩作不入《詩存》不無惋惜。

最近中國出版了《內藤湖南漢詩文集》[二]，所據底本即爲筑摩書房版《全集》第十四卷的漢詩文部分，也沒有收入這些湖南先生的少作。實際上，這些作品不僅對了解湖南先生的漢詩創作有益，對瞭解當時湖南的思想感情也很重要，有必要加以收集匯總。如《全集》中所引的一些詩作，不見於《詩存》。下面將這些作品的詩題列出（爲便於核對，括號內列出首句；出處括號內爲《全集》的冊數、頁數）：

（一）**奉賀聖駕東巡**（一千行路瑞雲暄）

見內藤乾吉《後記》（14/753），明治十四年作，湖南十六歲。

（二）**得家君書書末有詩即用其韻却呈二首**（小妹憐渠未恨生，團坐聽來暮雁鳴）

見明治十五年十二月十九日信（14/336），湖南先生十七歲。

（三）**□□**（怪風盲雨滿春城）

七絶一首，見明治十六年三月二十三日信（14/342），湖南十八歲。

（四）**相思**（相思揭帘坐）

（五）**春晚雜興二首之一**（瞥眼芳春奈感傷）

以上二首見明治十六年六月二十二日致父親信（14/347），時湖南先生十八歲。《湖南小稿》載《春晚雜興二首》（其二），未署年。

（六）**聞雁**（爺娘歡語一燈明，無是灣湖所宿鴻）

七絶兩首，見明治十六年十二月二十日致父親信（14/353），時湖南先生十八歲。

（七）**留別吉村瞻南**（四十萬言飢欲死）

見明治二十九年《歸京の記》（1/682），時湖南先生三十一歲。

（八）**悼川連生**（血爲油分骨爲薪）

見《坐右記》（1/581），原無題。此詩又載於《書論》第18號《補遺》，所

[一] 湖南作品有時會引用自己的少作，如《凶問》（《詩存》收錄）曾引用自己三十年前的詩作（即《首春雜詩節一》、《无題》。此詩見明治二十五年五月《鹿友會誌》第貳冊，《書論》第20號所載《補遺》（八）第63則收錄）。又如《書天爵先生遺稿後》，全文引用了自己十七歲時所作祭奠祖父的文章。

[二] 廣西師範大學出版社2009年1月出版。另可參考李學松《詩可以觀——讀內藤湖南的漢詩》（《東方早報》2009年3月8日第5版“書評”）。

據爲明治二十五年二月二十一日《鹿友會誌》第貳册，題作《悼川連生》，略有異文。時湖南先生二十七歲。《坐右記》載有野口寧齋評語，爲《鹿友會誌》所無，十分珍貴。

（九）□□（直論沽禍古今同）

（十）□□（我有尚方斬馬劍）

以上二首，見明治二十二年九月十六日《大同新報》第十三號《冷眼子》（1/480），湖南二十四歲。

（十一）**殘句**（我來狂呼万壑底，山魈木魅一齊笑）

見明治二十九年《坐右記》（1/594）、《小田原の病卧龍を訪ふ》（2/254），所記爲明治廿六年夏訪函嶺事，當作於該時，湖南先生二十八歲。

上面列出的十二首詩和一則殘句，都有一定的研究價值。比如湖南開始學習作漢詩的時間，一般認爲是十三歲的時候，但并沒有習作留下來。上面列出的第一首詩《奉賀聖駕東巡》（一千行路瑞雲暄），作於湖南十六歲的時候，則是湖南現存最早的詩作，十分珍貴。不過，由於這首詩僅見於《全集》第十四卷内藤乾吉的後記，所以一直未引起學者注意。翻閲相關的湖南年譜，都有這一年湖南作漢文《明治帝御行幸奉迎文》的記載，但都沒有提到這首詩。

第五首《春晚雜興二首》之一（瞥眼芳春奈感傷）對於考察《湖南小稿》寫作時間很有幫助。根據内藤乾吉的後記，《湖南小稿》大概作於明治二十年作者上京前，但具體寫作時間不詳。其中有明確署年的只有《新年甲申》一首，作於明治十七年（1884）。《湖南小稿》中的《春晚雜興》未署年。幸運的是，湖南在明治十六年六月二十二日所寫信中曾引用《春晚雜興二首》之一，可知該詩即其中的"之二"，作於湖南十八歲時。這同時説明《湖南小稿》是按年編排的，其寫作時間基本可以判斷[一]。

另外，《書論》上發表的《内藤湖南先生補遺》，尚有十一首詩不見於《全集》：

[一] 《湖南小稿》從第一首《秋郊所見》開始，到《春晚雜興》，中間分別是《盛岡城墟》《憶昔二首》《小病戲題》《静姬詞》《咏史》《讀史有感》《看梅》。其中《讀史有感》見於湖南明治十六年五月十八日信，寫作時間可以確定。又據《年譜》，明治十五年湖南伴父去盛岡長松院扫墓，《盛岡城墟》云"萬家烟影不知秋"，故知此詩當作於此年秋季。第一首詩《秋郊所見》所寫也是秋景，當亦作於明治十五年秋天。從《新年甲申》詩開始，到最後一首詩，中間分別是《有感》《洗硯》《歲暮詩》《落花曲》。其中，《歲暮詩》應當作於甲申年末。《落花曲》詩中云《江城四月落花飛》，很可能作於第二年（乙酉）的春天。所以《湖南小稿》的寫作時間，基本可以認爲是在明治十五年秋至明治十八年四月之間。

（一）江州途上（歷指興亡何限情）

（二）送安藤和風之浪華疊江州詩韻（行盡尾參觀舊京）

以上二首見明治二十四年五月《鹿友會誌》第壹冊，署名"湖南小漁虎"，時湖南先生二十六歲。《書論》第20號《補遺》第62則收錄。

（三）贈後藤君葛磊兒文集（緬思重翠歷門渠）

（四）過毛野（形勢依然霸王國）

（五）首春雜詩節一（落魄江湖剩病骸）

以上三首見明治二十五年五月《鹿友會誌》第貳冊，署"湖南內藤虎"。《書論》第20號《補遺》第63則收錄。

（六）送呂泣北游（陌頭叙別語匆匆）

（七）朝見（朝見其縫衣）

以上二首見明治二十七年七月二十四日《鹿友會誌》第四冊，署"湖南小漁"，時湖南先生29歲。《書論》第20號《補遺》第65則收錄。

（八）□□（筆架山頭月欲升）

（九）□□（十載浪華訟理當）

以上二首見明治二十七年七月二十四日《鹿友會誌》第五冊《東來記》，《書論》第20號《補遺》第67則，署"南荒窮客"，時湖南先生二十九歲。

（十）甲午十二月二日，雅樂協會員鹿友會員及故舊親知，相會祭故川口恒藏君之靈，聊賦短律一章，以供靈前（有才無命可如何）

以上見明治二十七年七月二十四日《鹿友會誌》第五冊《祭文詩歌》，署"南荒窮客"，時湖南先生三十二歲。《書論》第20號《補遺》第70則收錄。

（十一）送高橋君歌（山有璞兮雕爲玉）

以上見《書論》第18號《補遺》第52則《送高橋君序》（第21號《補遺》第73則重收），此詩附於序末。署"明治十九年三月內藤虎撰"，時湖南先生二十一歲。

此外，杉村邦彥《題四翁樂群圖》（《墨林談叢》收，柳原書店1998年版）還曾發現一首湖南先生的晚年佚詩《庚午十一月廿七樂群社同人會於詩仙堂君山博士詩先成乃次其韻》（有約林邱共樂群）。

以上所舉散見於《內藤湖南全集》之中，但《詩存》所未收之詩有12首、殘句1聯，《書論》之《內藤湖南全集補遺》所收11首，另有杉村邦彥所發現的1首佚詩，共有24首詩不見於《詩存》，略少於《湖南小稿》收詩26首。

二、湖南漢詩的校勘

校勘是古籍整理的一項重要內容，一般需標示異文，訂正誤字，以求全面準確地反映文本的生成過程。湖南漢詩的整理也需要做同樣的工作。從《詩存》來看，基本上採取的是定本式的處理，不出校記，這樣做雖然便於操作，避免了繁瑣，但缺點是異文得不到反映，難以展現詩人的修訂過程。實際上，湖南對自己的漢詩常作修改，往往與定本有很大的區別。

如《詩仙堂》的兩個文本：

天子呼來不涉川，	天子呼來不涉川，
東山堅卧號神仙。	英雄回首即神仙。
依然遺愛留書劍，	白雲依舊護琴劍，
小有洞中別有天。	小有洞中長有天。
（《淚珠唾珠》）	（《詩存》）

此詩爲明治二十六年（1893）湖南赴寧樂、京都游賞時所作。此詩寫的是石川丈山。詩仙堂爲丈山隱居之所。石川丈山仕德川家康，有戰功，後被黜，遂於叡山脚下一乘寺村營建詩仙堂，以翰墨自娛。先看《淚珠唾珠》的版本。第一句是説歸隱之心意已決，讓人想起杜甫《飲中八仙歌》中“天子呼來不上船”的句子，李白被後人稱爲“詩仙”，所以第一句也是點題。第二句是説石川丈山隱居東山（比叡山），猶如神仙一般。“東山”同時暗用東晋的謝安隱居東山的典故，可見在湖南心中，石川丈山是謝安一樣的人物。第三、四句是説，石川丈山的遺物仍然保存完好，他的聲名將永遠流傳後世。《詩存》的版本有所不同，第二句“東山堅卧號神仙”，《詩存》作“英雄回首即神仙”。很明顯，《詩存》不再暗用謝安隱居東山的典故，而是説，英雄回頭就是神仙，直接把“英雄”和“神仙”作了連接。第三句也不同。“依然遺愛留書劍”改成了“白雲依舊護琴劍”，“自由、純潔”的白雲，仍然守護着石川丈山的遺物——“琴劍”。二者雖爲同一詩作，但從詩意的角度來看，《詩存》的文本更佳。這些修改，很可説明湖南作詩是經過認真推敲的。

湖南漢詩的修改，一個很好的例子是《航歐十五律》，它留下的文本形式最豐富。1924 年 7 月至 1925 年 2 月，湖南赴歐洲考察。他詩情迸發，差不多每到一個城市即作一首詩，最後結爲《航歐十五律》。湖南在此期間給友人的信中，常常附有當時所作的詩作，這些書簡中的詩作原文實際上是該詩的最早版本（初稿本）。湖南後來在詩作的初稿上有所修訂，《書論》第16號曾予以影印。丙寅年（1926）湖南親自抄録了這一修訂稿，最終形成定本，即《詩存》所收的作品。與書簡相對比，湖南對這些詩作的修改一目瞭然。

《題丁巳壽蘇録》第六、七句，《詩存》作"文章海外多潮勢，遭遇生前嘆相材"，真迹作"彩毫老挾海潮氣，造物偏猜王佐材"。

《蘇戡和詩由滬上到，再用元韵賦贈》第三句"豈將鳥獸同群食"，真迹作"曾從屋壁訪殘簡"。

《和陶庵相公八十初度，次國府犀東韵》"忠孝傳家發赤誠"，此下真迹有自注"公生父德大寺公純公事孝明，帝以忠藎至誠，最見倚任，故云"。

《航歐十五律》之《八叠韵》"禮費誰存考父文"，真迹作"人逝曾無經世文"。

《九叠韵》"猶有工師誦所聞"，真迹作"枉費低回索舊聞"。

《南荒曲》第三首，"大局東南在一書"後，注前真迹尚有"草治臺策，爲兒玉總督賞識也"。

有些詩題不同。如《病起有作癸亥》，真迹作《病愈偶賦伊澤醫學士正之》，則可知爲病愈時所作，對象爲伊澤醫學士。

《那智瀑布》，真迹作《丙寅七月岡本學士招余游南紀因賦那智觀瀑一律就正》。

除此之外，《詩存》的誤字有些可通過真迹改正。筆者在上海圖書館曾見到一幅湖南先生的漢詩真迹，《戊辰十一月念六日菊生見訪，出此圖卷索跋，即賦三首就正》，這三首詩見於《詩存》（14/298），其中最後一首"山墅數弓人海外，同烹苦茗校陳編"，《詩存》"墅"作"野"、"茗"作"銘"，後者顯然是誤字。

三、湖南先生的論書絶句

在湖南先生的漢詩中，《論書十二首》《續論書十二首》很值得重視。衆所周知，以詩的形式對文藝作品發表議論，可以杜甫的《戲爲六絶句》代表，至金代元好問始以《論詩絶句》爲題，其後蔚然成風，清代王士禎（漁洋）、袁枚等大家均有類似作品。不僅論詩，而且擴展到論詞、論文，乃至論畫、論書、論墨等等，不一而足。這對日本的漢詩創作不無影響，如賴山陽有《論詩絶句二十七首》，浦上春琴有《論畫詩》三十首、《續論畫詩》三十首，田中修道有《書法詩二十首》等等。湖南的《論書十二首》《續論書十二首》，應歸入論書詩的系統考察。

中國的論書詩傳世甚多，其中以清人包世臣的《論書絶句》（《藝舟雙楫》所收）影響最大，詩皆爲七絶，有注，共十二首。康有爲《廣藝舟雙楫》中的十五首絶句即模仿包作。日本也深受影響，如日下部鳴鶴有五絶《論書三十首》，"上自商周之鐘鼎文，下迄於隋代，對其特秀名品，逐一加以精當評騭，并附有簡明自注，一一發揮其旨歸……真藝苑奇珍"。明治三十四年，湖南發表了《鳴鶴翁清話》（《全集》第四卷 262 頁），記載了鳴鶴家懸挂包氏《論書絶句》的書幅，談話時也稱贊包氏的書論，可見他的論書詩是受了包詩的影響。湖南的《論書十二首》《續論書十二首》分別作於 1932、1933 年，採用絶句的形式，各作十二首，皆有注，顯然是受到包詩的影響。另外，湖南先生的藏書愛好也有所體現，他的論書絶句，對書法真迹的收藏、流傳都有涉及，令人想起《藏書紀事詩》一類的詩歌體裁。

湖南的論書絶句特色十分明顯。他的論書詩并非對整個書法史加以全面議論，而是發揮博學的長處，對日本遺存的早期書法真迹的價值加以發掘和頌揚。從湖南先生的相關學術論文以及書法題跋中可見到類似的論述。可以説，這是湖南長期致力於書學、文獻學研究的結晶，蘊含著他對日本書法史料學術價值的真知灼見。《論書十二首》《續論書十二首》每首詩議論的書法對象往往不一，或一種、兩种乃至數种。爲了方便起見，附表將詩作涉及的主要書法作品列出，同時注明現藏機構，并且據湖南先生原注，概括詩作要旨，并將湖南先生的相關論文題目也一并列出，以供參考。

湖南十分推崇日本保存的中國書法真迹，這在詩中可以見到。《論書十二首》分別歌咏了《千字文》《文館詞林》《草書孝經》等作品，在《續論書十二首》中歌咏了《菩薩處胎經》《禮記》《真草千字文》等作品。如關於《文館詞林》，湖南詩云：

> 文館詞林是佚篇，河南遺法墨痕妍。
> 署名書手吕神福，跋尾分明儀鳳年。

　　高野山所藏《文館詞林》，有儀鳳二年五月書手吕神福跋，書學褚遂良。此書西土久佚，近時吾友董綬金玻璃景印行世。

説的是《文館詞林》在中國已經失傳，它的書法繼承了褚遂良（河南是他的號）的風格。書寫者署名吕神福，他題寫跋尾的時間是在唐代的儀鳳年間。

湖南同時推崇日本平安以來的書法，認爲它們得到了中國書法的真傳。他在

《論書十二首》中，歌咏了《金剛場經》《銅板法相圖銘》，認爲它很像歐陽通的字；歌咏了《金光明最勝王經》，説它的書法像柳公權的字；并道《弘傳真言止觀兩宗官牒》似張旭《郎官石記》，《周易抄》像顏真卿的《祭侄文稿》，等等。如《智證大師求法牒》，湖南詩云：

> 求法高僧駕海航，携將公驗飾行裝。
> 素綾位記麻版牒，翰墨煌煌照大唐。

> 智證大師入唐求法時，因藤相國良房奏請特給補充内供奉十禪師牒，牒與敕授《傳燈大法師位位記》皆一手書，疑出藤關雄筆，骨氣遒逸，殆軼李邕。大師手記云：大唐高官無人不愛，皆抄取之。《位記》素綾書，牒則麻紙書也。

説的是智證大師入唐求法時，携帶着治部省發給的公文，其中的《位記》《牒》書法精美，"大唐高官無人不愛，皆抄取之"。湖南認爲《牒》與《位記》書法"骨气遒逸，殆軼李邕"，評價極高。

湖南先生的論書絶句，涉及近三十种日本書法史料，多數在今天已被定爲國寶或重要美術品，足見湖南先生之遠見卓識。不僅如此，他的論書絶句，將這些珍貴的書法作品的價值，用詩的語言加以概括，堪稱日本漢詩史上的盛事。

我們知道，在湖南先生之前，以漢詩來歌咏日本遺存的書法史料，大概以養鸕徹定上人《古經搜索録》的十首題辭爲最早。如第一首云：

> 古隸精微筆有靈，瑞嚴寫出處胎經。
> 陶家不讓二王法，堪擬焦山瘞鶴銘。

> 　　　右《菩薩處胎經》，西魏陶仵虎所書也。

以下分別對《大樓炭經》《阿惟越致經》《優婆夷經》《海龍王經》《無垢净光經》《超日三昧經》《金剛經》《稱贊净土經》進行了歌咏。可以看出，徹定上人的《題辭》，實際上就是論書絶句，可惜範圍僅限於古寫經，未能進一步擴展。而湖南先生的論書絶句則不僅限於古寫經，還廣及古文書、銅板經、經史子集等書法真迹，確有青出於藍之感。

《古經搜索録》是稿本，據説該稿本是明治二十年左右上人贈給神田香巖的。湖南先生是否看到過《古經搜索録》，目前無法證明。不過湖南先生與神田香巖友善，也不排除這種可能。徹定上人爲明治時期古寫經研究第一人，湖南先生爲日本東洋學的開創者，這兩位飽學之士，爲後人留下了兼具藝術價值和文獻價值的論書絕句，確實是值得詩史銘記的。

在湖南先生之後，論書絕句的作者已不多見。渡邊寒鷗有《論書百絕》〔書真会，昭和 59 年版（1984）〕，中國的啓功先生也有《論書絕句》〔商務印書館（香港）1985 年版〕百首。尤其是啓功先生的論書詩，肯定了日本書法作品的藝術價值，如第五十一首云："東瀛楷法盡精能，《世说》《词林》《本行經》。小卷藤家臨《樂毅》，兩行題尾屬太平。"又如第五十二首云："羲獻深醇旭素狂，流傳遺法入扶桑。不徒古墨珍三筆，小野藤原并擅場。"其看法與湖南先生十分接近，這也從側面説明，湖南先生論書絕句的價值，不會因時間的推移而減損，反而會因其中所包含的真知灼見得到進一步的認識。

表 1 《論書十二首》

序號	書名	文化財	收藏者	摘要	湖南相關文章
1	千字文	重美	陽明文庫	紙質與《喪亂》《孔侍中》二帖同，書法同《九成宮》、歐陽詢真迹	《正倉院の書道》（《日本文化史研究》）
2	金剛場陀羅尼經	國寶	小川雅人	書帶隸意，酷肖歐陽通	《唐朝文化と天平文化》、《正倉院の書道》（《日本文化史研究》）
	銅板法華説相圖銘	國寶	長谷寺	蓋皆清御原朝朱鳥元年所製	《唐朝文化と天平文化》、《正倉院の書道》（《日本文化史研究》）
3	文館詞林	國寶	和歌山正智院、寶壽院	書學褚遂良，中土佚書	《唐代の文化と天平文化》（《日本文化史研究》）
4	王勃集	國寶	正倉院	筆墨酣恣，似初唐人	《正倉院尊藏二舊抄本に就きて》（《研幾小録》）、《正倉院本王勃集殘卷跋》（《寶左盦文》卷五）
	净名玄論	國寶	京都國立博物館		
5	草書孝經		東山御文庫	草書奇妙，風骨難追	
	新撰類林抄	國寶	京都國立博物館	草隸之妙，亞於賀監	

（续表）

序號	書名	文化財	收藏者	摘要	湖南相關文章
6	陸淳書台州公驗（最澄入唐牒）	國寶	延曆寺	似顏真卿藁書，秀絕無比	《傳教大師關係文書解題》（《目睹書譚》）
	傳教大師將來目録（明州刺史鄭審則跋）	國寶	延曆寺	貫名海屋仿其筆意，竟爲一代大師	同上
7	二王真迹、拓本、臨書	國寶	尊經閣文庫、宮内廳書陵部、正倉院	今所存《孔侍中》《喪亂》諸帖及《真草千字文》，皆當時之遺。正倉院亦藏臨王羲之書	《正倉院の書道》（《日本文化史研究》）
	金光明最勝王經	國寶	和歌山龍光院	書似柳公權	《唐代の文化と天平文化》、《智證大師關係的文牘與其の書法》（《日本文化史研究》）
8	智證大師傳燈法師位大法師位位記	國寶	園城寺	書法學橘逸勢《伊都内親王願文》	《智證大師關係的文牘與其の書法》（《日本文化史研究》）
	高枝王書唐陶翰詩		尊經閣文庫	學弘法大師書	同上
9	智證大師求法牒	國寶	園城寺	與《位記》皆一手書，疑出藤關雄筆。骨氣遒逸，殆軼李邕	同上
10	弘傳真言止觀兩宗官牒	國寶	園城寺	時原春風書，似張旭《郎官石記》	同上
11	宸翰《周易抄》			其行書神似顏真卿藁書，其正書則出於藤敏行也	同上
12	三迹	國寶	宮内廳	蓋臨王書，降而爲倭樣，此我邦書法遞嬗之一大關鍵也	《正倉院の書道》（《日本文化史研究》）

表 2　《續論書十二首》

序號	書名	文化財	收藏者	摘要	湖南相關文章
1	法華義疏			書法超逸似魏齊人，蓋太子手迹云。簽題云："此是大委國上宮王私集非海彼本。"殆亦飛鳥朝人所書	
2	菩薩處胎經	國寶	知恩院	敦煌石室西域窟寺之未開，梵夾舊笈未有出其右者也	《訪古の一日談》（《目睹書譚》）
3	禮記子本疏義殘卷	國寶	早稻田大學	羅叔言考其紙質書體，斷爲六朝人寫，謂或即灼所手書，詳於羅氏本書跋	《景印舊抄本禮記疏殘卷跋》（《湖南文存》卷五）
4	王勃集	國寶	上野淳一（卷二十八）、東京國立博物館（卷二十九、三十）	以其避武后祖諱而不用后新製字，定爲垂拱永昌間寫，書法圓勁，似《敬顯儁碑》	《富岡氏藏唐抄王勃集殘卷》（《研幾小録》）、《上野氏藏唐抄王勃集殘卷跋》、《富岡氏藏唐抄本王勃集殘卷跋》、《正倉院本王勃集殘卷跋》（以上《寶左盦文》卷五）
5	華嚴經音義	國寶	小川雅人	書法酷肖雷音洞刻經，録武后製字，又多收國訓，洵爲希覯舊笈	《正倉院の書道》（《日本文化史研究》）
6	真草千字文	國寶	小川雅人	蓋即《东大寺獻物帳》所録，其草書磔法每末筆一頓以往再露鋒尖以取勢，極有姿致	《永師真草千字文跋》（《湖南文存》卷七）、《正倉院の書道》（《日本文化史研究》）
	聖武天皇敕書	國寶	平田寺	書體學河南，真草雖異，而磔法全與《千字文》同	《永師真草千字文跋》（《湖南文存》卷七）
7	唐抄本《揚雄傳》	國寶	上野淳一	書法精妙，學歐陽率更，淵、民二字缺筆，蓋初唐人所書。本邦舊傳古寫史籍，莫之或先焉	《正倉院の書道》（《日本文化史研究》）

（续表）

序號	書名	文化財	收藏者	摘要	湖南相關文章
8	玉篇	國寶、重文	高山寺、石山寺、早稻田大學、藤田氏等	古佚書。其書法奇古者，以藤田本爲最，所謂馬道本者，筆墨遒潤，結體槎枒，不似經生	《弘法大師の文藝》（《日本文化史研究》）
9	畫圖贊文	國寶	白鶴美術館（卷二十七）、大東急記念文庫（卷二十六）	實爲經生之學《聖教》者，字大如錢，用筆勁潤，在院體中可稱冠冕	《畫圖贊文跋》（《湖南文存》卷五）
10	紫紙金字金光明最勝王經	國寶	奈良國立博物館	今惟備後國西國寺藏全帙，間有售零卷者，皆索重值，動逾千金	
11	三十帖册子	國寶	仁和寺	海公當時往往倩人助寫，不盡手筆，其係手錄者二十餘種	《仁和寺の三十帖册子》（《目睹書譚》）、《空海の書法》（《日本文化史研究》）
12	醍醐天皇草書白詩		宮内廳書陵部	姿態縱恣，有旭、素遺法	
	理源大師筆處分狀	國寶	醍醐寺	其書奇氣騰逸，道風以下所不能企及，可爲平安朝書後勁	

注：以上圖表主要依據《國寶·重要文化財大全 8：書迹（上下）》（文化廳監修，每日新聞社1999 年版）、《内藤湖南全集》（全十四卷，筑摩書房 1969—1976 年版）製成。

本文原爲日文，載《文學》（岩波書店，2009 年 5、6 月號）

又收入金程宇《東亞漢文學論考》，鳳凰出版社，2013 年

俠士狂生經世心
——內藤湖南漢詩解析之一

錢婉約

內藤湖南以史學名世，目前中國學界，對於他的上古史、唐宋史、清史研究以及他的中國史學史、中國繪畫史等研究著作，均有所譯介和研究[一]。作爲在幕末明治前期成長起來的日本知識分子，內藤湖南尚保留著"傳統漢學家"的知識稟賦和學術素養。他歷年收集中國古籍善本、書畫作品，對鑒別真僞高下，有相當的鑒賞眼光。自己也喜臨池作書，他的扇面、立軸和書簡等書法作品，字體清峻典雅，有碑版金石之風骨。他的漢詩文創作，更是蔚爲可觀。文多爲與中國人的通信及爲古代漢籍、古書畫或漢學著作的題跋序文，詩則五、七言并舉，絕律兼擅，而以七言絕句爲最多。有道是"詩言志""詩爲心聲"，讀過他史學著作、熟悉他學術成就的人，不妨通過他的漢詩文作品，進一步瞭解這個處在中日關係複雜時代的日本中國學家的内心世界。

一、內藤湖南的漢詩文集

內藤湖南的漢詩文著作，主要有《寶左盦文》《玉石雜陳》《湖南文存》《湖南詩存》四種，分別簡要介紹如下。

《寶左盦文》：1923 年，作者因膽結石住院手術，在動手術前一天，撿拾一生所作漢文漢詩，將歷年爲師友弟子所作序跋、碑銘等二十餘篇，自編目録，有整理遺稿、視爲代表作之意，并自作小序：

> 景薄桑榆，復罹篤疾，悲立言之未就，感賦命之有涯。搜檢篋衍，搜羅詩筆，平生所存篇章無多。詩皆率作，徒勞應酬；筆於經術，竟少發明。……

[一] 內藤湖南著作的漢譯本，目前國内出版的有《中國史通論》《中國史學史》《中國繪畫史》《燕山楚水》《日本文化史研究》等，關於內藤湖南的研究專著，有錢婉約：《內藤湖南研究》，北京：中華書局，2004 年版，以及各個學術領域内的相關論文等。

因在病間，自編叙目。囑神田君論次成帙，又命小兒輩排印付梓……。大正十二年春分日，書於京都帝國大學醫院第九病室，明日將賴猪子、鳥濱兩醫博之神技，截開腸腹，抉出膽石也。

《玉石雜陳》：1928 年春，作者自選一生中分贈師友的百幅書法作品的草稿，集合爲一整體，取其分而獨立，合而統觀，或可略記意趣之意。以上海仿宋活字印刷成薄薄的一小冊，其小引自述：

余於臨池無所得，而頻年以來，索余書者滋多，卜居瓶原後，欲盡謝之。博文堂主人與寸紅堂主人謂余曰：請先爲余等書百幅箋，然後一切謝絶未晚也。因勉强應之，所書"經語十條""子史語十條""宋賢語十條""清賢語十條""文心雕龍史通十條""先唐詩十首""唐詩十首""宋後詩十首"，計八十條。并有評語。塍以自製詩廿首，碱砆混玉，慚愧之至。兩主人欲取其所録稿本，刊印爲冊，因存當日之興會，因亦勉强應之，名曰《玉石雜陳》。……戊辰之春湖南老人書於恭仁山莊之漢學居。

這一百段詩文，前八十段是從中國古代經、史、子、集中選出來的，後二十段是作者自己的詩作。其中關涉詩的有先唐詩、唐詩、唐後詩三十條，是對浩如烟海的中國古代詩歌的選萃和品評，可見其詩歌審美；二十首自製詩也可以説是作者對自己一生詩作的選萃，可視爲自己詩作的"自選集"，其重要程度可以想見。

以上兩種，可視爲漢詩文自選集，作者生前曾自編自印成冊，分送中日友人。

《湖南文存》爲《寶左盦文》以外的漢文題跋酬唱集，内容涉及日中學術史、書畫題跋、日中友人的頌壽墓志書信等，共十六卷及補遺一卷十四篇。

《湖南詩存》不分卷，收攏一生漢詩創作，共收漢詩約四百餘首。

以上兩種爲編輯《内藤湖南全集》（以下簡稱《全集》）時編輯成書，是全面探索内藤漢詩文創作的基本素材。

二、邊塞詩與鐃歌

在《玉石雜陳》所選的三十首中國古典詩歌中，邊塞詩明顯居多，從詩下的小注可以看到，内藤一生最喜歡的中國古代詩作，就是邊塞詩。

一方面，盛唐時期中國古代邊塞詩達到鼎盛，詩人們往往以漢唐兩朝與匈奴、突厥征戰的事實爲題材，描繪蒼凉壯闊、絢麗多彩的邊塞風光，歌頌將士們投筆請纓、保家衛國的豪情壯志。另一方面，邊塞詩中也大量存在抒寫離愁別緒的詩句，如"勸君更盡一杯酒，西出陽關無故人"（王維《送元二使安西》），"葡萄美酒夜光杯，欲飲琵琶馬上催"（王翰《凉州詞》），甚至反思和控訴戰爭的，如"少婦城南欲斷腸，征人薊北空回首"（高適《燕歌行》），"年年戰骨埋荒外，空見蒲桃入漢家"（李頎《古從軍行》）。總之，中國邊塞詩對於戰爭的態度，可謂有歌頌，有批評，甚至譴責、抨擊。

來看內藤喜愛的邊塞詩，如張仲素《塞下曲》：

> 三戍漁陽再渡遼，駢弓在臂箭橫腰。
> 匈奴似欲知名姓，休傍陰山更射雕。

這首詩描寫一位雄姿英發、久經沙場的將軍，勇武盡忠、馳騁邊疆，抵禦匈奴敵寇的事迹。內藤在詩下注曰："少時尤愛此等詩，一氣盤旋，不用謬巧，唐以後少此調矣。"（著重號筆者加）這是他青年時期尤其喜歡的詩作。

又如王維的《少年行》：

> 一身能擘兩雕弧，虜騎千重只似無。
> 側坐金鞍調白羽，紛紛射殺五單于。

這是贊美少年戰士，即所謂"俠少"的邊塞詩，這位少年俠士身强力壯，一人能够扳開兩張合在一起的雕弓。雕弧即雕弓，雕有花紋的弓，衝入匈奴敵陣如入無人之境，所向披靡，小小年紀就建立了了不起的功勛。內藤在詩下注曰："右丞詩，余尤喜此種，在《渭城朝雨》之上。"（著重號筆者加）內藤坦言，同爲王維的邊塞詩，比之在中國更廣爲傳頌的"渭城朝雨浥輕塵，客舍青青柳色新。勸君更盡一杯酒，西出陽關無故人"這樣情意綿綿的贈別詩，他更喜愛"此種"充滿昂揚鬥志的征戰詩。他還提到王翰《凉州詞》"醉臥沙場君莫笑，古來征戰幾人回"的詩句，引王世貞語説"此詩爲唐絶壓卷"；提到王之渙《凉州詞》"羌笛何須怨楊柳，春風不度玉門關"，引王世貞語説"唐絶無出其右"。由上分析可見，內藤所喜歡的中國邊塞詩，是充滿俠士豪情和英勇尚武精神的征戰詩，而不是兒女情長或反思和譴責戰爭的那一類邊塞詩。這一方面暗合了年輕內藤血氣方剛，渴望爲國征戰、建功立業的俠士情懷；另一方面，也反映了內藤的理想情懷與當時日本海外拓疆的時代思潮緊密相連。

　　衆所周知，1894 年甲午戰爭和 1905 年的日俄戰爭，是日本對中國由同盟友邦轉向殖民侵略的重要事件。這期間，內藤湖南正好在大阪朝日新聞社工作。對於日本對中國開戰、獲取殖民地的行徑，他是持"歡呼"和"贊美"的態度的。甲午戰爭前後，內藤曾作《日本的天職説》一文，提出"日本的天職"就在於"使我日本的文明，日本的趣味，風靡天下，光被坤輿"[一]，認爲甲午戰爭就是日本盡其天職，讓日本文明光耀中國、光耀環宇的文明之戰。到日俄戰爭期間，內藤支持戰爭的言論更加明朗。戰前戰後，他曾在大阪《朝日新聞》上發表一系列文章，分析戰局，爲政府獻計獻策，歡呼戰爭的勝利等等[二]。

　　我們來看這一時期他的詩作。

　　《送某從軍赴滿洲》：

> 當頭北極即前程，豈有文人似此行。
> 東箭南金材可用，黃沙白草夢關情[三]。
> 詞源滾滾傾江海，胸底森森列甲兵。
> 定爲嫖姚書露布[四]，如君手筆孰爭名？

　　這是他爲朋友到日俄戰爭前綫去做戰地記者時所作的送別詩。文人投筆從戎，萬里遠征到戰爭前綫去作戰地報導，應該是具有一定的危險性的。作爲友人的內藤，不但絲毫没有惜別、擔憂之情，相反，表現了對於赴中國東北從軍積極贊賞的豪邁情懷，以及期待戰爭取得勝利，經由友人"詞源滾滾"的文采傳來捷報的心情。

　　隨後，他自己也創作了《滿洲鐃歌》三首[五]，爲日軍獲勝高唱凱歌。第一首寫道：

[一]　內藤湖南：《所謂日本國的天職》，《內藤湖南全集》第 2 卷，東京：築摩書房，1969 年，127—135 頁。

[二]　參見千葉三郎：《內藤湖南及其時代》，東京：國書刊行會，1986 年，280—295 頁。

[三]　黃沙白草：代指沙漠地區。岑參《玉門關蓋將軍歌》有"玉門關城迥且孤，黃沙萬里白草枯"等句。唐馬戴《易水懷古》有"荆卿西去不復返，易水東流無盡期。落日蕭條薊城北，黃沙白草任風吹"。

[四]　嫖姚：形容勁疾，漢抗擊匈奴的名將霍去病爲"嫖姚校尉"，故"嫖姚"常代指霍去病。內藤詩中不止一次用到這個詞，應代指赴中國東北征戰的將士。露布：北魏迄唐代，用兵獲勝，向朝廷上奏報捷的文書。

[五]　鐃：古代軍中的銅制圓形打擊樂器。鐃歌：泛指軍歌、凱歌。趙翼《從軍征緬甸》詩："傳語健兒休笑我，凱旋時節要鐃歌。"

> 霜罩旌旗北斗斜，將軍意氣壓龍沙[一]。
> 王爺陵下夜夷竈，公主嶺頭晨建牙。

記録和贊美日本將士勢如破竹，朝暮旦夕之間，連連攻克山頭、收取陣地的赫赫軍功。王爺陵、公主嶺（原爲“公主陵”）因埋葬清代王爺與固倫和敬公主而得名，日俄戰爭中曾被日軍攻克侵占。

第三首爲：

> 置酒營中解戰袍，嫖姚胸底有龍韜。
> 仰看天上長星墮，遞騎宵傳虜將逃。

寫日本敵前將領胸有成竹，志得意滿，解下戰袍，飲酒帳中，這時，傳來了敵軍將領敗逃的消息。以敵軍敗逃映襯日軍的勝利，得意之情溢於紙外。

從自幼喜愛描寫俠少、老將的邊塞詩，到自己賦詩歌頌戰爭、譜寫軍事凱歌，表現了內藤人生理想中一貫尚武任俠的精神氣概。戰爭，在他的漢詩世界裏，是實現理想人生的華麗樂章，它似乎只有勇往直前、高奏凱歌、慷慨壯美，而沒有蕭殺悲歌，沒有離愁別恨，更無血腥殘酷。而他所歌頌的戰爭，恰恰是那個時代日本意欲開疆拓土、侵占中國的甲午戰爭和日俄戰爭。漢詩，真實而藝術地展現了殖民擴張時代下一位史學家的心聲。

三、咏史詩

喜愛邊塞詩的內藤湖南，并沒有真的列身行伍，爲國出征，而成了一位著書立説的大學教授。在寄情古籍珍本的同時，內藤經世致用的入世情懷，依然濃烈。他一生奔波中日之間，曾十次來中國，踏訪古迹，觀察時事，采訪政界要員，結交學界巨擘。他抒發一些今昔對比、中日比較的言辭議論，或托古諷今，或感慨興衰，往往借“咏史詩”以“言志抒懷”。閱讀、解析這些詩作，可以幫助我們理解內藤湖南對於中國歷史文化的某些價值評判。

首先，對於以往中國歷史文化和中國大地上各處的文化名勝古迹，內藤有一種緣自職業和志趣的親近感和熟識感，哪怕初次相見，也是似曾相識。

[一] 龍沙：最早出於《後漢書·班超傳贊》“坦步葱雪，咫尺龍沙”句。葱雪、龍沙分別指葱嶺、雪山和白龍堆。白龍堆爲新疆天山南麓的沙漠名，故又稱龍沙。後來詩家以“龍沙”泛指塞外邊地。清方式濟撰有《龍沙紀略》，專紀黑龍江事，故而東北亦可稱龍沙。

如 1899 年他第一次到中國時，寫了五首七律組詩《游清雜詩》，分別吟咏初到中國山東海岸、北京、南京、武漢等地的情形。其第一首寫道：

> 風塵滿目近中秋，一劍將觀禹九州。
> 故舊當年空鬼籍，江山异域久神游。
> 斗低朴昔開藩地，天接義和賓日頭。
> 要訪秦皇勒銘處，片帆先指古之罘。

他説，那些久已遠逝的中國歷史人物，有的就如同自己的當年舊友，而禹域九州雖是初次踏訪，却仿佛神交已久，表現了對於中國歷史文化、古迹名勝的親近感。

又如，七絶《烟臺夜泊》，也寫於此次中國行途中，表現了對於烟臺的深刻印象和故鄉般的深情懷念：

> 灣頭烟罩四茫茫，吹笛何人度水長。
> 來泊烟臺無月夜，不憶家鄉憶异鄉。

其次，對於滿蒙史地的特別關注。内藤湖南是近代日本"滿蒙史地"研究、"滿學"研究的開創者。如前所述，與那個時代日本的"大陸政策"、滿蒙侵略有關，當時的日本中國學家往往特別關注中國滿蒙地區的歷史地理變遷。内藤對奉天（瀋陽）的歷史遺迹如數家珍，關切備至。日俄戰争硝烟未散的 1905 年 3 月上旬，内藤湖南就在大阪《朝日新聞》上著文《東洋學術的寶庫》，介紹奉天的歷史遺址、文物寶藏、珍貴典籍、各寺藏經等等情况，呼籲學界應重視赴奉天的學術調查，自己則率先徵得陸軍省的渡航許可證及旅行調查贊助費，前往奉天作政治的和學術的調查。就在此行期間，他寫下《奉天二首》，其一爲：

> 瀋陽風物入新秋，龍脉遥連古建州。
> 霜隕東牟山色慘，雲低北徼雁聲愁[一]。
> 二陵佳氣葱蘢合，四塔寒光縹緲浮[二]。
> 歷歷興亡形勝地，登臨人倚最高樓。

[一] 東牟山是今瀋陽境内天柱山在元明時代的舊稱。北徼：北方邊境。

[二] 二陵：即東陵努爾哈赤的福陵和北陵皇太極的昭陵。四塔：指瀋陽境内皇寺、舍利塔等寺院内的佛塔。

又如《關東》：

> 山川毓秀是關東，佳氣昭陵鎮鬱葱。
>
> 偏見碧苔侵石馬，包衣攬泪説天聰[一]。

內藤對於中國東北是寄予厚望的，認爲這裏極有"發展前途"。他曾有一系列論説，解釋中國古代文化中心是不斷轉移的，從商周先秦時的洛陽中心，到漢唐時期的西安中心，到唐以後及明清的燕京中心，一路發展而來。而燕京中心其實只是一個政治中心，它的昌盛要依靠江南文化中心和東北的地氣形勝來支撐。換句話説，東北是燕京得以穩坐政治中心的重要的後方保障。因此，《奉天》也好，《關東》也好，詩中一方面反映了內藤對"龍脉遥連古建州""歷歷興亡形勝地""山川毓秀是關東"這片土地的熱情贊美和厚望；另一方面，我們從"山色慘""雁聲愁""碧苔侵石馬""攬泪説天聰"等字眼上，也可以看到內藤對眼前所見東北地方的現實是頗爲失望的，指責它王氣衰敗、英雄落寞。這又與那個時代日本開拓、經營滿洲的時代思潮直接關聯，內藤的潛意識中，難道不是在爲日本的進入中國東北尋找理論的依據和心理暗示嗎？

第三，在某些具體歷史遺迹的咏嘆感慨中，反映了內藤作爲日本學者在那個特定歷史時期所持有的獨特立場和視角，其中折射出的歷史觀和思想觀點，絕不類同於中國同類的咏史詩，也絕不類同於中國傳統學術界的相關史論。這一點十分值得關注，我們不妨通過分析《游清雜詩》中的兩首詩來看。

1899 年在北京，他寫道：

> 郊原草木急悲風，萬馬曾聞蹀血紅。
>
> 王氣朔方鍾异類，龍神碣石限山戎。
>
> 重關洪武修時壁，廢苑咸豐劫後宮。
>
> 一路寒烟荒冢底，算來枯骨有英雄。

明修長城，是爲了抵禦北方蒙古殘部的騷擾；咸豐十年（1860）圓明園遭英法聯軍洗劫，留下廢苑。這"一路寒烟荒冢底"，到底誰是值得他贊譽的"英雄"呢？詩人於此沒有明説，而從這組詩裏的另一首中，却可推測到答案：

> 廟前楸檟朔風多，斜日蒿萊没石駝。

[一]　包衣：滿洲貴族的家奴，曹雪芹的祖上即爲漢籍包衣。天聰：皇太極年號。

> 披髮煤山嗟若彼，借兵回鶻竟如何？
> 興亡關數傾難挽，夷夏惟天覆不頗。
> 剩得豐碑深刻在，乾隆皇帝謁陵歌。

又是兩個發生在北京的歷史事件，一是崇禎帝自縊煤山，一是唐朝向回鶻借兵以平定安史之亂，這兩件事本來互不相干，但在内藤這裏，却因兩者同涉“夷夏”關係，而被相提并論起來。他感嘆説：明亡清興，以及唐雖借助回鶻兵平定了安史之亂，但之後的宋朝仍不免頻頻受到北方契丹、鮮卑、女真等“夷族”的壓迫，以致屈居半壁江山，終至於被蒙古族建立的元朝政權所覆滅。這一路的歷史變遷可謂“興亡關數”，早有定數，難以挽回。詩中雖然没有明説歷次异族入侵、取代華夏是必然的，但“嗟若彼”的感嘆，“竟如何”的疑問，表達的正是這種命中注定的興嘆。所以，近者的明也好，遠者的唐、北宋也好，其大勢所去，被夷狄取代，乃是天意！

内藤用詩歌的形式，將一種顛覆性的歷史論斷，掩藏在他中國旅行考察的贈答詩中，一般不爲論者所重視。研究者大多只關注内藤的史學著作、高頭講章，對於這樣暗藏在游記性贈答漢詩中的“史論”，實在也是瞭解有限，或者就是忽略掉了。這種理論，與中國古代“夷夏之辨”中占據主導地位的“以夏變夷”的論調恰恰相反，是一種“以夷變夏”的論調！不用説，這種謳歌异族入侵，使中原帝國政權旁落、文明倒退的思想論調，在中國思想史和古代詩歌史上，都是絶難想像的。而在内藤，則正是他歷史理論脉絡中有機的一部分。我們可從他《新支那論》等史論中，看到類似的論調。我在拙著《内藤湖南研究》中，曾將内藤關於中國歷史上夷夏關係的論述概括爲“中毒解毒説”。内藤的大意是，中原漢文化是一種早熟的文化，它在長期的發展過程中，由於過度成熟，以致文明肌體多次出現“中毒”現象而停滯發展，而北方如匈奴、鮮卑、契丹、女真、蒙古、滿族等周邊野蠻民族的入侵或入主中華，使中國文化得到“解毒”的機會，從而獲得新的生命活力，得以繼續綿遠流長[一]。

解析至此，再回過頭來看，上詩中“誰是英雄？”的問題，就有了答案：夷夏更替，興亡盛衰，“成者爲王敗者寇”，在内藤看來，那埋骨荒冢的英雄，應該就是那些明末攻破長城的滿族兵將，還有那些近代洗劫圓明園離宫的英法聯軍！

内藤湖南關於中國文化“中毒解毒説”的歷史理論，就是這样地在歷史論著

[一]　錢婉約：《内藤湖南研究》，北京：中華書局，2004 年，136—140 頁。

與文學詩歌中彼此呼應、交相映襯，相得益彰地增加了彼此的感染力和影響力。這是讀内藤詩時不得不予以注意的。

四、咏懷詩

1926 年，内藤湖南六十花甲初度，從京都大學退休，在京都南郊瓶原村買地建房，築起了他晚年隱居處兼藏書處——恭仁山莊。他曾有詩記載、描繪他的恭仁山莊。

《恭仁山莊雜咏》之一：

> 買得林園愜素襟，繞簷山水有清音。
> 蕭然環堵無長物，滿架奇書一古琴。

之三：

> 午景明韶烟客筆，晨光晻曖巨然圖。
> 幽人無力購名迹，有此江山聊足娱。

表現了一副歸隱山泉、淡泊世事，以"繞簷山水"自娱，寄情"滿架奇書"恬然自足的心情。

在這一年的除夕，他寫下了《山莊除夕》：

> 空羞薄宦半生謀，乃慕前賢四品休。
> 三世書香研乙部，一時縑紵遍西洲。
> 浣班翰苑嗟才短，築室山中愛境幽。
> 獨剔寒釭聽夜雨，卅年塵事到心頭。

歲末年初，往往使人回顧前路，鑒往察來。内藤寫道：自己自 1907 年離開宦游半生的新聞輿論界和政界，轉入京都大學，成爲學界一員，史學研究正是我家三代相傳的家學，由於我多次到中國考察訪問，廣泛結交了中國的政界要員、學界名人。如今築室山中，正可將才疏學淺、玷污同行的抱愧，變成退而結網、繼續研學的動因。在此除夕之夜，回顧過去的三十年，往事歷歷在目，涌上心頭。

最堪慰藉平生的，是他一生對於中國古文獻珍籍善本的收藏。内藤寫下了關於訪書、藏書的一系列紀事詩。恭仁山莊收納了他一生悉心求購、收藏的圖書典籍、前代字畫以及當代名人與他互贈之手迹。除了在日本獲得外，很多是他屢次赴中國考察旅行的所得。他一生曾前後十次到中國視察和訪書，訪書的重點又在奉天，所收圖書，又特別關注清朝早期開發史檔案和元朝史地資料，這與日本近代推行"大陸政策"，首先關注中國東北地區的利益有關。日俄戰争期間的 1905 年 6 月，内藤赴遼東進行時局采訪和書籍調查，行前，他與好友西村天囚有詩文唱和，西村餞别内藤的詩中有曰："瀋陽經劫典墳在，遼左飛燧冢壁空。戰陣摧堅固爲烈，名山發籍足矦功。"[一] 内藤次韵回贈詩曰：

> 劫後山川孰采風，擬將鉛槧報諸公。
> 阿麻額墨遺文在，鈕勘斐蘭舊俗空。
> 漢土生民耶律力，咸陽圖籍鄭矦功。
> 此心幸與前賢契，不願丹墀姓字通。[二]

可見，酬唱之間是把在日俄戰争硝烟未歇之際，到遼東進行學術調查和訪書，視作堪與"將軍征戰建功立業"相提并論的大事業，充滿著類似將士奔赴沙場的那種不畏艱險、勇武報國的慷慨情志。内藤也將自己自比爲漢初營建咸陽宫、保護典籍的鄭矦蕭何，體現了他的學術調查、訪書活動欲爲日本時代政治服務的意識。

他一生奔波東西洋，孜孜以求地進行學術調查，訪書購書，以致恭仁山莊積聚了三萬餘册珍貴古籍善本。其中，最讓他視爲珍稀和感到自豪的，是以下四種寶籍，即宋紹興九年刊《毛詩正義》單疏本、唐寫本《説文解字》木部殘卷、日本平安朝寫本《春秋經傳集解》殘篇及北宋刊本《史記集解》殘本。

他有《恭仁山莊四寶詩》七絶四首，一一專門記之：

> 白首名場甘伏雌，保殘守缺慕經師。
> 收來天壤間孤本，宋刊珍篇單疏詩。
> （《毛詩正義》單疏本）

[一]　西村天囚：《草不除軒餞飲内藤炳卿奉命之滿洲》，見《奉天滿蒙番漢文藏經解題》文附録，載《内藤湖南全集》第 12 卷《目睹書譚》，47 頁。

[二]　《將赴滿洲，次西村天囚見送詩韵留别》，載同上，另載《湖南詩存》，《内藤湖南全集》第 14 卷，281 頁。詩中"阿麻額墨"爲滿語父親與母親的發音，阿麻即父，額墨即母，此處代指滿語。"阿麻額墨遺文在"意爲滿語文獻尚存。"鈕勘斐蘭"：指滿族男童六七歲起，就用"鈕勘斐蘭"習射。《滿洲源流考·國俗》記載："小兒以榆柳爲弓，曰斐蘭；剡荆蒿爲矢，翦雉翟鷄翎爲羽，曰鈕勘。"

千古師儒費句梳，説文解字許君書。

購將宋刊兼唐寫，高揭楣區漢學居。

（唐寫本《説文解字》木部殘卷 7 頁及宋刊本）

零殘盲史王朝寫，前輩收儲手澤存。

細校尤宜博多版，古香繞筆爛硃痕。

（平安朝寫本《春秋經傳集解》殘卷）

奇篇只合屬吾曹，豈許老儈論價高。

史記并收南北宋，書生此處足稱豪。[一]

（《史記集解》北宋殘卷及南宋補全本）

今天，我們吟咏這些詩篇，那種醉心典籍，出入唐宋，考辨真僞的執著，那種寄情書卷、遨游學海翰墨的書生情懷，那種坐擁孤本堪抵南面君王的自得，一一躍然紙上。這四種珍本，都被日本文部省確認爲"日本國寶"級重要文物。

此外，在這人生花甲退休的晚年，内藤又是怎樣回顧和評價自己呢？

做了大半輩子的大學教授，"立言"之事最爲本職當行。退居恭仁山莊後，他專心整理自己二十多年在大學上課的講義、書稿，編成著作，似乎將少年時的慷慨之氣平抑了許多，正如他的《偶成》所咏：

聲名百代夢中虛，富貴浮雲久忽諸。

只有寸心灰不盡，筐中一卷未成書。

心中念念不忘的，似乎只是"一卷未成書"的《支那上古史》。

在他的《華甲自述》二首中，也表現了這種老境漸至、淡定達觀的人生態度。回顧六十年人生，他寫道：

解紛少慕魯連賢，空藉烟霞樂暮年。

俠士前塵殘夢淡，狂生積習放言顛。

晴耕擬校牡丹譜，夜課宜翻貝葉編。

舊稿理來頻檢點，集中怕有箭書傳。

大意爲：我自幼敬慕魯仲連這樣爲家國天下排憂解紛的義士，而歲月匆匆，

[一] 《恭仁山莊四寶詩》，載《湖南詩存》，《内藤湖南全集》第 14 卷，295 頁。

轉眼我已經到了安度晚年的時候。當年欲爲國家仗義行俠的"俠士夢",雖然如前塵往事漸漸淡去,而狷介狂放的"狂生"性格,卻使我一生放言高論,積習難改。如今退休了,可以做一些無關宏旨、遠離社會政治的事情,如白天點校《牡丹譜》,晚上閑讀貝葉經。再有,就是整理整理自己的舊稿,以便編輯成書,同時看看稿件中有沒有涉及政治、軍事機密的歷史檔,需要仔細挑選出來。箭書,原指古代戰爭中將書信縛綁於箭上射出,以通消息。李白《五月東魯行答汶上翁》詩有句:"我以一箭書,能取聊城功。"這首詩中的"俠士""狂生"可作爲內藤自我評價的關鍵詞,"俠士"與他喜歡的邊塞詩中"俠少""老將"的形象意趣一致,"狂生"放言則有他獨特的史論和咏史詩作注解,已如上述。

由於積習成性,內藤在恭仁山莊的晚年生活可謂退而不隱,安而不靜。他仍然關注和思考著中日兩國間的事,不時在這裏接待著中日兩國的學者和要員,如有郭沫若、楊鍾義、鄭孝胥、張元濟等中國友人專程來訪恭仁山莊,而狩野君山、鈴木虎雄將赴中國考察游歷,他也一一爲之贈別送行;在迎來送往的酬唱詩作中,時時隱現"俠士"之心、"狂生放言"之習。那幾年,他還到大學及研究所作學術演講,還爲天皇進講杜佑《通典》,直到去世前一年的1933年,還扶病前往剛剛成立的僞滿洲國,出席"日滿文化協會"的成立大會,晋見溥儀,并在那裏與他的老朋友也是僞滿要員的鄭孝胥、羅振玉等會面。

且看他的《漫成》二首所述:

之一

蠹書撑腹五千卷,下筆徒稱覺有神。

畢竟窮經糟粕耳,爭如血性語言新。

之二

都將塵事付休休,一縷茶烟繞小樓。

暫斂拔山翻海手,雕花鏤月也風流。

這兩首詩收到《湖南詩存》後附的《湖南小稿》中,編輯者內藤乾吉說明,之所以單列"小稿",是專門收內藤早年詩作的。那麼,這兩首看似矛盾的詩句,想要表達什麼意思呢?作者表示"學富五車""滿腹詩書""下筆有神"之類的學問,如果與干預時政的"血性語言"、慷慨言論相比,只是徒然無益的"糟粕"而已。以上這是第一首。第二首,話鋒一轉,且將現實塵事統統拋在身外腦後,息影小樓書齋,品茗閑話,暫時收斂起那些曾經在中日之間堪比"拔山翻海"的言論舉止，只管吟風弄月、雕花鏤月。但是，透過"雕花鏤月也風流"的自嘲，我們似乎看到，他還是不能忘懷於"血性語言""拔山翻海"的激情，"暫斂手"是在等待時機吧。

五、小結

內藤湖南出生於幕末武士家庭，其祖父、父親兼有武士和儒者的修養，父親具有勤王思想，敬慕賴山陽，教導內藤自幼即讀《四書》《二十四孝圖》以及賴山陽的《日本外史》。這是他接受中國儒家思想和日本武士道思想之始，可說自幼受到"士魂"精神的薰染，血脈裏流淌著爲國盡忠、殺身成仁的熱情。即便日後的工作事業不需要他真的去爲國捐軀，但這種精神無形地幻化爲詩歌中的任俠豪氣。

另一方面，由於長期研究中國歷史，浸潤於中國學術文化，中國思想傳統中通經致用、經世濟時的觀念，對內藤深有影響。他在文章和著作中對於明清時代經世派學者尤爲贊賞，多次表示自己是繼承他們的學術精神。如在《支那論》一書的扉頁上，作者內藤湖南刊載了自己收藏的顧炎武、黃宗羲、曾國藩、胡林翼、李鴻章、馮桂芬、熊希齡等人的筆迹，表示《支那論》受到上述這些人的啓發和教益，他贊揚顧、黃的學術具有"洞察世事之窮極""率先主張變通"的精神。可以說，他一生的學問研究都是爲了"鑒古知今""洞察世事""指點江山"甚至"預測未來"，實現他學術的最高理想和社會政治關懷。

中國古代士大夫向有所謂"立德""立言""立功"的三不朽人生理想，語見《左傳·襄公二十四年》："太上有立德，其次有立功，其次有立言。"勉强用現代語言對應來說的話，就是通過爲人垂範（德）、行事利民（功）、著書立說（言）這三個方面，去追求人生超越自然生命、可長可久的不朽意義。具有經世志向、一生任俠放言的內藤湖南，他的理想近乎於"立功"，而他實際留給後世的，則主要在"立言"方面——他那些關於中國史學研究的代表性著作。

原載《東吳學術》2010 年 2 期，收入此書略有文字改動

樂群社的學問與詩情

——内藤湖南漢詩解析之二

錢婉約

一

1930 年 3 月，正是草長鶯飛的早春時節，在日本京都郊外瓶原村的一處山岡上，京都大學支那史學教授内藤湖南，退休後栖居在這裏，已經是第四個年頭了。這一天，老友長尾甲（雨山）、狩野直喜（君山）、小川琢治（如舟）三人，到訪恭仁山莊。從京都城裏來到這個處於京都和奈良之間的農村，即使不算長途跋涉，也還是需要一番舟車勞頓的。客人誠意可感，主人竭盡熱情。他們在恭仁山莊飲酒作詩，論學評畫，賓主盡歡，直到日影西斜，還覺不够盡興。於是，幾位學者即興約定，經常舉行這樣的見面會，組成同仁社，并爲之取名"樂群社"。

内藤湖南有文記録這次活動，漢文寫得頗有明代小品之韵：

> 樂群社詩草引　昭和五年三月
>
> 　　自余卜築恭仁數歲，與農夫慮水旱，與臧獲謀桑麻，離群索居，日已久矣。雖有來訪者，亦鮮以藝業相磨厲，問學之道，益就荒落。庚午春仲，雨山翁與君山、如舟二博士見訪，談論經史，譏評金石書畫，自朝及昏，塵談不罄。各賦五言四韵詩數首，以述其懷，相與歡然，有遺世之思。因相約春秋佳日，載酒攜肴，訪幽探奇，流連光景，庚茲盛會，庶不負斯生矣。名之曰樂群之社。嗚呼，使余枯寂餘生，油然有死灰復然之懷者，非以斯樂歟？内藤虎。（《内藤湖南全集》第十四卷，第 115 頁）

這一年，長尾 66 歲，内藤 64 歲，狩野 62 歲，小川 60 歲，年齡最小的小川也到了退休年齡。這些京都中國學研究赫赫有名的大家，不顧花甲年邁，風流雅集，其漢學情懷，可窺一斑。

需要説明的是，文中"問學之道，益就荒落"，"使余枯寂餘生"等等，不過是自謙自抑之語。内藤 1926 年從京大退休後，受聘爲京大名譽教授，歷年來仍在京大開課，作史學系列演講等，并有著述不斷問世。1927 年王國維昆明湖自沉，内藤、狩野等人發起組織了京都的王國維追悼會及相關活動。1928、1929 年，内藤又先後在恭仁山莊接待中國來訪的張元濟、傅增湘。張元濟爲晚清維新名士，時任商務印書館董事，傅增湘亦爲民國文化界極有影響力的大學問家、藏書家，先後擔任過民國教育總長、故宮博物院圖書館館長。可見，山莊雖偏，斯是鄉間，何陋之有？退休餘生，豈曰枯寂？

二

這裏簡要介紹一下來訪的三位中國學研究者。

狩野直喜和小川琢治是内藤湖南在京都大學的同事，他們同時是京大中國學研究的大家，各自在不同的領域引領當時的學術研究，形成名震一時的日本中國學京都學派。狩野是支那哲學和支那語學與文學的首席教授，他以乾嘉考據學爲出發點，上溯兩漢經學，下逮明清戲曲，作出《中國哲學史》《兩漢學術考》《魏晉學術考》以及《支那文學史》《支那小説戲曲史》《清朝的制度與文學》等等開創性的研究著作。

小川是人文地理學的首席教授。在 20 世紀初期，地理學還是剛剛興起的學問，從東京大學地質學科畢業的小川，成爲日本最早的地質學家和歷史地理學家，爲京都大學和日本的中國歷史地理研究，開拓出一片新的天地。著有《支那古代地理學史》《支那歷史地理研究》等書。更富傳奇性美談的是，他養育和造就了"京大三杰"，這就是他的次子貝塚茂樹、三男湯川秀樹、四男小川環樹。貝塚茂樹是京大支那史學科的第二代著名學者，是中國古代史特別是甲骨文研究的專家；湯川秀樹 1949 年獲得諾貝爾物理學獎，成爲京都大學更是整個日本的驕傲；小川環樹也是京大教授，以研究中國文學見長。

狩野、内藤、小川執掌京大中國學的時代，正值 20 世紀的頭 30 年，由於他們的存在和帶動，加之其他幾位如桑原隲藏、富岡謙藏等人，形成了中國學京都學派的黃金時代。這期間，正是中國辛亥革命、新文化運動等政治和文化的變革時期，他們對中國的時局與文化變遷也多有關注。比如，内藤對於武昌起義和新成立的民國政府是表示支持和寄予期望的，狩野則表現了明確的保皇態度。而對於新文化運動打倒孔家店、一味推翻傳統文化的做法，他們基本都取反對的立場和失望的情感。在學術上，他們聯繫更多的是清末維新派大臣和入民國後的遺老學問家，如羅振玉、王國維，如文廷式、張元濟，如柯劭忞、王樹枏。1910 年，在時任學部官員的羅振玉的通報下，狩野、内藤、小川三教授曾與富岡謙藏、濱田耕作五人，受京大派遣，一同到中國北京，調查收歸學部的敦煌卷子和内閣大庫文獻情况。他們回日本後，作成《派遣清國教授學術視察報告》一文，在《朝日新聞》上配圖大篇幅地刊發，推動了日本學界經久不息的"敦煌熱"，也開啓了日本領先於中國的早期敦煌學研究。1911 年辛亥革命後，羅、王避居京都，也是出於狩野、内藤等人的誠摯邀請和熱情安排。

長尾甲年齡最長，是一位頗有傳奇色彩的人物，他早年畢業於東京帝國大學，1902 年毅然辭職，移居中國上海，受聘於商務印書館，任編譯室主任，参加中國新式小學教科書的編纂，在中國工作生活了 12 年，與黎庶昌、鄭孝胥、羅振玉等人多有交往。長尾精通漢學，對中國書畫、金石尤其情有獨鍾，造詣深厚。1914 年返回日本，以在野學者身份，在京都講學、著述，并從事書畫、篆刻活動。長尾甲自己也收藏書畫金石，收藏甚富，齋室名爲草聖堂、漢磚齋等。生前講演集爲《中國書畫講話》。

三

在關西大學內藤文庫裏，至今保存著這次三月份雅集的詩稿，教授們的詩，分別寫在印有"樂群"字樣的不同顏色的彩色信箋上。長尾年齡最長，爲這次詩會確定詩型和聲韻，爲五言律詩，押痕韵人臣轍。

長尾的詩興最盛，一共寫有七首，分別寫在粉紅色和淺藍色的信箋上，這裏選兩首，錄如下：

庚午春分後四日，偕狩野君山、小川如舟二博士，過内藤湖南博士恭仁山莊

華朝過十日，景物漸宜人。新柳未飛絮，殘梅已成仁。

研經稀出户，聽鳥始知春。此境愜高隱，山川净絶塵。（之二）

白首窮經意，聊將學古人。凭君啓茅塞，蟄蟄豈吾仁。

山樹先承日，澗花常後春。守愚爲市隱，愧混九衢塵。（之三）

狩野的詩寫在淺藍色的信箋上，是兩首五律，選其一：

庚午春日，偕雨山、如舟二君訪内藤湖南先生恭仁山莊。雨山有詩，即

和其韵。乞吟定

> 園林風日麗，魚鳥自親人。避俗非傲世，會文聊輔仁。
> 靄烟籠遠水，梅柳點陽春。莫怪低回久，明朝又混塵。（之一）

小川的詩寫在粉色信箋上，兩首五律，録其一：

> 庚午春日，陪雨山、君山兩先生訪湖南先生恭仁山莊。次雨山先生韵，呈主人
> 城外幽栖地，田間耕讀人。清標同水潔，真性樂山仁。
> 林鳥方呼霽，野花好弄春。從游饒逸興，濯盡組纓塵。（之二）

內藤的兩首是這樣的：

> 炷香仍掃室，倒屣迓高人。經術孔冲遠，墨花米友仁。
> 群禽鳴永晝，百卉值陽春。觀物兼談藝，胸中無一塵。（之一）
> 聊釋索居憾，敲門有故人。川原連諾樂，烟靄罩恭仁。
> 寺近鐘聲響，宮墟草色春。銜杯且緩坐，前路盡紅塵。（之二）

在此"新柳未飛絮""景物漸宜人"的早春，山中的花尚未盡數開妍，只有殘梅和新緑呼喚著陽春。在這樣優雅僻静而又充滿生機的幽居環境中，四位飽學之士，銜杯品茗，"會文聊輔仁"，"觀物兼談藝"，彼此沉浸在棋逢對手的學問討論中，也表現出遺世獨立，不與塵世混同的自潔與清高。

四

樂群社的第二次雅集在京都市内的細川侯別業怡園舉行。

這裏的細川侯，是指明治時代貴族院議員細川護立侯爵，怡園是其在京都的別墅。細川家本爲江户時代熊本藩藩主，狩野直喜亦爲熊本出身，祖上曾"世爲細川氏臣"。廢藩置縣後，細川家族雖然不再擁有藩主大名的特權及地位，而狩野直喜對細川家後人，則依然以臣下之禮相待，狩野還曾爲細川護立之子講授中國文學，上世紀90年代日本首相細川護熙即爲護立之孫，這是後話。1930年6月2日的第二次樂群社雅集選在怡園，或許也正是狩野的原因。

現在見到這次雅集內藤的詩，是這樣的：

> 庚午六月二日，同雨山、君山、如舟三公會於細川侯別業怡園，賦此

> 名園來借榻，貧賤儘堪驕。
> 倚石時披髮，題詩復劈蕉。

在這樣的名人名園裏，内藤却是無論"貧賤"，"倚石披髮""劈蕉題詩"，多少表現出了魏晉遺風。

在内藤文庫的另一張紙上，同時抄有包括上面這首詩在内的其他三位的詩，分別是這樣的：

> 鳥聲花木邃，泉石自幽清。
> 偶得看山福，翛然遺世情。（雨山）

> 賢侯清暇日，游息只看山。
> 借問營營者，名場幾往還。（君山）

> 園林經雨後，山色翠初分。
> 終日忘言客，坐看來去雲。（如舟）

也都表現出看山聽泉、翛然忘物的情懷。至於他們藉此雅集，討論了什麽學問，發表了什麽時事感言，乃至相關趣聞軼事，詩裏便没有痕迹了。

五

第三次雅集，是同年的 11 月，在京都東山山麓的詩仙堂舉行。詩仙堂是石川丈山（1583—1672）的遺迹，石川初名重之，字丈山，號六六山人、四明山人、詩仙堂等，是江户時代漢詩的代表人物。他學問廣博，對於儒學、書法、茶道、庭園設計等都頗爲精通，還是日本煎茶道的開創者。他在京都東山山麓的一乘寺附近隱居，模仿日本和歌"三十六歌仙"，從中國歷代詩人中選取三十六人，稱爲"三十六詩仙"，并請狩野探幽將三十六人肖像繪於堂内四面的墙壁上。詩仙堂名稱由此而來。這三十六人，石川按照詩人的特點，分成兩兩一對，共十八對，墙壁上的繪畫也是這樣安排的。雖爲旁逸，藉此將十八對三十六人，列名於下：

> 蘇武—陶潛　謝靈運—鮑照　杜審言—陳子昂　李白—杜甫
> 王維—孟浩然　高適—岑參　儲光羲—王昌齡　韋應物—劉長卿
> 韓愈—柳宗元　劉禹錫—白居易　李賀—盧仝　杜牧—李商隱

寒山—靈澈　林逋—邵雍　梅堯臣—蘇舜欽　歐陽修—蘇軾
黃庭堅—陳師道　陳與義—曾幾

在這樣一個具有江戶漢詩代表性遺址以及中國詩歌濃厚氛圍的地方，進行第三次雅集，可以説深具象征意義。因此，這次的詩吟自然也關涉石川丈山。

狩野的詩，如下：

庚午晚秋，樂群社友會於一乘本村之詩仙堂。時民國白山夫堅以事在洛，亦修簡招之，句中遠客即指山夫

寒雲寥廓雁呼群，杯泛黃花酒正醺。
古寺有人護遺像，空山無鹿到孤墳。（之一）

丈山在堂側，相傳丈山在時，山多麋鹿，來食園葵。丈山憂之，自製竹筒，置於澗中，使隨水盈虛觸石發聲，麋鹿畏不敢近。今器尚存，而無復麋鹿之迹矣。

詩篇留得千秋業，氣節傳來百代文。
勝會偏欣邀遠客，半林楓葉對斜曛。（之二）

丈山遺迹歷歷在目，麋鹿竹筒仍在水石間發出篤篤清響。丈山詩篇以寧静自守、閑適清貧爲特色，這多少也正合樂群社同人吟咏的主題。

長尾的詩二首，選其一：

庚午小雪後四日，與樂群社同人吟集詩仙堂。君山博士詩先成，即和原韵

敬業餘閑宜樂群，趁期勝境暫酣醺。
千秋韵事歸儒雅，萬里賓朋話典墳。
霜葉翻風霞散綺，山花落澗水成文。
高人高躅太蕭瑟，寒木一村烟半曛。

另一首也是懷念石川丈山的，贊賞了他武士的英雄氣概和詩人的儒雅風度。

這次雅集，內藤湖南的詩如下：

庚午十一月念七，樂群社同人會於詩仙堂。君山博士詩先成，即次其韵

有約林邱共樂群，摩挲遺物酒微醺。

虎頭阿堵傳神采，仙骨寧馨剩隴墳。

城市牛鳴常裏足，山房朋到細論文。

夜長時夢少年事，爲畫堞樓明夕曛。

此詩《內藤湖南全集》不載，見於內藤文庫之“內藤原稿 L21**7*12”第 7 盒之 450 號內，此號內收集了樂群社四人三次雅集的唱和詩原稿及謄清版，其中屬於內藤的詩，唯此首未入《全集》。但此爲內藤漢詩無疑。今據此補入。杉村先生在其《題四翁樂群圖》一文中，對此亦已有提及，并且將自己拍攝到的此詩墨迹照片複印在他的文章上，則是另一個版本的墨迹[一]。

另外，小川也有詩，如下：

林壑深秋興不群，同游載酒足催醺。

泉流有響僧都杵，葉落無聲處士墳。

潁水今猶堪洗耳，鍾山何要勒移文。

門前絕迹彈冠客，閒坐芳堂日漸曛。

潁水、鍾山的用典，既巧合地理學家的專業素養，又散發出中國詩歌傳承的琴韵芬芳。

如狩野的詩小序所説，這次雅集另邀一位正好在京都的中國客人——白堅。白堅早年留學日本早稻田大學，回國後，曾在北洋政府和後來的北京臨時政府任過職。他熱衷金石書畫的品鑒和收集，在 20 世紀二三十年代，曾經作爲中間商，將中國善本珍籍、書畫卷軸等文物，倒賣給日本行家。如他促成了羽田亨買下李盛鐸藏敦煌卷子，又將稀世珍寶的唐寫本《説文》殘卷賣給內藤湖南[二]。這次他來，則帶來了《東坡潁州禱雨詩話》墨迹原件展示，四翁披覽良久，嘆爲稀世秘珍。

白堅參與此詩會雅集，自然亦有和詩，目前也收藏於內藤文庫。白堅詩如下：

十一月二十七日，詩仙堂陪內藤湖南、狩野君山、長尾雨山、小川如舟諸先生飲。君山有詩，依韵奉和，并柬松浦學士。白堅

[一] 杉村邦彥：《題四翁樂群圖》，載《墨林談叢》，柳原書店，1998 年。

[二] 關於白堅其人，參見高田時雄先生《李滂與白堅——李盛鐸舊藏敦煌寫本日本流入之背景》《李滂與白堅補遺》《李滂與白堅再補》三篇文章，先後載日本《敦煌寫本研究年刊》創刊號 2007 年、第二號 2008 年、第六號 2012 年。以及錢婉約《白堅其人及唐寫本説文流入日本考》，載《中國文化研究》，2013 年夏季卷。

西洛四君誰可群，

詩仙堂上共微醺。

青山有地容幽迹，

紅葉無聲下古墳。（堂側有丈山高士墓）

時向瓶原尋异字，（內藤博士居瓶原村，藏書甚富，中土所無之籍，往往而有）

還過學院叩奇文。（狩野博士開東方文化學院，有泮宮璧水之規）

願同鴨水爲盟約，

許我分邱看夕曛。

可見，白堅對於這些日本的中國學大家，不僅推崇其學問地位，更兼追捧結交之意，因爲這些人或許正是他販賣書畫的買家或潛在買家。

日本中國學京都學派的學者，向來多採取與中國密切聯繫的治學態度，包括主張赴中國留學，到中國作實地考察和文化接觸，較多地保持與中國學人的密切聯繫，甚至在某些方面趨同於中國學者的學術方法和學問旨趣，如王國維的二重證據法，如金石書畫鑒賞、漢詩創作等等。一年中連續進行三次樂群社吟唱活動，也從一個方面印證了上述特徵。

原載《中華讀書報》"國際文化專版" 2013 年 5 月 8 日，收入此書有增補

附録：主要酬唱者小傳

錢婉約

這裏對本書所收與內藤湖南漢詩往來唱和的主要人員略作小傳，予以介紹，分日本與中國兩部分，每部分以生年爲序排列。

犬養毅（1855—1932）：號木堂，通稱仙次郎。歷任日本文部大臣、通信大臣、內閣總理大臣、內務大臣、外務大臣等政治要職。明治、大正、昭和三朝元老重臣，著名政黨政治家。漢學造詣深厚，漢詩、書法修養深湛，號爲日本政界中國通。與孫中山友善，曾助力中國同盟會。有《木堂叢談》等存世。

長尾甲（1864—1942）：名甲，通稱槙太郎，字子生，自號雨山居士，又號石隱、睡道人、無悶道人等。畢業於日本東京帝國大學古典講習科，曾任職於東京高等師範學校等。1903 年起，移居中國上海歷 12 年，受聘爲商務印書館顧問及編譯所主任，參與中國最早的中等教科書編纂工作。與吳昌碩詩文唱和，結爲摯友，爲西泠印社社員。1914 年返回日本，以在野學者身份，在京都講學、著述及從事書畫篆刻活動。與黎庶昌、鄭孝胥、羅振玉、犬養毅、內藤湖南、狩野直喜等人多有交往。長尾甲收藏甚富，齋室名爲"草聖堂""漢磚齋"等。日本近代著名漢學研究者、書畫家、篆刻家。生前講演集爲《中國書畫講話》。

市村瓚次郎（1864—1947）：字圭卿，號器堂、筑波山人、月波散人。東京帝國大學古典講習科漢書課畢業，長期任教於東京大學歷史學科，與白鳥庫吉同爲東京大學東洋史學的奠基者。東京大學退休後，曾任國學院大學教授、校長，爲帝國學士院會員。晚年有回歸漢學與儒學的傾向，從事漢詩文的創作與翻譯。代表作爲《東洋史統》。1905 年 8 月曾赴中國瀋陽故宮調查訪書，與內藤湖南偶遇并共同參觀、訪書數日。

荒木寅三郎（1866—1942）：號鳳岡，出身幕末儒醫世家，東京帝國大學別科醫學科畢業，曾留學歐洲。回國後，歷任京都大學醫學教授、京都帝國大學醫科大學校長、京都帝國大學總長。京大退休後，曾任學習院院長、樞密顧問官。漢學修養深厚，有漢詩文集《鳳岡遺稿》存世。

狩野直喜（1868—1947）：字子温，號君山、半農人。東京帝國大學漢學科畢業。曾留學晚清中國，在北京遭遇義和團抗擊八國聯軍之役。後長期執教京都大學，研究中國經學史、文學史與思想史。與內藤湖南、桑原隲藏并列爲京都大學支那學的創始者。著有《中國經學史》《兩漢學術考》《支那文學史》《支那小説戲曲史》等。

織田萬（1868—1945）：號鶴陰。東京帝國大學法學科畢業，留學歐洲，專業爲行政法。曾爲京都大學教授、關西大學校長、京都立命館大學名譽校長。漢學修養深厚。1906 年，曾接受日據下臺灣總督府後藤新平之邀，赴臺灣任"臨時臺灣舊慣調查委員"；曾與狩野直喜、加藤繁等人合作，編纂《清國行政法》。1945 年 5 月 26 日，與夫人同殁於東京大轟炸。

小川琢治（1870—1941）：號如舟。東京帝國大學地質學科畢業，京都大學地理學教授，日本最早的歷史、人文地質地理學家。日俄戰爭期間，曾赴中國進行地質調查，提出露天煤礦開掘方案。1910 年曾與內藤湖南、狩野直喜等人一起，赴中國北京，調查華北史地及敦煌文書、內閣大庫文書。著有《支那古代地理學史》《支那歷史地理研究》等。其子有"京大三杰"之稱，次子貝塚茂樹，中國古代史特別是甲骨文研究的專家，三男湯川秀樹，1949 年獲得諾貝爾物理學獎，四男小川環樹，以研究中國文學見長，他們都是京都大學教授。

山本二峰（1870—1937）：名悌二郎，號二峰。曾赴德國留學修習農學專業。在日據時代的臺灣，任臺灣製糖株式會社、臺灣倉庫、亞細亞烟草等公司會長。

1927 年轉入政界，任田中義一内閣、犬養毅内閣農林大臣。著名收藏家、書畫鑒賞家。主要收集中國書畫、儒家著作、古錢、古硯、古銅器、漢鏡、刀劍等。尤以書畫與刀劍爲大宗。有《澄懷堂書畫目録》，記録 1176 件書畫文物。二戰中，田中收藏品被轉移到三重縣友人處，免於東京大轟炸，得以完存。1963 年建立澄懷堂文庫，1987 年建立澄懷堂美術館。

　　鈴木虎雄（1878—1963）：字子文，號豹軒，別號藥房。出身漢學世家，自幼浸淫於中國文學與日本儒學的文化氛圍中。東京帝國大學漢學科畢業，1916 年赴中國留學兩年，後曾在歐洲各國訪問。長期任教於京都帝國大學。從事中國古代文學，尤其是詩歌、詞賦、文藝理論的研究與著述。著有《中國詩論史》《賦史大要》，譯注有《陶淵明詩解》《陸放翁詩解》《玉臺新咏集注》《杜少陵詩集》等中國詩歌的日譯本。一生創作漢詩數千首，輯爲《豹軒詩抄》。

　　吉川幸次郎（1904—1980）：字善之，號宛亭，日本神户人。京都帝國大學文學科畢業，爲狩野直喜、内藤湖南、青木正兒等人的學生。1928—1931 年曾留學中國北京，并游歷江南。長期任教於京都大學。主要從事中國詩歌史、戲曲史研究，及對杜甫等詩人的翻譯、注釋研究。主要著作有《元雜劇研究》《中國史詩》《讀杜劄記》等。

　　莊司乙吉（不詳）：號杜峰，秋田人。日本原東洋紡織（紡績）社長、原大日本紡織聯合會（紡績連合會）會長。汪精衛僞政府成立後，曾作爲日本慶賀使團 28 人代表之一，與阿部信行、松田賴壽、小山松壽、菊池寬等人同來中國道賀訪問。又曾在汪僞時期，任"華北農業改進會"理事。有個人逐年（1930—1936 年）漢詩集《杜峰庚午詩草》《杜峰辛未詩草》《杜峰壬申詩草》《杜峰癸酉詩草》《杜峰乙亥詩草》《杜峰丙子詩草》存世。

　　王闓運（1833—1916）：字壬秋、壬父，晚號湘綺，世稱湘綺先生。湖南湘潭人。清咸豐二年（1852）舉人，後禮部會試落第，肅順聘其爲家庭教讀，又曾入曾國藩幕府。1880 年入川，主持成都尊經書院，又先後主講於長沙思賢講舍、衡州船山書院、南昌高等學堂等。對晚清書院教育影響甚大，前後得弟子數千人，門生滿天下。著名的弟子有楊度、廖平、楊鋭、劉光第、齊白石、張晃、楊莊等。

1906 年，授翰林院檢討，1911 年又加封爲翰林院侍讀銜。辛亥革命後，任國史館館長。爲光宣文壇詩文大家，著有《湘綺樓詩集》《湘綺樓文集》等。

趙爾巽（1844—1927）：字公鑲，號次珊，一作次山，又號无補，清末漢軍正藍旗人。清同治進士，翰林院編修。曾任晚清安徽、陝西、甘肅、新疆、山西、湖南、四川等多地地方長官，辛亥前任盛京將軍、東三省總督。民國後，任奉天都督、清史館總裁，聘清朝遺老、著名學者柯劭忞、繆荃蓀等 100 多人，工作人員 200 多人，名譽職位 300 多人，編修清史。時值軍閥混戰，國勢衰微、經濟困難，趙爾巽勉力爲之，稱"失今不修，後業益難著手"，"不敢諉卸"。并言"不能刊《清史》，獨不能刊《清史稿》乎"，終於 1927 年編成《清史稿》，不久去世。

陳寶琛（1848—1935）：字伯潛，號弢庵、陶庵、聽水老人。晚清正紅旗漢軍副都統、內閣顧問大臣，末代皇帝宣統帝師，故稱弢庵師傅。謚號文忠。有《滄趣樓詩集》《聽水齋詞》存世。

徐世昌（1855—1938）：字卜五，號菊人、弢齋、東海、水竹村人、石門山人等。天津人。光緒進士，晚清軍機大臣，曾任兵部尚書、東三省總督等要職。1918—1922 年任中華民國大總統。其人博學多才，文史、詩詞、書畫皆精。有"總統詩人"之譽。曾爲清史館總纂，編纂有《清儒學案》。有《水竹村人詩集》《歸雲樓題畫詩》存世。

升允（1858—1931）：字吉甫，號素庵。八旗蒙古鑲黃旗人。清末歷任地方巡撫、總理衙門章京，駐庫倫參贊大臣、俄國參贊等。辛亥後，親日，參與復辟。文學素養高。

鄭孝胥（1860—1938）：字蘇戡、太夷，號海藏。清光緒八年舉人，曾任廣西、安徽、湖南等地地方長官，晚清參與維新變法。辛亥後隱居上海，以遺老自居，詩書度日。善楷書，取徑歐蘇，得益魏碑，書風蒼勁樸實。工詩文，爲詩壇"同光體"魁首，詩風清勁深秀。1932 年出任僞滿洲國"總理大臣"兼"文教總長"。有《海藏樓詩集》13 卷存世。

楊鍾羲（1865—1940）：字子勤，一作子晴、芷晴，號留垞，又號雪橋、雪樵，晚號聖遺居士。清光緒進士，翰林院編修。辛亥後寓居上海，以清遺老自居，寄情文史，不問世事。1923 年與王國維一起，任南書房行走，爲遜帝溥儀師。謚號文敬。家富藏書，一生博覽群書，治學嚴謹，是近代著名學者。著《雪橋詩話》40 卷，最負盛名，又有《雪橋自訂年譜》《聖遺詩集》《意園文略》等，另與表兄盛昱合編《八旗文經》56 卷，搜集宏富。

蔣黼（1866—1911）：一作黻，字伯斧，江蘇吳縣人。家學淵源，天資聰慧，早年即與羅振玉交誼深厚，曾任清學部候補郎中，戊戌前隨羅振玉在上海創農學會、東文學社，編刊中國最早的農學刊物《農學報》，編有《中國教育史資料》。輯有《沙洲文錄》《敦煌石室遺書》，又撰《摩尼教流行中國考略》等論文，爲中國敦煌學研究的先驅人物。1903 年，與張謇一起赴大阪參觀日本大阪內國勸業博覽會，寫有《東游日記》。逝世後，墓誌銘由羅振玉撰文、內藤湖南書丹。

張元濟（1867—1959）：號菊生。清光緒進士，總理衙門章京。南洋公學譯書院總校。1901 年起，入股商務印書館，主持編譯工作，旋爲編譯所所長、經理、董事長，直至逝世。1928 年，爲編印商務印書館《四部叢刊》，專程赴日訪書，辦理借印事宜。與東京、京都中國學家多有交往酬唱。

張爾田（1874—1945）：一名采田，號遯盦。治樸學，通經史，善填詞，曾奉教於朱祖謀，與鄭文焯、張仲炘、陳銳等研討詞律，朱祖謀嘗刻其詞入《滄海遺音集》，詞作受到時人大家的高評。1914 年，參與撰修《清史稿》，旋任北京大學教授，晚爲燕京大學國學總導師。有《遯盦樂府》《遯盦文集》《史微》《玉溪生年譜全箋》等存世。

李拔可（1876—1953）：名宣龔，號觀槿、墨巢，通稱拔可。家住光禄山房。光緒舉人。清少年即能詩擅文。辛亥後居上海，任商務印書館經理兼發行所所長，與張元濟、鮑咸昌、高鳳池合稱“商務四老”。工書法，精於書畫鑒識，書畫收藏豐富，珍貴者首推《天籟閣舊藏宋人畫册》，曾借予商務印書館彩色銅板影印，宋錦裝幀，豪華精緻。有《顧果亭詩》《墨巢詞》存世。

　　王國維（1877—1927）：字静安，號禮堂、觀堂。晚清時在上海結識羅振玉，接受新學教養，辛亥後與羅振玉一起，舉家避居日本京都，與京都學派學者多有學術交往。1916 年回國後，曾在上海爲哈同、蔣氏（汝藻）密韵樓校書編書目。1923 年春，與楊鍾羲等人入值南書房，爲遜帝溥儀師。1924 年底北京政變，溥儀出宫，1925 年 2 月起，任清華大學國學研究院導師，與梁啓超、陳寅恪、趙元任、李濟、吴宓等共事。1927 年 6 月自沉昆明湖，謚號忠愨。

　　王大楨（1893—1946）：原名芃生。早年投身反清革命活動，爲同盟會會員。1916—1921 年間，東渡日本留學。後任國民黨軍事委員會國際問題研究所中將主任，國民政府交通部次長。日本問題研究專家，主張抗日，反對妥協投降。著有《日本古史辯證》《日本古史之僞造》《土耳其論文集》《匈奴史之新研究》等書。有《小梅溪堂詩存》存世。

跋

陶德民

　　此次能够配合正在從事民國時期中日學術交流研究的錢婉約教授編輯本書，在版權申請、文獻調查和圖像拍攝等方面承擔共同責任，感到很難得，也很高興。錢教授是錢穆的孫女，名門之後，在内藤湖南研究方面取得了令人矚目的成績，令人感佩。這是因爲并非所有名人之後都有心并有緣繼承其先人的志業而從事文史研究的，儘管其有得天獨厚的條件。

　　文化傳承對於文化發展的重要性是不言而喻的，然而在 20 世紀前期的中國，由於内憂外患不斷和反傳統主張盛行，文化的傳承受到極大的干擾和阻斷。我聽自己的復旦大學歷史系老師説，1959 年在周總理的關懷和過問之下，周予同教授纔得以開設中國經學史課程，招收數名弟子以"繼絕學"。1973 年是王羲之的永和九年（癸丑，公元 353 年）蘭亭雅集以後第 27 個癸丑年，與處在"文化大革命"之中的祖國内地不同，中國香港、臺灣和日本都有紀念活動。當時香港中文大學文物館爲此發行《蘭亭大觀》，編者正是晚清時代的學者和書法家李文田之孫李棪。而在臺灣主持蘭亭紀念會的莊嚴先生，早年畢業於北京大學國學門考古學專業，曾參與故宫博物院的設立，并致力於該院文物在抗戰時期的轉移保存以及後來的遷臺。

　　2008 年秋至 2009 年春，我在整理出版内藤文庫中收藏的清人字畫時[一]，注意到文庫中有 1913 年（王羲之蘭亭雅集以後的第 26 個癸丑年）京都蘭亭會籌備時的許多一手資料，大到追祀王羲之的祭文，小到發起人的會費收據，剪報中還

[一]　陶德民：《内藤湖南と清人書画：関西大学圖書館内藤文庫所蔵品集》（関西大学東西学術研究所資料集刊 26，関西大学出版部，2009 年）。

有羅振玉和王國維的與會消息，因而覺得很有利用價值。在我的推動之下，關西大學東西學術研究所及下屬的泊園紀念會、博物館和圖書館的負責人集體向校長陳情，獲取特別資助，得以聯合舉辦"關西大學大正癸丑蘭亭會百周年紀念活動"。這一紀念活動不僅得到了日本有關方面的廣泛協作，而且得到了杭州西泠印社和北京故宮學研究所的大力支持。西泠印社常務副社長陳振濂先生寄來以下賀詞：

> 一九一三年癸丑，中國上海、杭州紹興與日本京都、東京同時舉辦蘭亭會，一時稱爲盛事。今屆百季，西泠印社聯合日本關西大學，承先賢之風雅，續藝文之系譜，再辦中日之蘭亭會。彬彬秩秩，觴咏流連，以見百季翰墨機運，斯文不墮之意云爾。

紀念行事實行委員會則向包括陳振濂在內的 28 位發起人（寓意《蘭亭序》總共 28 行）發出請柬，陳述了以下行事宗旨：

> 書聖王羲之於東晋永和九年（公元三五三年·癸丑）三月三日在紹興蘭亭主持"修禊"雅集，一氣呵成地爲歡愉於曲水流觴的参集者們的即興詩集寫下天下第一行書《蘭亭序》。以後，對於東亞各國的書家文人而言，召開蘭亭會便成爲六十載一度的"癸丑"年的慶事。大正二年（一九一三年·癸丑）在京都召開的蘭亭會，由內藤湖南、藤澤南嶽、本山彦一、神田香巖、富岡鐵齋与桃華父子、上野理一、西村天囚、山本竟山、鈴木豹軒等關西名人二十八人發起，有犬養毅、河井荃廬、黑木欽堂、羅振玉、王国維等東京和中國的名士參加。與在北京、杭州、東京召開的蘭亭會相比，京都蘭亭會因有住在上海的長尾雨山專門送來蘭亭清水供奉於王羲之神位之前，加上参集者一同揮毫作詩爲文，而成爲具有高度學術性和國際性的盛典。而長尾雨山和河井荃廬等，作爲吳昌碩爲首任社長的草創期西泠印社的社員參加了該社主辦的蘭亭會，并留下了記録。百年後的今日，回顧這一故事，并藉以思考今後日中書法篆刻交流以及漢字文化圈學壇傳統的共享和弘揚之道，甚爲有益。

這次紀念活動共有 5 個組成部分，每部分均有一些可圈可點之處。

（1）關於歷史資料展，即"近代日本的翰墨盛典"，不僅囊括了內藤文庫中有關 1913 年京都蘭亭會的全部資料，如《大正癸丑蘭亭會緣起及章程（內藤湖南草稿）》《內藤湖南臨蘭亭序卷》和《蘭亭會展覽目録》，鈴木豹軒撰《祭文》

及當年祭祀時所用的《王右軍神位墨拓》（全稱爲《晋右軍將軍王公逸少諱義之神位》）。據當年的新聞報道，神位的右邊有瞿鴻機的行書雙聯"懷古人臨文興感　後作者修會述情"及其説明文字（"日本群賢作蘭亭記念會，因集褉帖字爲聯，以張其盛"），而左邊則有羅振玉的古篆雙聯"俯仰殊今古　流觀感歲時"。還從京都國立博物館借來當年羅振玉轉售大阪朝日新聞社社長上野理一的《唐拓十七帖》（杉村先生認爲其實爲宋拓）、《游丞相藏玉泉本蘭亭神品》及《智永真草千字文》，後者則配以内藤文庫所藏内藤手書《智永真草千字文跋》及杉村個人所藏内藤《智永真草千字文跋草稿》。又從京都的名家借來曾在 1913 年京都蘭亭會出品的仇英製《蘭亭修褉圖》和《神龍半印本蘭亭序》，從鐵齋美術館借來的《蘭亭圖考》以及富岡鐵齋本人出席 1913 年京都蘭亭會時所作《蘭亭真景圖扇面》（内有題詞"蘭亭真景　用山陰縣蘭渚之水寫之　大正癸丑三月三日　鐵齋外史時七十八"）和得到的紀念品（如蘭亭會籌、木盆）等。杉村所詳加考證的王羲之《游目帖》曾爲乾隆帝等所藏，義和團事件後歸於廣島船具商人安達萬藏之手。雖在二戰結束時被焚毀，幸在 1934 年曾以珂羅版複製而得以傳世。而 2008 年文物出版社和日本的二玄社合作，以最新的電子技術製成彩色復原本，可謂近年日中合作的一段佳話。另外還有《鄰蘇老人遺像照片》以及鄰蘇老人《楊守敬臨定武本蘭亭序》，此爲楊守敬 1915 年 1 月去世前半年，及 1914 年 6 月應日人岸田所請而作的臨川李仁庵所藏孫退穀舊藏定武蘭亭五字損本的臨書，吳昌碩同年底爲之題字"定武遺風"。

（2）關於"現代日中名家書作展"，中日雙方各有九位書家參展。日方的九人，包括杉村邦彦和泰山書道院院長大橋成行、日本書藝院理事長杭迫柏樹和副理事長吉川蕉仙、日展常務理事新井光風、筑波大學教授中村伸夫、滋賀大學教授中村史朗、三重縣書道聯盟委員長谷泉石、原京都日本畫專門學校主任教授山本六郎（已故）等。中方的九人，包括陳振濂、韓天衡、朱關田、李剛田和童衍方等五位西泠印社副社長，張耕源和余正兩位西泠印社理事，内蒙古書法家協會主席何奇耶徒，以及廣州美術學院教授祁小春。西泠印社同仁們的鼎力相助，令人感動，其作品在日本裱裝後，現在保存在關西大學東西學術研究所。

以上兩個展覽會的内容，每件文物均事先作了解説，并借助業界最高水準的二玄社的技術，得以製成精美的圖録。爲此，我把自己設計的排版草案專程送到東京與該社的編輯仲本純介一起編排。

（3）由 28 個成員組成的"發起人會"選在 4 月 12 日（舊曆三月三日）召開，

先後有致辭、祝酒、合影和題詞等環節。1913 年京都蘭亭會的發起人（當時稱"首唱者"）也是 28 人，一説這是湊巧，一説是主持者内藤鑒於《蘭亭序》爲 28 行而有意如此設定，孰是孰非，已難以考定。但是我們特意效仿百年前的先例，則是毫無疑義的。此外，我們還效仿先例，請祖母居住在紹興的留學生周正律打來了蘭亭水，并由大橋成行提供近代日本最負盛名的中國題材書畫家富岡鐵齋之墨，用於發起人會題詞和即興揮毫會的用墨。參加發起人會的，除以上提到的幾位以外，還有東方學會理事長興膳宏、日本私立大學事業團理事長河田悌一、大阪歷史博物館館長脇田修（我的大阪大學博士課程導師）、近畿漢詩聯盟會長大野修作、木村蒹葭堂顯彰會代表水田紀久、關西中國書畫收藏研究會代表西上實、旅日西泠印社社員也是關西大學兼職講師的陳波、浙江工商大學日本語言文化學院院長王寶平等，可謂高朋滿座。二玄社會長渡邊隆男、澀澤榮一紀念財團理事長澀澤雅英等因爲年事已高未能到會，但是都專門派了代表前來出席。

（4）在"講演會"上登臺的兩位主題演講者杉村和祁小春是師生關係。杉村畢業於京都大學，曾師從宮崎市定、吉川幸次郎等著名學者。長期在京都教育大學（退休以後又在四國大學）從事書論和書法史教育。更可貴的是，他幾十年如一日所編纂的《書論》年刊（至今年夏天已經出版至第 41 號）享譽海内外，因此在 2011 年 5 月榮獲第 5 届"立命館白川静記念東洋文字文化獎教育普及獎"。祁小春留學日本十多年，主要追隨杉村先生研究王義之。而且十分湊巧的是，他風塵僕僕趕來參加發起人會前夕，以其力作《邁世之風：有關王義之資料與人物的綜合研究》獲得第四届中國書法"蘭亭獎"一等獎（理論類），所以大家都爲他高興，也爲座中有這麼一位年輕的高朋而感到自豪。

（5）"即興揮毫會"也在關西大學百年紀念會館的大廳舉行，由常年在大阪市推行青少年書法普及活動的泰山書道院院長大橋成行主持，由擁有一萬三千會員的日本最大書法團體即日本書藝院的理事長杭迫柏樹致辭。杭迫先生從中國改革開放後就追隨梅舒適先生從事中日書法交流活動，訪問蘭亭并寫下題爲《蘭亭懷古》的漢俳[一]："平生志已酬，詩酒蘭亭一日游，褉帖静中求。"這次在"現代日中名家書作展"展出的作品是此漢俳，在即興揮毫會上跪地大寫的仍是此漢俳，可見他對舊時美好記憶的執著。參加即興揮毫會的還有在改革開放初期到北京留學的筑波大學教授中村伸夫，追隨杭迫先生深化中日書法交流的滋賀大學教授中

[一] 漢俳是仿照日本俳句的形式以中文創作的韵文，據説 1980 年由趙樸初先生加以定型。

村史朗等^[一]。一些書法界元老和業餘書法愛好者也都踴躍揮毫，觀看者們也左顧右盼，唯恐漏看了精彩場面，大廳裏呈現出一派熱氣騰騰、喜氣洋洋的景象。部分揮毫作品在會後加以裱裝，也保存在關西大學東西學術研究所。

此次紀念行事中的最重要參展作品之一，是西泠印社特別提供的《盛慶蕃等九家〈春水流年題詠〉》（圖像）。此乃 1913 年該社社員在舉行蘭亭紀念會前後揮毫的集錦，也包括首任社長吳昌碩所表達的因病缺席而感到遺憾的親筆題字。不過，展品中另一件珍品，即吳昌碩 1913 年 2 月 2 日寫於一方絲綢上的《致山本竟山書簡》，對後者所收藏的文徵明家族四代書信作了如下評價，并論述藝術傳承之重要，則使我們得以瞭解杭州蘭亭紀念會一個月前吳氏的思想，可謂彌足珍貴。

> 藝術之美，世承其學，必有以傳。況祖父孫曾文采彪炳，朗朗如日月星者耶。衡山以降，迄於枕烟文氏，蓋四世矣。論其書法，宗尚頗同，片楮隻字，世所珍矣。今合四世之手翰，可爲書苑之瑰寶。中有枕烟致寒山求昏一願，且可揮考明氏禮俗之厚。近日風習，驟其大防。吾聞治國以禮，禮爲法原，禮廢則法失，國何以治？循念故俗，吾不禁愾然感中也。吾將移錄以貽好事，用足以存故之。其餘爲朋好通問書札、流傳迄今，亦可徵名流縉紳之雅，所愧荒謬，不能一一考證之。

回顧近年來的內藤研究，除了以上的紀念活動，還有更多學術性質更爲濃厚的研討會。2008 年夏天，我擔任關西大學文化交涉學教育研究中心^[二]主任時，與畢業於京都大學東洋史專業的副主任藤田高夫教授共同舉辦了題爲"從文化交涉學的觀點重新審視內藤湖南"的國際研討會。這次會議可以説是內藤研究的一次小型峰會，加拿大約克大學講座教授傅佛果先生（Joshua A. Fogel），京都大學名譽教授谷川道雄先生和他先前在名古屋大學執教時的兩位高足，即德島大學的霞森健介先生和山口大學的高木智見先生，京都大學的高田時雄教授和狹間直樹

[一] 中村史朗曾於 1992 年製作《王羲之研究文獻目録》，收入中日兩國的相關文獻和報刊資料，刊載於《書論》第 28 號。20 年後的 2012 年，他與年輕學者六人部克典合作加以增補，收録在我編輯的《大正癸丑蘭亭会への懷古と継承：関西大学内藤文庫所蔵品集を中心に》（関西大学東西学術研究所資料集刊 33，関西大学出版部，2013 年）中。

[二] 該中心成立於 2007 年，是日本文部科學省（教育部）選定的全球化卓越中心（Global Center of Excellence，簡稱 G-COE）之一，人文科學領域只有 11 個這樣的中心，其宗旨在於提升日本大學的研究生院層次的教學科研的創新水準。

名譽教授，內藤的秋田縣同鄉、神奈川大學的大里浩秋先生和北京語言大學的錢婉約教授等都參加了。2013 年秋天，關西大學的內藤科研團隊（日本學術振興會科研費補助金基礎研究項目"內藤湖南亞洲觀的形成與近代日中學術交流"）與南開大學世界近現代史研究中心、日本研究院和日語系聯合舉辦"內藤湖南與中國"國際研討會，共有 31 位學者在會上提交論文和發表演講，會上的論文分別在南開大學、北京語言大學和日本河合文化教育研究所的研究專刊上以特集形式出版，獲得了學界的重視。

在關西大學執教已有 20 年的我，因爲常見各國學者來訪和查閱內藤文庫的資料，也接受過內藤家鄉秋田縣的電視臺和中國中央電視臺海外漢學攝製組的采訪，切實感受到內藤研究的不斷進展及其所受到的普遍關注。去年秋天，錢婉約教授受我的邀請，作爲我校東西學術研究所的招聘研究員來訪兩個月，就內藤湖南與中國學術界關係的課題進行共同研究。我們幾次進入文庫直接翻閱瀏覽，得以從總體上感受和把握文庫的大致內容。錢教授在其以往研究的基礎上，奮力集中梳理了文庫中內藤與中國及日本漢學家之間的酬唱手稿。我們相約將其中部分內容選編成書，作爲內藤誕辰 150 周年紀念的獻禮，并藉此重現 20 世紀前期中日學術文化交流的重要方面。

11 月 3 日是日本的文化節，我們一起去京都參觀了金閣寺，又專程到"哲學之道"附近的法然院再次拜謁內藤湖南墓，看到了內藤嫡孫內藤泰二先生在一個多月前的秋分時節（與春分前後的一周同樣，稱爲"彼岸會"）來此祭拜之際置放的木製名牌，約有兩尺高，半尺寬，上面分別寫有其父乾吉、其祖湖南等的戒名。不料 9 天以後，在接到我關於請求版權許可信件的當天晚上，年屆八十的泰二先生便打電話給素不相識的我，興致勃勃地介紹了 20 世紀 60 年代以來他的訪華經歷。原來，畢業於京都大學的他是著名的倉敷人造絲公司（KURARAY CO.，LTD. 中文名稱爲"可樂麗"）的技術攻關項目主管，參與了戰後最早的日中民間貿易項目，即根據"廖高貿易"協定〔亦稱"LT 貿易"，廖承志（Liao Chengzhi）和高崎達之助（Takasaki Tatsunosuke）分別作爲中日代表簽署，故名〕，將成套維尼綸生產設備出口到中國加以組裝和投產。他談到了在 1963 年竣工儀式上見到周總理和 2013 年出席在北京舉行的該項目 50 周年紀念活動時見到郭沫若的女兒、歷史學家郭平英的情景，以及 1972 年 9 月田中角榮首相爲恢復日中邦交訪華時，因爲當時北京的高級賓館數量有限，正巧住在北京友誼賓館的他不得不提前退房，以便爲該訪華團騰出房間等趣聞。這通電話給我上了難忘的一課：

原來內藤的嫡孫確實爲戰後日中之間的經濟技術交流作出了貢獻。戰前戰後，滄海桑田，撫今追昔，真是令人不勝感慨。

關於研究內藤湖南的中國觀及其漢學的現代意義，我在 2007 年出版的專著[一]中曾有所論述。在今年 1 月從江蘇人民出版社推出的傅佛果著《內藤湖南：政治與漢學（1866—1934）》（原著 1984 年由哈佛大學出版社出版，1989 年有井上裕正的日譯本）的中譯本的譯後記中，我作了如下點評：儘管內藤在戰前的一些歷史轉折關頭曾涉入政治漩渦，"終其一生，內藤力圖仿效其所景仰的司馬遷，'究天人之際，通古今之變，成一家之言'，如提出在國際學界至今影響甚大的'唐宋分期說'，并因率先高度評價章學誠而贏得胡適和張爾田的贊賞等等，都是我們必須承認而不能因人廢言的。至於他對於近代西化的反思和出路的思索，十分值得今日的我們加以深思。關於這一點，在本書的導言《他山之石可以攻玉——內藤湖南晚年的東方回歸論及其含義》中已有涉及，此不贅述"。

我想，由錢教授主編的這本《內藤湖南漢詩酬唱墨迹輯釋》會從許多側面反映出內藤的人際交往和思想主張，從而爲我們理解那個時代的氛圍和脉絡提供一個有益的參照系，使得包括我們編者自己在內的後世人們在面臨新的歷史選項時變得更爲明智和清醒。

2016 年 4 月 5 日於大阪吹田市古江臺書房

[一]　陶德民：《明治的漢學者と中國：安繹・湖南・天囚の外交論策》，関西大学出版部，2007 年。

致　謝

本書能够編成出版，我要感謝以下人與事。

感謝陶德民先生的邀請與牽綫，讓做了一些内藤湖南研究的我，與關西大學結緣，與内藤文庫結緣。2008 年 6 月，我赴關西大學參加"内藤湖南研究的新視點"國際學術研討會，第一次進入"内藤湖南文庫"參觀，也第一次到加茂町瓶原村拜謁恭仁山莊。此後，作爲關西大學内藤研究團隊的海外協作者，我於 2011 年和 2012 年兩度前往關大，在圖書館申請查閱"内藤文庫"相關資料。2015 年 10—11 月，承蒙關西大學邀請，又作爲東西學術研究所招聘研究者，得以比較全面地調查和利用内藤文庫。鑒於我個人的知識儲備和興趣，主要關注了内藤湖南與晚清民國學術界關聯這一範疇的資料。現在將其中的漢詩墨迹先期編輯出版，作爲此次訪書的成果之一。

感謝關西大學圖書館館長内田慶市先生，分管貴重文庫的鵜飼香織女士、田中惠美女士和芝谷秀司先生同意我查閱利用文庫特別資料，感謝圖書館及内藤湖南嫡孫内藤泰二先生應允授權在中國編輯出版。感謝關西大學中西學術研究所藤田高夫先生和陶德民先生，使我得以參閱内藤書信資料的數字化照片。感謝關西大學亞洲文化研究中心博士後研究員胡珍子，在我回國之後，代爲拍攝追加部分漢詩的照片。

感謝礪波護、杉村邦彦、金程宇諸先生以及神田喜一郎的後人，慨允將他們的相關論文收入本書。

感謝上海辭書出版社漢語大詞典編輯室徐俊超先生，幫助我辨識漢詩墨迹及印鑒上的難認字和异體字，并幫助審核書稿繁體字規範性等問題。

　　最後，感謝本書責任編輯國家圖書館出版社鄧咏秋女士，没有她的欣然悦納出版此書，以及這幾個月來認真而富有效率的工作，本書的出版也不能如此順利。

錢婉約

2016 年 3 月 17 日於北京